医療現場の「意図せざる結果」はなぜ生まれるか

横井豊彦 著

中央経済社

はしがき

「高齢者問題」が顕在化している。この言葉は，高齢者人口比率の増加，独居老人の増加，高齢者の医療・介護費用の増加など，様々な意味を包摂していると考えられる。しかし，これらは高齢者の周囲の第三者が意味づけたものである。

高齢者自身の目線に立つと，問題点は違った見え方をしてくる。当事者の目線で「問題」になることは「困る」ことに他ならない。

そして，「困っている」高齢者にとって，最も私的で身近な存在は「家族」である。家族には，それぞれの居住状況や，家庭での人間関係があるが，何らかの形で手を差し伸べる。また，「困っている」高齢者に手を差し伸べる人達がいる。公的には行政や医療機関の関係者であり，医療制度や治療法などについても，彼らの視点から形作られていると考えられる。

ごく一部の売名行為的な集団を除けば，筆者は，内科医として20年以上奉職するなかで，「困っている」高齢者に手を差し伸べる人々の優しさと有難さに触れてきた。

しかし，高齢者が最も「困る」ことの1つと考えられる認知症は，こういった人々の努力にもかかわらず，年々増加傾向にある。その中でも，アルツハイマー病は，高齢者人口の増加を上回る速さで増加している。なぜなのか？

この問いに対するアプローチとして，疫学的手法が多く用いられてきた。しかし，本書ではこれに依らず，経営学，具体的には「意図せざる結果」の研究の視点を中心に，「コンティンジェンシー理論」を援用しながら議論を進めていく。

「意図せざる結果」の研究は，社会学の理論を援用し，主に経営戦略論の領域で議論が進められている。本書は医療組織の立場から，この視点での分析を試みる。また，これまでに医療組織が環境に適応する過程を追った研究はなく，学術的な貢献と同時に，実際に医療に関わる人々にも何らかの貢献ができればと考えている。

「意図せざる結果」は，意図した人々（行為主体）にとっては「思ってもみない結果」である。本書では，高齢者人口の増加を上回るアルツハイマー病患者の増加を「意図せざる結果」として捉え，その過程に着目する。さらに，その過程は医療組織が環境に適応するプロセスそのものとなるため，ここに「コンティンジェンシー理論」を援用する。

　この過程は，未知の領域であり，同時に特定の組織の思考・行動の過程である。そのため，インタビュー調査，そして文章化に際しては「分厚い記述（thick writing）」と呼ばれる記述法を心がけた。読者の皆様に，より克明に組織の思考・行動の過程が伝わることを願っている。

　また本書を通じて，認知症診療に関わる医師たちの真摯な考え方と，家族の意向や医療政策との関わりを描き出せるよう願っている。

2019年初春

　　　　　　　　　　　　　　　　　　　　神戸大学六甲台キャンパスにて

　　　　　　　　　　　　　　　　　　　　　　　　　横井　豊彦

目　次

はしがき・i

第1章
「意図せざる結果」と認知症の診断 ―― 1

1-1　本書の視点 …………………………………………………… 1

　　1-1-1　筆者の医師経験と標準的な医療の質の評価法・3

　　1-1-2　「家族」に着目する理由・6

1-2　認知症が「社会問題」となる背景 ………………………… 6

1-3　認知症をめぐる医療政策 …………………………………… 12

1-4　本書が志向する分析の方向性 ……………………………… 15

第2章
医療組織と「意図せざる結果」にかかわる研究 ―― 19

2-1　コンティンジェンシー理論 ………………………………… 20

2-2　医療組織と医師のProfession ……………………………… 27

　　2-2-1　医療組織・27

　　2-2-2　医師のProfession・33

2-3 経営学における「意図せざる結果」とは，
　　どのような概念か·· 40
　　2-3-1 企業経営における「意図せざる結果」とは・40
　　2-3-2 医療組織が生起させる「意図せざる結果」とは・52

2-4 認知症について·· 60
　　2-4-1 認知症の概要・60
　　2-4-2 認知症の種類・64
　　2-4-3 認知症進行抑制に用いる薬剤について・70

2-5 意図せざる「認知症」という診断結果が生起する
　　可能性·· 71

第3章

「意図」と「意図せざる結果」の捉え方 ——————— 81

3-1 高齢者医療政策の「ニュアンス」と認知症診療の
　　「実情」についての予備的知見·································· 83
　　3-1-1 高齢者医療政策が有する「ニュアンス」・83
　　3-1-2 認知症診療の場面における家族の実例・85

3-2 認知症患者を減らす「意図」の捉え方······················ 89

3-3 どのような医療組織で「意図せざる結果」は
　　生じるか？·· 97

3-4 本章のまとめ·· 102

第4章
地域・診療科の違いによる
認知症診療のプロセス ———— 103

4-1 大阪大学医学部の創立理念 ……………………… 103

- 4-1-1 戦略的に動く老年内科・104
  - 4-1-1-1 沿革と楽木宏実教授・104
  - 4-1-1-2 複数の臨床専門性を有する外来担当医・106
- 4-1-2 長い歴史を有する精神科・124
  - 4-1-2-1 沿革と武田雅俊教授・124
  - 4-1-2-2 個々に研究の専門領域を持つ外来担当医・126

4-2 愛媛大学医学部の創立理念 ……………………… 143

- 4-2-1 地域への対応を期待される老年内科・144
  - 4-2-1-1 沿革と三木哲郎前教授・144
  - 4-2-1-2 人を紡ぐ外来担当医・147
- 4-2-2 認知症診療と研究を並行し医師不足に対応する
  精神科・162
  - 4-2-2-1 沿革と上野修一教授・162
  - 4-2-2-2 「どこでも」認知症診療を求められる外来担当医・166

4-3 「意図せざる結果」の生起は，人々にどのように
関わるのか ……………………………………………… 185

- 4-3-1 「意図せざる結果」としての「アルツハイマー病
  患者数」の検証・185
- 4-3-2 早期受診の啓蒙がもたらしたもの
  －MCI（軽度認知機能障害）－・187

4-3-3 「意図せざる結果」の生起過程の組織ごとの違いについて・194

4-4 医療組織の歴史が診療過程に影響する ……………… 198

第5章
「意図せざる結果」を通して見える課題 ─── 201

5-1 「意図せざる結果」の論理的な生起過程とは ………… 201

5-2 医療実務への提言 ……………………………………… 221

5-3 本書を通して見える「認知症診療」の今後の課題 … 231

謝　辞 ─────────────────────── 235

〔参考文献〕───────────────────── 237

〔巻末資料〕───────────────────── 245

第 1 章

「意図せざる結果」と認知症の診断

1-1 本書の視点

　近年，アルツハイマー病患者が増えている統計が，厚生労働省のみならず，医療機関からも公表されている。筆者は，その状況が，「意図せざる結果」ではないかと考え，その分析を行った。そのために，認知症診療の現場に立つ医師からの聞き取り調査を行った。そうした「意図せざる結果」の生起には，次の①から④の過程があると考えられる。

① 厚生労働省が，認知症患者の進行抑制による介護負担減を「意図した」政策を立案
② その政策に含まれる，早期受診，早期診断，早期介入，更には初診時は専門の医療機関の受診推奨という流れに従って，患者・家族が行動
③ 専門の医療機関，として医療機関を受診
④ 医師が診察・検査のうえで，アルツハイマー病と診断（結果）

　本書では，このように「意図」をする主体を厚生労働省，「結果」を導く主体は医師を中心とする医療組織，結果を「アルツハイマー病」と診断された患者，として捉える。この結果には，「意図した結果」と「意図せざる結果」の

双方が含まれている可能性がある。

ところで,「意図せざる結果」の研究は,Merton (1936) に始まると考えられる。そこからの影響があるからか,近年の日本の,「意図せざる結果」の研究のなかで「定性的研究」という立場の取り方が強調されている印象がある[1]。一方,日本では皆無であるが,医療に関するの研究は,海外では比較的多くみられる。しかし,こちらの多くは定量的研究である。この違いについての疑問も背景におきつつ,検討を進めたいと考えている。

社会学の領域では,自己利益を追求することが,社会的利益の毀損を招き,結果的に自己利益も減少するような事柄を指すという(山岸, 1989)研究がある。また,政策などでも,社会の皆のために行ったことが,結果的に社会の皆のためにならないことがありえるだろう。経営学の領域であれば,年功制賃金を解消する目的で導入された成果主義が,かえって年齢による賃金増を強めたという例もある(中嶋ほか, 2004)。しかし,日本においては,因果連鎖の記述(沼上, 1999a)が主流であり,暗黙のうちに,「意図せざる結果の研究＝行為連鎖の記述」という図式ができているように思えることもある[2]。

こういった点について,Mertonは,直接的な解を示してはいない。ただ,「意図せざる結果」を「潜在的機能」(Merton, 1949) と位置付けているのみである。だが,潜在的とは,本来の意図に「沿っていない」機能という以外には断定ができない。つまり,機能と逆機能(Merton, 1949)という定義では表現できないということであると捉える。

また,ここでいう「機能」とは,社会学の構造機能論における「構造」によるものであり,経営学における「組織」を想起させる。また,Mertonは「その一般化を勝手に進めるのではなく,社会行動の種類を分類し,組織の要素に関連付けて,次に,これらの本質的に異なる種類と我々の一般化を参照(付託)させることが望ましい」と述べており,社会的行動と,組織の要素との関連で,「意図せざる結果」を分析する視点を説いている(Merton, 1936)。多く

〔注〕
1　定性的研究の代表として,沼上 (1999b) があげられ,それに依拠して深田ほか (2013) などで,記述的な方法が強調されている。
2　例えば,足代 (2011) が,沼上 (2000) を軸に,意図せざる結果の研究を紹介している。

の「「意図せざる結果」の研究」の論稿が，Mertonのこれらの論稿に依拠していることをふまえると，組織の視点から，分析を行うことの意義が見い出せる。

　以上から，本書では，「組織」の視点から，組織を取り巻く環境・状況の影響を加味しながら，「意図せざる結果」の生起過程を分析することを試みる。そこで，「意図せざる結果」が意図した結果と「同じ」，つまり，既存の分類に従えば，双方の「結果」が同じカテゴリーに含まれてしまうという現象が分析対象となる。このように「意図せざる」結果を捉え直すという作業は，これまでの日本の研究には見られないものである。

　また，認知症の診断について，厚生労働省は「専門の医療機関」を受診することを推奨している[3]。専門の医療機関とは，専門的な設備と人員が確保されている医療機関と考えられる。この点もふまえ，以後の議論を進める。

1-1-1　筆者の医師経験と標準的な医療の質の評価法

　筆者は，2010年に神戸大学大学院経営学研究科の専門職大学院に入学以来，経営学の学習と研究を続けている一方，1996年から内科医をしており，2016年春までは多くの期間を大学，大学病院で過ごし，所属医局は老年内科を軸の1つとしていた。細胞の遺伝子操作やマウスを用いた実験データで医学の学位を取得し，約10年前から教壇に立つようになっている。更に大学医学部の準スタッフ，スタッフを2校で経験している。

　内科外来の患者の多くは高齢者である。現在の筆者の外来患者の多くは，高齢の生活習慣病[4]の方である。10年近く，外来に通っている方もおられる。それだけに，継続通院中に認知症を発症される場合もある。

　そこで，厚生労働省の第45回社会保障審議会介護保険部会[5]の資料に目を通すと，認知症の全国推定有病率は15%とある。大学病院勤務時の筆者の外来患者200人にあてはめると，約30人の方が認知症という可能性になる。しかし実際に認知症の方は，2人しかいなかった。うち1人は病型不明，もう1人の方

〔注〕
3　参照：http://www.mhlw.go.jp/topics/kaigo/dementia/a03.html
4　高血圧，高脂血症，糖尿病などのこと。
5　座長は筑波大学精神科の朝田隆教授である。

は，鬼籍に入られたが，アルツハイマー病と診断されていた。キャリアの浅い時期を振り返ってみても，内科の患者は高齢の方が多かった。しかし，当時は，認知症の専門外来もほとんどの医療機関に設置されていなかったにもかかわらず，認知症（1990年代は痴呆症と呼ばれていた）の方は，記憶の範囲では１人の方しかおられない。

　いったいどうなっているのか，と考えることがある。病院へ行けば病気にされるといった，理論的根拠の薄い記事も散見される[6]。そういった記事では，大抵はタバコなどの既知のリスクなどが，分析要素に含まれていなかったり，更には居住区域といった環境的なバイアスが考慮されていなかったり，論理的欠陥が認められる。

　このような医療の結果の評価に関しては，Donabedian（1966）が，以下のように評価軸を理論化している。また厚生労働省も，この考え方を元に事業を展開している[7]。

① 構造（Structure）からみた評価……病院の設備や人員配置，組織など
② 過程（Process）からみた評価……行われた診療や看護の技術の良し悪しや診療ガイドラインへの準拠などを評価
③ 結果（Outcome）からみた評価……結果としての患者の状態の評価（生存期間や治癒率など）

　ここでは，医療機関の組織やインフラ構造，そこで行われる検査，診断，治療，ケアといった行為の評価，そして何らかの治療効果，以上の３点がいずれも「バランス良く」整っていることが望ましいとされる。実際に著名な病院だと，例えば聖路加国際病院でも，この理論をベースに医療の質評価を行っている（福井，2014）。また，これを引用して，医療機関の経営と医療の質の両立についての検討が行われてもいる。ここでDonabedianが示した，医療の質の評

〔注〕
6　例えば，http://gendai.ismedia.jp/articles/-/868を参照
7　厚生労働省では「医療の質評価・公表等推進事業」として，平成22年より公募事業を行っている。

〔図表1-1〕Donabedianの提唱する医療の質評価の流れに準じた結果への過程

構　造	過　程	結　果
・病院組織 ・専門性（診療科）	・認知症診療 ・症候論 ・身体論	・認知症病診断・治療 ・介護サービス導入

出所：Donabedian（1980）を参考に筆者作成

価における「結果」に至る過程を，高齢者診療の中心の1つである認知症診断に当てはめると，上の**図表1-1**のようになる。この評価法の基本軸は，後年のDonabedian（1980）の主張においても，大きな変化はない。そのことは，Donabedian（1980）に収載されている，実証データからも明らかであり，同書の第3章において「構造，過程，結果」を評価のための基本的な方法として述べている。

　この理論が適用されることで，様々な医療の側面で，「質」について一定の評価軸ができたと思われる。しかし，経営学の視点からは「環境」の概念が欠落していることを指摘しえる。さらに，Quality Indicator（QI）を元にした評価では，「家族」の満足度などは含まれていない。そして，Donabedianの医療の質モデルが，それに先行し，コンティンジェンシー理論がそれを取り込んだとする論稿もある（Zinn and Mor, 1998）が，「環境」の要素を独立させた考慮はしていないと思われる。

　このように，医療の質の研究と，経営学におけるコンティンジェンシー理論（後述）には共通する要素が存在する。医療の質研究は，病院組織の人的・インフラ的構造が，医療・看護などの行動を通じて，治癒率，患者満足，生存期間といった「成果」を生むというもので，定量的かつ法則定立的であると捉えられる。コンティンジェンシー理論も，組織構造が経営環境との「適合性」によって成果を生むという視点に立つ，法則定立的な研究であると考えられる。つまり，「成果へと向かう流れを法則定立的に捉える」点が，両者の共通点である。

1-1-2 「家族」に着目する理由

内科医は，基本的に患者本人とのやりとりの中で，診療方針を決めるため，外来におけるご家族は通常「聞き役」である。しかし，認知症を発症され，少し記憶が落ちた印象になり始めた頃から，内服を確実にできなくなり，ご家族が診療方針にかかわる割合が大きくなってくる[8]。ご家族の立場で，このような経験をされた方も多いのではなかろうか。

更に振り返れば，筆者は若い頃のある数年間，特定の癌治療を専門にしていた時期がある。癌の治療は，治療の前に，まず患者本人に告知するのか，告知するしないにかかわらず，どのような治療方針を取るのかなど，ご家族と話をしなければならないことが多かった。特に，ご本人が告知を受けると，ショックが大きそうな場合など，治療についての方針の多くをご家族の中のキーパーソンになって頂いた方と，先に決めていた記憶がある。もちろん最終的にはご本人の確認は取るが，いくつかの方針からの選択といった場面では，ご家族の意見も多く反映されていたことは，記憶に新しい。

そのように考えると，患者本人の記憶力・判断力低下が起きる「認知症」では，診療上の多くの決定事項に占める，「家族」の影響は大きいのではないかと推察し得る。このような考えから，認知症診療における「家族」の存在に，実務的な面からも興味も抱くようになったのである。

1-2　認知症が「社会問題」となる背景

近年，日本で医療を経営（学）的視点から分析する学会発表や論稿が多くみられるようになっていることを実感する。欧米に比して，こういった分析が行われるのが遅れているといった批判も時にみられるが，経済的安定が前提にある場合に，国民皆保険制度の下でフリーアクセスで医療を受けられる状況を批判する「理由」が社会的に起こりえなかったとも考えられる。

〔注〕
8 このような外来医の態様についての指針は，Tumulty（1973）などで述べられており，日本の大学医学部の教育では一般的な内容であると考えられる。

〔図表1-2〕老年人口と生産年齢人口の比率

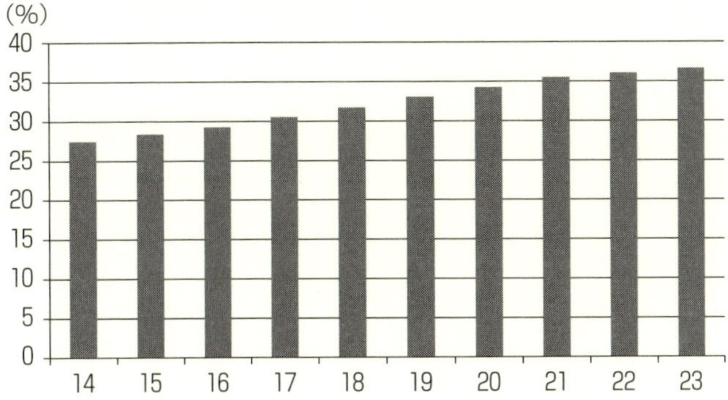

出所：内閣府「高齢社会白書」

　しかし近年，経済状況の変化（下降）に加えて，高齢者人口比率の増加，即ち，国民皆保険の下支えとなる，労働年齢人口比率の低下があり，日本の医療を支持する状況が変化していると思われる。

　また，65歳以上の老人医療費をみてみると，国民医療費全体に占める割合は，2000年に介護保険法が施行されて以後，その割合が低下しており，逆説的ではあるが，医療費の伸びにおける老人医療費の内容が，現行の介護保険法の適用，つまり「ケア」がその内容の中心であったということも推察される（**図表1-3**）。

　このような状況に対して，「高齢者問題」という表現がなされていると思われるが，なぜ「問題」となるのであろうか。

　Etzioni（1976）によれば，社会問題へのアプローチには，次の4つの系統が存在するという。

① 合意論あるいは構造・機能主義からのアプローチ
② 葛藤または疎外によるアプローチ
③ シンボリック相互作用論あるいはエスノメソドロジーからの視点
④ 新保守主義的アプローチ

　ここで，それぞれのアプローチから，何故「高齢者」が問題となるのか，を

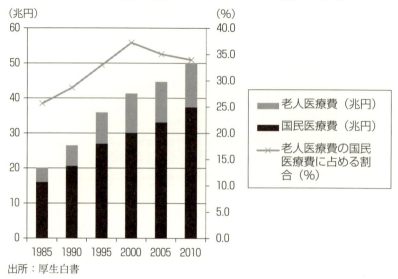

〔図表1-3〕国民医療費の伸びにおける老人医療費の寄与度

出所：厚生白書

大まかに推察する。合意論からアプローチをすると，社会を構成する多くの人が「問題」と考えており，かつそれを解決したいという欲求が生じている状態であることが前提となる。また構造・機能主義からのアプローチでは，社会的な基準（公準）と現実の間に乖離があれば，社会問題となりえることとなる。構造・機能主義からのアプローチによる社会問題の源泉について，Etzioni（1976）では次のように結ばれている。

> 社会問題の主要な源泉を，社会システムの技術的な失敗，すなわち社会的均衡の中に個別に起こる脱線行為に認めがちである。こうした失敗や脱線は各部分が相互に関係しあってはいるが異質な部分からなっているシステムであれば，どんなシステムにもときどきは起こると予想されるものである。原則として，社会は，ちょうど病気にかかっている人の体が病気に打ち克つために力を動員し，そして，たいていはそれに成功するように，不均衡を矯正するベクトルを生みだせるものとして期待されている。このような社会の「逆機能」が，アルコール中毒から盗みにまで及ぶ個人の逸

脱行為の原因であろう。　　　　　　　　　　　　（Etzioni, 1976, p. 9）

　この内容によれば，高齢者問題は，高齢者だから問題となるのではなく，高齢者が何らかの病気を有することが多いため問題となると考えられる。しかし現在の医療で，それなりに克服可能な病気（例：高血圧）や，現代の医療で克服困難であるが近未来が予想しやすい病気（例：癌）であれば，「不均衡を矯正するベクトル」としての対策・施策を策定しやすいので問題ではなく，現代の医療では克服困難であり，かつ近未来での予想ができない病気（＝長期化が予想される，例えば認知症）であれば，そういった「ベクトル」をなかなか生みだせないために，「問題」となりえると考えられる。

　このように，「問題」を輪郭化することによって，「問題」を取り巻く周囲の社会から集中的に解決策が講じられる視点に立つことは可能である。だが，そのために，何らかの手段で，社会全体の構造までは変えずに解決できると考える傾向が見い出される。このことは近年の介護保険制度などの制度的側面の付加や，認知症という疾患の啓発にも見い出せると考えられる。

　次に，葛藤または疎外の視点から，「病気になりやすい高齢者」にアプローチをすると，高齢者問題は，高齢者が社会の中のある「特別」なものではなく，社会に包摂された一要素として捉えられる。つまり，多くの要素間の力学的差から生み出されたものと捉えられる。その力学差は経済的要因ばかりでなく，社会的地位，権力といった，人間の内面以外のものから生まれると考えられる。したがって，構造・機能主義からの視点とは異なり，「問題」が社会の中で輪郭化されるのではなく，初めから存在する体制的な側面から生じると捉えるため，社会全体の再構築・再構成が必要と捉える傾向となる。一方で，社会の体制的な側面に視点を置くことから，その点が構造・機能主義に類似していると捉えられる可能性もある。即ち「高齢者」という一群は，他の群に比して，「不治」で「経過の長い」病気になることが多く，そのために他の群（例えば，家族など）に様々な負担をかける，という捉え方となろう。

　シンボリック相互作用論，あるいはエスノメソドロジーの視点は，前者が社会の構成員の個々の相互作用による意味形成，後者が個人的な視点から社会を再構成して捉える観点となる。つまり，構造・機能主義や疎外の概念のように，

ある程度規範化・輪郭化されたものに焦点を置くのではなく，日常的・具体的に顕示されたものに視点を置く。例えば高齢者が認知症を含めた病気になることそのものではなく，「認知症（認知機能低下）」というラベルが貼られること，あるいは「認知症」の定義のされ方，「認知症」の中でアルツハイマーと呼ばれる人と，そうではない人がいるという視点をとるのである。この視点は，高血圧などの疾患と比べて，「症候論[9]」的な側面が多い，認知症の定義に共通するものがあると考えられる。

　新保守主義のアプローチからは，社会は「エリート」と「大衆」という，相対立，あるいは支配被支配の関係ではなく，指導者と信望者，リーダーとフォロワーのような関係を軸とする見方になる。エリートは単に知識や経済的優位だけでなく「権威」を有し，大衆はそれに従う道徳的義務を有する。それだけにエリートは，大衆から信望されるだけの資質を持たなければならない，という図式となる。したがって個々のパーソナリティは成長をすることが前提であり，そうでない限りは社会的に認めがたいという側面も露見する。

　この立場から高齢者を観察すると，高齢者は肉体的に衰え，多くが経済的に非生産者である。したがって，その時々の社会のエリートの考え方に迎合すべきものであり，認知機能が低下した場合は，この関係構築が不可能となるため，より強い権威や統制力によって保護されなければならない，ということとなる。介護保険制度に代表される制度や，それに起因する介護事業の実態は，少なくとも一部はこの視点に基づくであろう。また，エリートによって「家庭への回帰」が打ち出されれば，認知症患者を家族がケアするために，保護的な施策，制度が構築されることとなり，現在の高齢者問題の一視角となっているとも考えられる。

　実在の事象は，これらの視点から，社会を構成する人々によって，複合された「社会問題」として，形成されたものであると考えられる。

　ここで，社会問題であると考えられる「高齢者」の医療の中で，認知症患者

〔注〕

[9]　症候論とは，患者の病歴，訴える症状，医師自身の感覚（視診，触診，聴診，打診など）による診察所見，そして，簡単な道具（体温計や血圧計，聴診器など）を用いて得た，主としてバイタルサインと呼ばれる情報を合わせて，診断を考えるものである。

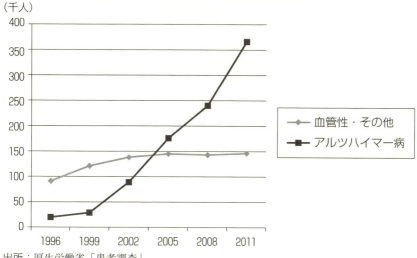

〔図表1-4〕認知症をきたす疾患患者数の推移

出所：厚生労働省「患者調査」

の受診は増加している。その内訳として，血管性および詳細不明の認知症は横ばいであるが，アルツハイマー病は増加傾向にある。認知症は，加齢に伴い増加する疾患であるため，老年人口の増加により増加することは自明である。しかし，厚生労働省が行っている患者調査[10]のデータで，アルツハイマー病だけを概観してみると，1999年から2011年の間に総数が約12倍，仮に初めの5年は潜在的な患者が診断されていなかったと仮定してみても，直近の3年だけで約12万6,000人，約1.5倍の増加が認められる。

背景となる高齢者人口は，厚生労働省発行の高齢者白書平成25年版によると，65歳以上の高齢者人口が3,000万人強，全人口に対する比率が約24％となっており，75歳以上の「後期高齢者」がその約半分を占めるという。介護保険法が施行された，平成12年だと高齢者人口が2,200万人，全人口に占める比率は17.3％

〔注〕
10　出所：http://www.mhlw.go.jp/toukei/saikin/hw/kanja/10syoubyo/gaiyo.html　巻末資料1に抜粋を作成。推計患者数は調査日の初診・再診患者数をもとに，推計算出されており，調査日の調査者は医療機関そのものであるため，診療に応じた診療保険点数の申請に用いる，いわゆる「保険病名」，つまり診断・治療に保険上適合する病名が登録されている可能性が高いと考えられる。

であるから，明確な増加を示しているが，その増加率は約1.4倍である．以上からは，老年人口の増加の過程で潜在的な認知症患者が「掘り起こされる」以上に，アルツハイマー病患者数が激増している印象を受ける．認知症患者が増えることが社会問題であるとすれば，その中でアルツハイマー病患者の増加が最大の問題であることになる．

そこで，この現象が生まれる「場」を考えると，その「場」は医療組織，その多くは外来診療における認知症診断の場面に他ならない．治療の有無は別としても，「診断される」ことで，患者数が増加あるいは減少，という結果になるからである．

以上から，「認知症」が高齢者問題の諸元の１つであると考えられるが，高齢者人口が増加し「認知症」患者数が増加する中で，介護という負担を主に負うことになる家族，そして診断の「場」である医療組織の状況に関心が向かう．

1-3　認知症をめぐる医療政策

厚生労働省は，認知症への取り組みとして，「早期受診，早期診断，早期治療は重要[11]」であることを示したうえで，早期受診のメリットとして，「アルツハイマー病では，薬で進行を遅らせることができ，早く使い始めると健康な時間を長くすることができます．病気が理解できる時点で受診し，少しずつ理解を深めていけば生活上の障害を軽減でき，その後のトラブルを減らすことも可能です．」と述べている[12]．つまり認知症全体のことであるにもかかわらず，早期受診を促す一文には，「アルツハイマー病」という特定の認知症疾患名を示し，早期受診を勧奨している．

また，高齢者医療全体は，様々な要因から，その制度が変化している．特に老人医療費は，一部を健保組合からの拠出によって補填されてきた．言い換えれば，国保区分の保険掛金のプールからは，何らかの理由で拠出されていな

〔注〕

11　出所：http://www.mhlw.go.jp/topics/kaigo/dementia/
12　出所：http://www.mhlw.go.jp/topics/kaigo/dementia/a03.html　（2014年10月現在，内部の資料は特定非営利活動法人地域ケア政策ネットワーク全国キャラバン協議会製作の認知症サポーター養成講座標準教材より引用されている）

〔図表1-5〕高齢者医療にかかわる制度の変遷

年	高齢者医療制度の変遷	他の制度の動き	健保組合支出金
1973	老人医療費の無料化		
1983	老人保健法制定（老健制度）		13%
1997	政府等で新制度の検討を開始		
1999	老健拠出金不払い運動（約97%の組合）		40%
2000	2002年に老健制度に代わる高齢者医療制度の実施を決議	介護保険制度施行	
2002	新たな高齢者医療制度がまとまらず次の課題に		44%
2006	健康保険法等改正法案が成立		
2008	後期高齢者医療制度施行		

出所：厚生労働省「高齢者に関する医療保険制度の歴史」を参考に筆者作成

かった。老人医療費の増加が健保組合の拠出金の増大を招いたため，1999年には健保組合が拠出不払いの動きを見せた。そして，2000年に介護保険法が施行され，従来医療費で賄われていた「高齢者のケア」を老人医療費と分離するとともに，民間資本の参入も可能とし，国庫支出を減じる方向へと進む（**図表1-5**）。

この介護保険制度には，大きく2つの目的が存在する。

① 病院に「預けられていた」，維持治療のみが必要な高齢者を，「医療」のためではなく「介護（ケア）」のための保険財源で預かるシステムへと置換し，自立を促す。
② 利用者ごとに，ある程度の選択を可能とする。

例えばデイサービスなどは，民間参入が可能となっているため，複数の施設から選択可能となっている。つまり，介護者と被介護者の間で方向を模索できる。これから介護が必要となる可能性のある人，あるいは現在はまだ年齢なりに健康な人までも，「予防」の対象として発症を抑制することを目的として織

り込んでいると考えられる。介護保険制度は，認知症の発症を抑制する，あるいは発症した認知症の進行を抑制するという目的を有していることにもなり，厚生労働省の認知症への取り組みを下支えする制度であると捉えることが可能である。

また，介護保険制度の被保険者となりえる条件は，**図表1-6**のとおりである。この表からは，65歳以上は無条件に，40歳以上64歳以下では特定疾病（認知症，末期癌，関節リウマチなど）で要介護，または要支援状態にあれば，加入資格があるということがわかる。

65歳以上の要支援状態以上の日常生活強度[13]の低下状態にあると判断される人の割合は20％未満，約100万人である。2008年のデータを元に，仮にアルツハイマー病の患者が全員介護保険制度の被保険者となっているとすれば，その割合は約10％となる。一方，2000年から2012年の間に，要支援状態以上の介

〔図表1-6〕介護保険制度の被保険者

	第1号被保険者	第2号被保険者
対象者	65歳以上の者	40歳から64歳までの医療保険加入者
人数	2,978万人 うち後期高齢者1472万人	4,299万人
受給要件	要介護状態 要支援状態	要介護，要支援状態が末期がん，関節リウマチ，認知症などの特定疾病に近する場合
要介護（要支援）認定者と被保険者に占める割合	515万人（17.2％）のうち後期高齢者450万人	16万人（0.4％）
保険料負担	市町村が聴取 （原則は年金から天引き）	医療保険者が医療保険の一部として一括徴収

注：データは2011年
出所：介護保険の手引き

〔注〕
13 大まかには，1日のうちの動作時間が基準となる。参照：http://ds.cc.yamaguchi-u.ac.jp/~hoken/03healthmente/undonosusume/undo-2.html

度の人の数は44%増加している（人数としては，2012年は約533万人，そのうち受給者数は296万人，2000年はそれぞれ218万人，149万人）。この数値から考えて少なくとも，被介護者本人か，その家族のいずれかが，介護保険受給を受けざるをえないか，それを望んだかという状況になったものと推察される。

1-4 本書が志向する分析の方向性

アルツハイマー病患者数の増加の背景に，「意図せざる結果」の生起過程が存在すると仮定し，それを分析するにあたり，Merton（1936, 1949）を概観した。そこには，組織からの視点の分析が望ましいこと，「意図せざる結果」は潜在的機能と定義されていることが述べられている。このことから，本書では，組織の視点から分析を行うことを志向する。加えて，顕在化する「意図せざる結果」が何であるのか，という点にも興味が湧く。

次に，筆者の疑問と経験から，経営学の視点による医療に関する研究を考えるとき，「環境」を看過するべきではないと考える。日本の場合，医療に関連する法や制度などが国家主導で画一的であるため，個々の医療機関にとっての制度的環境の差異は少ないと考えられる。だが一方で，医療組織の立地する土地の風土，患者の疾病構造，そして家族を含めたケアの体制という医療組織からみた組織外の環境には，差異が存在することは否定し難い。このことは，本邦でも医療の質分析に援用される，Donabedian（1966, 1980）の視点に対しての建設的批判となる。

高齢者問題，その1つの要素である認知症患者数の増加の中でも目を引く，アルツハイマー病患者の増加が社会問題の1つであることは，理論的にも齟齬はないと考えられる。その中で「認知症診療」の場面に着目した場合，診断や治療における方針決定に，患者家族の何らかの役割が存在すると考えられ，本書では，医療組織から見た家族の態様を抽出し，それに適応する過程を捉えることを志向する。

医師法第23条にあるように，医師は診療をした際には，療養の方法あるいは保健の向上に必要な事項の説明を本人，又はその保護者に行わねばならない。また多くの病院で「患者の権利章典[14]」のように，基本的に「患者」を中心に

した医療が，制度あるいは通念上は是とされていると考えられる。しかし，認知症診療の場面では，介護の中心のなる「家族」が，従前とは異なる役割を果たしていると考えられるからである。

　よって，QI (Quality Indicator) などの医療の質の評価法の捉え方は，法則定立的かつ「環境」という概念に乏しく，法則性が定立することが未知である「家族」を分析するには，適合しないものと考えられる。そこに，経営学の理論を援用し，医療組織と「環境」という観点を導入する意義があるものと考える。

　また，厚生労働省は政策的に，「早期診断のうえ，可能な限り早期介入を行う」ことを掲げている。政策的な意図には，少なくとも，早期のより正確な診断にもとづく，治療介入が含まれるものと考えられる。したがって，正確な診断のもと，医学的に適切な加療が行われることが，政策的な「意図」であると考えられる。

　また，認知症への介入はデイサービスなどの介護的な側面もあるが，本書で着目する点は，医療組織が「診断」を行う過程における，家族との何らかのかかわりの状況である。この過程では，政策的な意図の通りに，何らかの動因で「掘り起こされた」人が，認知症を周囲に疑われるか，自ら心配になり，受診する。医療組織においては，これらの人々の「診断」がまず行われ，必要に応じて「治療」へと移行する。

　もし，この過程の全ての権限を，医療組織が掌握しているとすれば，その専門性に応じて医学的に正確な過程をとるか，医療組織にとっての何らかのインセンティブを追求するかは，状況により変化しうるであろう。しかし，筆者の実務経験のなかでの「家族」とのやり取りの記憶からは，そこに大きな影響を与える印象がある。少なくとも政策は，認知症患者を増やそうとしているわけではない。また，介護保険法施行から10年以上たち，その制度に依拠した動きが大きくなり続けているという実務実感もない。

　そこで，次章では，まず，Donabedianの医療の質研究に「環境」の要素が

〔注〕
14　例えば神戸市立医療センター中央市民病院　http://chuo.kcho.jp/outline_index/outline/kenrishouten　など

足りない点をふまえ，医療の質研究の構成要素が，組織，結果などであることから，そこに環境を加え，「環境，組織，結果」の3つを分析の軸とする，コンティンジェンシー理論のレビューを行う。

そして，「意図せざる結果」の研究を概観のうえで，医療における「意図せざる結果」の研究をレビューする。最後に，本書が取り扱う，認知症，特にアルツハイマー病に関連する診断基準などの解説を加える。

第2章

医療組織と「意図せざる結果」にかかわる研究

　本書は，アルツハイマー病患者増加率が高齢者人口増加率を超えていることに着目し，その超過分に「意図せざる結果」が含まれているのではないかという関心を源泉としている。そのため，診断を行う医療組織の視点から分析を進めることを志向している。

　繰り返しとなるが，「意図せざる結果」について，Mertonは「その一般化を勝手に進めるのではなく，社会行動の種類を分類し，組織の要素に関連付けて，次に，これらの本質的に異なる種類と我々の一般化を参照（付託）させることが望ましい」と述べており，社会的行動と，組織の要素との関連で分析する視点が説かれている（Merton, 1936）。

　概観的には，組織特性と，その行動（過程），そして「意図せざる結果」という流れでの分析の必要性を述べていると捉えられる。ここからは，「意図せざる結果」は目的に合致しないものであると解釈可能である。また，組織にとって「意図する」行動は，何らかの目的を有し，組織の周辺の環境を認識し，そのための働きかけをするものと捉えられる。コンティンジェンシー理論は，この「意図する」行動の分析の視点に，組織が「主体的に」捉えられる環境を，分析上より強く加味したものと捉えられる。したがって，「意図せざる結果」も，同様の視点から検討できる可能性も，本来はあるものと考えられる。

　そして，前章で述べた，医療の質評価の研究には「環境」という要素の考慮がなく，それ以外の要素が共通であるため，まずコンティンジェンシー理論を

概観する。次に、特に認知症診療にかかわる医療組織について、先行研究から知見を得る。そして、「意図せざる結果」の研究のレビューを、経営学だけでなく、医療の範疇のものもレビューする。最後に、本稿で取り扱う、認知症についての知見を紹介する。

2-1 コンティンジェンシー理論

マクロの環境概念、例えば、経済状況や文化、社会や政治のシステムとは異なり、コンティンジェンシー理論では、①状況変数（環境、技術、規模）、②組織特性変数（組織構造、管理システム）、の適合・不適合が、③組織成果変数（有効性、機能）を決定するとされている（**図表2-1**、加護野、1980）。

また、コンティンジェンシー理論は、実際の現象に説明を与える経験的理論と、包括的であるが経験的な内容と、かけ離れた理論とを媒介するものと考えられ、Merton（1949）に述べられている「中範囲の理論」に該当するものであると捉えられる（加護野、1980）。この「中範囲」の意味は、包括的に、数値化されたり定数化されたりしえる要素と、経験的に記述を重ねる要素とを併せ持つということと捉えられる。以上から、コンティンジェンシー理論は、環境と組織特性と成果の3つの変数による評価だけでなく、環境あるいは組織過程の中の特定の部分の「経験的要素」を含むことも志向した理論であると考えられる。

〔図表2-1〕コンティンジェンシー理論の概念図

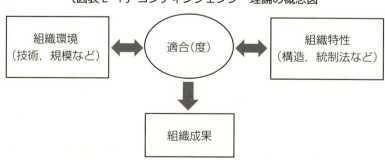

出所：加護野（1980）

比較的初期のコンティンジェンシー理論の研究[1]は，技術や規模を多く扱っている。それらの要素は，即時的に変更のできない，ある時点における固有の組織の要因として捉えられていると考えられる。したがって，組織の成果と組織構造との適合を分析するうえでは，固定された要素として取り扱われていた可能性もある。特に技術は，1960年代の世界的な技術の発展の時期であり，極めて変動が大きかったと思われる。ゆえに，技術の発展と市場を含めた環境とは，「結び付けて考えやすかった」可能性も考えられる。

特に，Burns and Stalker（1961）やLawrence and Lorsch（1967）といった，コンティンジェンシー理論の勃興期の論稿は，「特定の環境」に対して，成果を最大化するために「機能的に」適合する組織構造が存在することを示している。

Burns and Stalker（1961）は，環境の変化の少ない状況下で安定している企業では機械的組織が，環境が不安定で有機的組織が，それぞれ有効であると述べている。Lawrence and Lorsch（1967）は，組織のセクション毎の性質として，安定した情報環境にあり変化の少ない生産部門は組織構造が構造化され，短期的目標設定と垂直的な統括が合致するのに対して，不安定な情報環境にあり変化の激しい研究開発部門はあまり構造化されず長期的な目標設定と水平的な統括が合致することが示されている。すなわち，前者が機械的組織の，後者が有機的組織の典型である，と考えられる。このことは，企業という同一組織内に，別の性質を有する組織の要素が含まれる可能性を示すものと捉えられる。別の捉え方をすれば，職務の性質により，組織の構造や統制方法を変えることが，成果につながる可能性を示している。

これらの研究は，「成果」は研究の時点における既成事実であり，その時点での組織特性（過程）を分析の焦点としている点では類似している。その既成事実が背景にあり，良好な成果の出ている組織と，成果の出ていない組織とを，後ろ向きに対比がしやすく，目標設定や統括の様式といった「組織特性」とい

〔注〕
1 コンティンジェンシー理論の勃興については，Burns and Stalker（1961）とWoodward（1965）であるとする立場（占部，1980）や，Lawrence and Lorsch（1967）であるとする立場（崔，2002）など，諸説あるが，本書はコンティンジェンシー理論の研究ではないため，この点については特定の立場をとらない。

うキーを発見したことも推察される。

その後の研究の中で組織特性についての分析が進められ，構造や更にミクロな組織過程が，環境と適合するうえでの機序がいくらか明らかにされてきた。(野中ほか（1978）；Galbraith and Nathanson（1978））。また，それらの多くが，構成員の認知に観察の重きを置いている。

構成員の認知に着目した考え方は，組織の内部に視点を向けたMarch and Simon（1958）における「諸個人の欲求と第一次職場集団と組織の3つの相互作用」のような，組織内部の管理の議論と，同様の側面を有する。ここからは，コンティンジェンシー理論が，主として内部管理に焦点を当てた組織論との差別化の中で，「アウトプットとしての成果を志向する」方向に進んだ可能性も考えられる。つまり，組織内の葛藤や統合といった過程を対象としているが，アウトプットを「成果」として強調することを志向していると考えられる。逆にみれば，その行為の過程への興味・関心は，成果が創出される場面そのものより，それ以前の組織内の過程に重きがあると考えられる。

Lawrence and Lorsch（1967）は，①経験的データの蓄積を基礎とした組織についての研究，②多変量的な研究，③異なる条件の下で組織がいかに機能するかを説明するという点で条件的である，④組織に焦点を当てている限りにおいては一定の調査方法や学問に拘束されないこと，をコンティンジェンシー理論の条件として挙げている（pp. 185-186）。この中で，コンティンジェンシー理論の研究の主流が，②の視点が①を飲み込みながら，組織の視点から成果とのつながりを分析することに偏向したために，法則定立的かつ定量的な方向へと偏り，④のような課題が残った可能性は否定しえない。

また，その後の研究の中で，コンティンジェンシー理論が中範囲の理論であるという学術的な視座は否定されているわけではなく，本来は行為の過程などの定性的・経験的な要素を棄却したものではないと思われる。だが，研究が蓄積されるうちに，「行為の過程」が所与のものとされてしまったように見受けられる。見方を変えれば，組織内の行為の過程は，March and Simon（1958）のような組織論や，他のリーダーシップやモチベーションなどの研究に委ねられ，コンティンジェンシー理論も時にその一部を，あたかも「借用」するように見受けられる場合もある（日野，2006）。また，組織過程から成果に至る捉え

方が，先述の方法論的な方よりも相まって，一方向的であると捉えられる。

日本ではDonabedianの研究の視点が，病院などの成果分析に用いられることが多く，「環境」の視点を軽視している点を先に指摘したが，近年，コンティンジェンシー理論を援用した，介護組織の分析を行っている論稿が公表されている（深山，2013，2014）。

介護組織は3年に1度の介護保険制度改正があるため，その都度，競争戦略を定義し直し，その競争戦略が組織特性を定義し，その特性と環境の適合によって成果が生じると結んでいる（深山，2013）。組織特性は組織構造と組織プロセスの2つと定義されており，組織構造次元を，野中（1974）などを引用のうえで「公式化」，「専門化」，「分権化」とし，組織プロセスについては「リーダーシップ」，「コミュニケーション」，「同一化」の3つの次元を採用している（深山，2013）。この点は先述の「借用」の色合いも見られるが，医療領域の研究で環境を意識に含め，コンティンジェンシー理論を持ち込んだ論稿として，評価されるべきと考える。

このように，コンティンジェンシー理論は，環境と組織特性に着目した，成果の分析手法として発展している。しかし，成果が有する可能性のある，機能と逆機能（Merton, 1949）という視点は乏しい。つまり，それらの総和を「成果」としている可能性は否定できない。また，成果の評価に注力する中で経験的要素の含まれ方が，乏しくなっていると考えられる。

ここで，機能と逆機能の視点を考えるために，Burns and Stalker（1961）で示された，機械的組織の代表として官僚制（Weber, 1922）を捉え，「成果」を前提に置く議論を行う。

官僚制の本来の目的として，組織構成員の専門職化が人材育成や作業時間の観点から効率的になると思われるが，専門職化によって組織構成員が自分の職務以外に注意を払わなくなり，組織内連携の速度低下が起きるなどの非効率も生じ得る。これは，本来志向する前者の機能を正方向とすれば逆方向のものであるため，「逆機能」であるといえる。しかし，コンティンジェンシー理論は，この「逆機能」には視点の重きを置いていないと考えられる。

官僚制という組織特性には，機能と逆機能の双方が付随しえるのであるが，組織の行動から「予期した」成果，あるいは「予期した」成果と「予期せざ

る」成果の総和にしか，コンティンジェンシー理論では注意は払われていない。成果の捉え方が，組織の行動目的に支配されており，「予期せざる」成果を，ほぼ勘案していないように受け止められる。また仮に「逆機能」に触れたとしても，管理システムと機能（成果）の二極で述べられているため，逆機能もまた機能の一部である可能性を含み入れにくい面も有する。

その結果として「機能」の側面を伸長する，もしくは「逆機能」の側面を抑制するための視点を探索する傾向となり，その機能を有する，あるいは毀損する，組織特性に視点が集中してしまう可能性が考えられる。つまり，コンティンジェンシー理論による研究の主流は，包括的ではあるが，複数の組織特性が結果（組織成果）に及ぼす影響を捉えることが可能である一方で，予期した成果以外の分析には適さない性質になっていると考えられる。

このようなコンティンジェンシー理論の主流に対して，組織は環境に適応した戦略に従い，事業の範囲，技術，組織構造，人的資源を決定し，それらの運営結果に応じ，市場と環境の変化に対応して，さらに戦略を変化させる過程があるという指摘をした研究がある (Child, 1972)。つまり，組織と環境の適合を目指す戦略によって生まれた成果が，また組織と環境にフィードバックされ，さらに「戦略的に」環境を創造する（創造環境，野中ほか (1978)）ポテンシャルを生むと捉えている。同時に，組織の環境適応は，組織が存続する限りは永遠のサイクルであるという捉え方が含まれていると考えられる (Child, 1972)。ただし，それに応じた戦略と組織構造の選択は意思決定者次第であり，構造のいくつかの階層に負荷をかけるものであることも指摘されている (Child, 1972)。

つまり，同様の環境下で，同レベルの成果を生んでいる，複数の組織には，それぞれの異なる組織過程が存在する可能性があることを述べている。この点が，環境による組織過程の決定様式に偏った，コンティンジェンシー理論の主流と異なる論点であったために，「ネオ・コンティンジェンシー理論」の始まりであるとされている（大月，2005）のであるが，「いくつかの階層」という視点は，コンティンジェンシー理論の主流である「特定の組織過程への着目」と，本質的に大きな違いはないと考えられる。結果の生起過程への着目はあるものの，組織過程という「内包化」された捉え方であると考えられる。ただし，ネ

オ・コンティンジェンシー理論は，プロセス研究や意思決定論の発展に寄与する面があったと考えられる。

だが，実際の「組織」を観察対象とする時，技術や規模は必ずしも組織にとっての「外部」と捉え難いと考えられる。仮に，技術も規模も，それらを組織の意思決定者が変化させるとしても，その変化の前の段階は所与，つまり内部のものとも捉えられる。新規開発技術や他組織の動向といった面が技術にはあるが，最終的に自組織がどういう形で技術を開発・使用するかという段階においては，内部要因になっていると考えるほうが自然である。それが一から自組織で開発した新規技術である場合は尚更である。規模も，組織の成果を測定するうえで重要な要素であるが，やはり内部状況である。そのため，規模と組織の構造や管理システムとの兼ね合いが成果に影響を及ぼすと考えるほうが，より自然と考える。

したがって，特定の対象を分析する時点での状況により，組織内外における位置関係を捉え直すことが望ましいと考える。その位置関係については，組織の目標，戦略，規模，技術などの要素を，組織の内外の中間と捉えて「コンテクスト」と表す論稿がある（図表2-2）。コンテクストは，環境だけでなく組織内部からの影響を受けやすく，組織の下位概念と捉えることが可能である（野中ほか，1978）。この概念を用いて統合的コンティンジェンシー・モデル[2]を提唱している（野中ほか，1978）が，このコンテクストこそが，組織有効性を左右する，理論化の困難な要素であると考えられる。

コンテクストが理論化困難であるとすれば，それは「不安定なものである」可能性がある。「不安定」とは，組織にとって緊喫の状態で存在するものや，場当たり的に変化する要素が，これに当たると考えられる。したがって，複数のコンテクストは組織構造などに階層的に影響を与える反面，意思決定者は「不安定さ」の回避のために，目的達成を最短で達成するための構造変化を志向すると考えられる（Child，1972）。

ただ，技術などは，環境からの影響と組織内部からの影響のうち，どちらが強いのかが不明瞭である。図表2-2では暫定的に環境の隣に置かれているが，

〔注〕
2 巻末資料2に，統合的コンティンジェンシー・モデルの主要命題を掲載する。

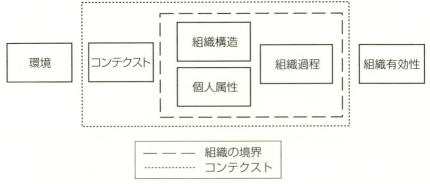

〔図表2-2〕統合的コンティンジェンシー・モデルにおける「コンテクスト」

出所:野中ほか (1978)

これが「戦略」であれば組織過程を変革し成果を指向するものと捉えられる。また,「技術」であれば,組織成果の中間産物として成果につながるものとも捉えられる。つまるところ,組織内部にあって最も周辺部に位置し,特定の外部環境の要素との関係の捉え方は,意思決定者の恣意によると考えるほうが自然である。

　コンティンジェンシー理論における,コンテクストの過程に焦点を当てると,環境と組織過程の適合性と成果の狭間に挟まれてしまい,特に定量的なコンティンジェンシー・アプローチでは描出しにくいものと考えられる。したがって,環境要因を組織が捉え,そのうえでコンテクストを生成し,成果を生むような,事象の連鎖を追うような検討が必要であると考えられる。このことは,「コンティンジェンシー理論に過程分析を取り込むことは今後の課題である (野中ほか, 1978, p.452)」と,述べられており,過程分析の重要性は以前からの課題であったと考えられる。

　このような研究を背景におきながら,近年,これまでのコンティンジェンシー理論の研究から発展して,例えば顧客のマネジメントの視点との調和 (Greenwood and Miller, 2010) や,組織内ネットワークに着目し従前のコンティンジェンシー理論の研究と同様の定量的データを基盤に置きながらも,行為の過程を追うような定性的データを組み入れる研究 (Battilana and Casciaro, 2012) がみられる。また,コンテクストの内容に着目して,組織から生み出されたコ

ンテクストを，組織が再度取り込み，戦略に活かす事例研究もみられる（De Rond and Thietart, 2007）[3]。

なかでも，De Rond and Thietart（2007）で述べられている，生み出されたコンテクストは，「意図せざる結果」に類する結果であり，この点を組織外から指摘され，自組織の意図との因果に気が付き，戦略に取り込む過程について述べている。この論稿では，組織が生起させた成果のうち，一見組織にとって有用でないものは，当初はMerton（1949）で述べられている，「意図されず，認知されないもの」であるが，コンテクスト，あるいは環境の側からの働きかけによって，認知される過程が明らかにされている。

つまり，成果を追うことを起点としつつも，創造環境（野中ほか，1978）の要素や，行為記述（沼上，1999a, 2000）の要素を取り入れる動きが，なくなったわけではなく，この方向での研究の進展が期待される。以上から，環境やコンテクストという組織からの視点の要素を意識しながら，過程を追うことの意義が見い出せる。

2-2 医療組織と医師のProfession

2-2-1 医療組織

医療組織についての論稿は，様々な視点と分析視角から，非常に多くのものが存在する。しかし，経営学の視点から組織を捉える場合，2人以上の人々の意識的に調整された活動または諸力の体系（Barnard, 1938）であることが，「組織」としての起点の1つとなる。医療組織においては，この活動や諸力は，まず患者の治療やケアの方向に向けられることになると捉えられる。

まず，医療組織そのものの定義については，古典的な論稿だと，"The development of medical organization plus specialization is coming to mean a

〔注〕
3 コンティンジェンシー理論を背景に，このようにコンテクストを分析する研究が存在する。コンテクストの選択の場面での戦略的な意思決定や，コンテクストに対応した組織内の変革などをテーマとしている。本稿は，コンティンジェンシー理論を援用するうえで，その要素のひとつとしてコンテクストを取り扱う。

new and much more efficient organization of hospitals and dispensaries."（Davis, 1918, p.359）とあり，医療組織の定義がある程度専門特化した病院や診療所などの，「医療機関」のことを指していたことがうかがえる。100年の間，少なくとも医療組織といえば，病院や診療所などの医療機関を指すことが，「スタンダード」であった可能性を示唆する。同時に，医療機関内部に関する論稿が多かったことも指摘できる。別の表現では，"Medical Institution"（Kudo et al., 2006），近年でも，"Medical Organization"（Tisnado et al., 2007）が，ほぼ医療機関と同意の使用のされ方をしている。

　また，アメリカの医療機関が主として看護ケアの組織に由来するのに対して，日本の医療機関は，治療を行う病院に由来しているという（杉, 1973）。この由来からは，アメリカの医療機関は多職種協働という観点から，個々の職種の専門性のぶつかり合いの中で形成されてきた可能性が推察される。一方で，日本の医療機関は病院由来で，当初より医師を頂点とした統制を行うことが前提となっていた可能性が推察される。実際，先述のDavis（1918）のタイトルは，"Group Medicine"である。この由来の違いは，医療組織のみならず，Professionについても，日米両国の捉え方の違いの背景にあると考えられる。

　アメリカにおける患者の医療関係者への信頼の状態を，医師，保険業者，医療専門職の3職種に分けて調査を行っている論稿がある（Dugan et al., 2005）。結果として，アメリカのように「国民皆保険」ではない国では，保険業者が直接的に患者の受診を左右することが述べられている。つまり，保険業者が医療機関の大きな環境要因となっていることが理解できると共に，医療機関に所属しない職種までもが「医療関係者」として包含される可能性を示唆している（Dugan et al., 2005）。つまり，医療制度によって，医療機関や医療組織の定義が変化することが示唆される。

　一方，病院などの医療機関は，内部が専門職，あるいは職域によって層別化されている点は日米共通であると考えられる。そのため内部管理については，専門性あるいは診療範囲ごとに管理体制を置く，マネジメント・コントロール（伊丹, 1986）型の「入れ子」構造がとられていると考えられる。また，個々の「入れ子」の内部においては，同僚グループ，異なる同僚グループ，公式化された同僚グループ，そして外部的にも権威化されたうえで公式化されたグルー

プという4つのレベルでのコントロール（Scott, 1982）が，なされていると捉えられる。例えば，前二者は，年齢や詳細な専門性などの違いを軸に，インフォーマルに出来上がった集団，後二者は，臨床あるいは研究面での専門性を軸に公式化された集団，学会や公的専門医制度などによって権威づけられた集団，ということになる。

特に権威づけられた集団というものは，先述の医療機関の定義の範囲を超えた，専門職研究で示されている，コスモポリタンの要素（Gouldner（1957, 1958）；Johnson et al.（2006））を含むものとも捉えられる。日本の医療に当てはめれば，医療機関だけのコントロールだけでなく，外部の学会や公的機関によるコントロールが二重に重なっているイメージを有する[4]。また，日本の医師は，専門知識による技能をもって，奉仕的に患者の治療にあたるような，古典的なProfession[5]と定義づけられている（藤本，2002）。Professionについては，次節で議論を行う。

更に，診療所と病院の関係にも，日米では差があるものと考えられる。猪飼（2010）は，プライマリケア，セカンダリケア[6]という区分を用いて，英米と日本の診療構造を説明している。

その説明によると，アメリカでは，プライマリケアとセカンダリケアは，施設によってほぼ機能分化[7]している。この点は，福永（2014）でも述べられている。ただし，病床が開放されており，診療所でプライマリケアに従事する医

〔注〕

4　例えば，大学病院の循環器内科の医師が，大学病院の心臓血管センターに所属し，同時に，外部のインターベンション学会の専門医で施設指導医という権威を付与されているような状態が，これにあたると考えられる。

5　日本医師会や，日本医学教育学会が，Professionについて言及し，その涵養の重要性を説いている。参照：http://jsme.umin.ac.jp/books/KODO-IINKAI-1.pdf　など

6　猪飼（2010）によれば，セカンダリケアにおいて，専門分化が進み，診療の領域が区分されてくるなかで，プライマリケアの位置付けは論者によって変化しているという。ただし，プライマリケアに共通の機能は，①ゲートキーパー機能，②統合機能であると述べている。①は適切なセカンダリケアへと患者を振り分ける機能，②は疾患を中心に置きつつも，他の疾患の予防や日常生活との統合を図る機能であると捉えられる。

7　「ほぼ機能分化している」という意味は，セカンダリケアの施設でもある病院が，一部プライマリケアとしての外来機能を備えている場合があるからである。しかし，猪飼（2010）によれば，その機能は，プライマリケアを受け持つ診療所の機能と合わせた中では，10%未満であるという。

師は，個々の専門に応じてセカンダリケアを行う病院でも診療を行うという（猪飼，2010）。

一方，日本に診療所と病院の関係は，機能分化が優先されているのではなく，病床などの規模による区分である。また，病院が病床を開放する場合でも，そこで診療所の医師が診療を行うわけではない。しかも，病院も外来診療を行っており，プライマリケアの機能を内包化している（猪飼，2010）。つまり，日本は機能分化による診療所と病院の区別ではなく，規模による診療所と病院の区別があり，その内部資源（医師数，医師の専門領域，検査機器，看護師などのスタッフ数）によって機能が決定されていると捉えられる。

また海外，特にアメリカは，保険制度が地域，患者階層などによって異なり，患者階層との結びつきが強い。このため，医療機関の構造や組織特性（専門性，メンバー構成など）を，医療制度あるいは保険制度の状態に応じて変えることによって，成果の伸長，組織の安定を図る要素があるものと考えられる。それゆえ，制度派組織論の捉え方が適合する（Scott et al., 2000）側面が大きいと考えられる。また，制度を含めて「環境」と捉えることで，コンティンジェンシー理論に近い捉え方をすることも可能であると考えられる。

しかし，日本の医療機関にとっては，この医療制度は共通の要素である。そのため，制度が「所与」となり，診療保険点数の改定などの，ファイナンスの側面以外では，医療機関にとって分析すべき環境とはなり難い[8]。このような面も，Professionに影響を及ぼす可能性が考えられる。

Mechanic（1975）は，Convergence in Medical Care Organization（p.241）と題した一節を区切り，「医療技術の精緻化に伴い，人々の志向性や期待が高まり，より広範囲の地域で，効果的な医療にアクセスできるように，医療組織は収斂していくことになるであろう」と述べている。そして，当時の欧米と，ソ連や中国を対比したうえで，「医療組織」の収斂が，医療技術のみならず思想によっても変化をもたらすことを述べている。またその描かれ方は，医療組織の中に医療システム（制度など）が含まれるという記述となっている。つまり，明記されてはいないが，病院などの医療機関以外の諸要素を「医療組織」

〔注〕

8 本稿はこの観点から，制度派組織論による分析には適さない研究と考えられる。

に含め,「医療組織」毎に医療制度が異なるという視点からの記述と考えられる。

また,Mechanic(1975)は,医療組織の収斂[9]を以下の段階に分けて記述している。

1. 医療における不平等を解消する傾向
2. 医療の供給が,責任をもって医療を遂行できる供給者が存在すると認められるコミュニティーの需要と結びつけられる
3. その一方で,バラバラの医療の要素が統合の方向へと向かう
4. 困難さを増してくる初期医療の維持を,国家的に分配しようとする傾向が出る
5. 医療コストの高騰に直面し,医療システムの能率と効率を改善する方向に動く

これらの医療機関について書かれている論稿は,その内部のマネジメントに関わる論稿と,組織と環境との関係に関わる論稿に大別される。

内部のマネジメントに関わる論稿の場合,その多くが「患者」という,組織の目的に向かう中での協働やパフォーマンスの効率性の視点や,患者満足の視点から述べられているものが大部分である。つまり,Donabedianの影響が強くあると考えられる。

一方,組織と環境の関係に関わる論稿の多くは,医療制度(保険を含む),人口変動,あるいは疾病構造の変化といったものを「環境」と捉えたうえで述べられているものが大部分である。特にMechanic(1975)が述べている医療組織の収斂は,マクロのレベルでの医療組織のコンティンジェンシー理論からのアプローチと捉えることも可能である。だが,ここで述べられている各段階で生じた医療上の「問題」は,それぞれが,その前の段階で生じたものである[10]。

〔注〕
9 本書における,「収斂」という言葉の定義は,次節(2-3)で議論する。
10 例えば,医療における不平等解消から,責任を持つ医療の遂行者が存在するコミュニティーと結び付けられる例は,Davis(1916)が該当する。

それを次の段階で捉えた場合に，前段階に由来して生じた問題点を「抑制する」流れで捉えられている。この点は，先述の「機能の伸長，逆機能の抑制」という論理に他ならないと考えられる。

このように，医療機関，または医療組織の論稿の多くは，組織にとっての単一の環境要因に対しての変革と対応，あるいは組織の非合目的結果を「エラー」と位置付けた観点から述べられている。つまり，法則定立的な視点からのものであると考えられる。

だが，実際に医療機関が直面する環境要因は，制度的側面，疫学的側面以外に，医薬や診断画像などの技術的側面や，多くの人を取り巻く「社会的」な側面がある。そのため，非合目的な結果が出現した原因を知るには，結果を「エラー」として捉えるだけでは事足りないと考えられる。

例えば，薬剤の効果の研究を想定すると，奏効した事例が意図した通りの過程（ここでは薬剤の作用機序を指す）を経たものであったのか，あるいは奏効しなかった事例は想定した過程を経て，意図が達成できなかったのか，それとも想定外の過程を経た結果であったのか，といった観点に戻った検討を行う必要があると考えられる。つまり，「1対1」の因果構図を想定した分析姿勢では，結果を惹起した原因となる，複数の過程を見落とす危険性があると思われる。

これを医療組織で捉え直せば，組織が目的を遂行する上で直面する環境は，医療技術，医療制度，疫学（人口や有病率）などの要素を用いた，法則定立的な分析だけでは，その影響を見落とす可能性があることになる。

また，Mechanicが述べている，前述5.の「医療コストの高騰に直面し，医療システムの能率と効率を改善する方向に動く」ことに該当する動きが，日本では，介護保険制度や包括的医療システムであると考えられる。これを動かすには，パターナリズムだけでは事足りない点を，政策論の観点から指摘する論稿も存在する（田中，2013）。また，民間（サービス分野），行政，患者・家族，専門職の連携の必要性が述べられており（田中，2013），それらを組織化することが，今後の介護を継続させる1つの要件であると考えられる。

別の見方をすれば，医師を頂点[11]とした，垂直的な統制の医療組織が，他の職種の組織と協働をすることが必要であるという主張であると捉えられる。も

し官，民，医療，介護といった，立場や職能が異なる組織が合わさり，1つの目的に向かうとすれば，それは新しいタイプの組織[12]といえる可能性がある。アメリカでは，医療組織のルーツがケア組織であるためか，このような考え方が比較的多くみられる。対して日本では，高齢者医療を通じて，医療組織が変化する可能性を示す可能性を示していると考えられる。地域包括ケアシステムは，これを行政主導で示したものと捉えることも可能である[13]。

2-2-2 医師のProfession

前節で述べたように，日本の医師は，古典的Professionとして位置づけられている（藤本，2002）。この点は，医学・医学教育においても同様であると捉えられる（野村（2010）[14]，大生（2011a，2011b））。さらに，大生（2011a，2011b）は，Cruess et al.（2002）を引用し，医師の自律性が，専門的知識や技術を誠実かつ奉仕的に行使することと引き換えに得られるという立場をとっている。

また，大生（2011a；2011b）は，社会から権威や信用を得ることと引き換えに，専門的知識や説明責任だけでなく，奉仕性，利他性で社会に貢献することが，日本の医療者に求められると述べている。また，野村（2010）は，Cruess et al.（2002）や，ルソーの社会契約論を示したうえで，職業団体による社会的承認と，利他，奉仕性，自らの専門性による社会貢献を意思表示（Profess）する

〔注〕
11　医療法第7条に，病院または診療所の開設者は「臨床研修等修了医師」とある。海外では，必ずしもそうではない。
12　例えば，ハイブリッド組織（Jay，2013）が，これに該当する可能性がある。ハイブリッド組織は，「市場でも階層でもないこと」または「半官半民的な協働により，組織横断的に責務にあたる」組織の形態であるという。なお，Jay（2013）は後者の立場からの論稿である。
13　参照：http://www.mhlw.go.jp/stf/seisakunitsuite/bunya/hukushi_kaigo/kaigo_koureisha/chiiki-houkatsu/
14　野村（2010）だけでなく，日本のProfession研究の多くは，法学者の石村善助による，「現代のプロフェッション（1969年刊）」から，1）技術的側面，2）経済的側面，3）社会的側面，の3つのProfessionの側面の捉え方の影響を受けていると思われる。つまり，二項対立の図式ではない。また，Professionが有する技術を提供することで，経済的利得を得るが，その行動には「社会性」が問われる。この「社会性」の中に，倫理綱紀の遵守，利他性・奉仕性などが含まれると考えられる。また，この社会性と引き換えに，「自律性」が付与されるという主張と捉えられる。

ことと引き換えに，実務における自律性と自己規制の特権が付与される，社会契約の基礎がProfessionであると述べている。

このように，日本の医師のProfessionの定義は，他国の研究からの「借用」の色合いが濃い。また，教育や，社会問題の背景（例えば「医療崩壊」など）のなかで，Professionが論じられることが多い。また，その多くは，Professionの「向上」を企図する方向性が見られるが，あくまで成果（Donabedian, 1966, 1980）を企図していると捉えられる。つまり，組織内要素としてのProfessionの在り方と，医療の成果を結びつける視点の論稿が大部分である[15]。また，実際には，国によって保険制度も異なる。そのため，再検討が必要であると考えられる。

アメリカの医師についての，Professionの研究は，専門職組織と専門職の官僚制を対比したもの（Merton (1949)；Blau et al. (1966)；Hall (1968)），そして保険システムと医療機関の結びつきが強くなるなかで，金銭的インセンティブとProfessionとを対比したもの（Mechanic (2000)；Stevens (2001)）が主なものである。

Stevens (2001) に述べられているように，現代のアメリカの医師のProfessionについては，「古典的なProfession，医師としての公共性や利他性」と，「医療システム下でのProfession，つまりメディケアなどの主として保険システムの下での，医師としての金銭的，地位的インセンティブ」との対比がなされている。また文中に，医療の質が，「購入者，保険上のケア・プラン，供給側の組織，政策者，消費者（先行する購入者が「保険の購入者」であり，消費者は「保険の利用者」を指すものと考えられる）からなり，それぞれの細かく測定する尺度と，様々な状況を加味したものによって問われる (p. 327)，とあることから，医療の質の評価法の影響を強く受けていると捉えられる。歴史的にはアメリカは，基本的な医学上の専攻による医学会が組織され，さらに医療上の専門性は，100以上に分類されている。そして，これらの分野におい

〔注〕
15　例外として，猪飼 (2001)，山下 (2011) などは，日本の医師のProfessionの捉え方に言及したうえで，前者は医療集団の形成を，後者は自律性が組織で構成される過程を取り扱っている。

て,「これまでに組織化して行ってきた医療を終わらせよう」というアメリカ医師会の声明が医師会誌に掲載された。しかし,医師の公的や役割を,自らにとっての良さ（例えば,学術的にも良いとされる技術を行使すること）として訴求する医師達にとっては,組織化された医療を終わらせるようなことはないと捉えられている (Stevens, 2001)。つまり,アメリカの医療のなかでは,医師達は,自らの社会的正当化や自律性獲得のための組織化を行っていることになる。

また,Freidson (1970) によれば,組織化された自律性をもつ専門職である医師は,専門職本来の「知性,倫理性,技能」という個人特性を有する。しかし,専門分化や分業,場合により保険システムも,その特性に基づく行動の意義を極小化する側面が指摘されている (Merton (1949) ; Freidson (1970))。また,専門職のこういった制度的要素を明らかにするうえで鍵が「自律性」であると述べている。また,自律性を「独立しており,自由で,他からの指示を受けない,という特質ないし状態」と定義している。そして,この自律（ないし自己指示）という条件から,専門職の多くの定義に含まれる他の制度的要素は演繹ないし導出できると述べている。免許制（資格制）の機能,専門教育に特化した教育機関において一定の専門的知識を教育される点,倫理綱紀やガバナンスが専門職集団の社会信用の看板であると同時に「自律性」を社会に認めさせる方策であることを指摘している。

ところで,日本の社会科学,なかでも経営学における,Professionについては,田尾 (1995) が,Professionの要件を,以下の5つに分類している。

① 専門的な知識や技術……体系的な知識・技術は,免許・権威の源泉となる
② 自律性……専門的な権威によって,組織の権限関係から離れ,職業上の要請に従う
③ 仕事へのコミットメント……金銭や人間関係ではなく,仕事自体に動機付けられる
④ 同業者への準拠……所属組織の仕事仲間よりも,遠くの同業者との関係を重視

⑤　倫理性……素人にサービスを提供する際に，知識・技術に関しては支配的であるために，身勝手な行動は規範的に許容されず，倫理性が「正当性」を担保する

　④においては，組織的な統制よりは，同僚による統制が重視される（田尾，1995）。そのことが，Scott (1982) で述べられている，「同僚グループ」による統制段階と符合するものと考えられる。また，②の自律性のなかに，「組織の権限関係から離れ，職業上の要請に従う」とあるが，その基盤はやや曖昧である。また，⑤の倫理性のなかに「正当性」を担保するとあるため，付与された医師免許の行使にあたり，倫理性が必要であると捉えることができる。また，利他性や奉仕性の背景が，曖昧である[16]。

　このように概観すると，日本と諸外国（特に欧米，なかでもアメリカ）の論稿を読み進めるうえで注意すべき点がある。それは「自律性」についての捉え方である。欧米の論稿の多くは，職業集団の規範や倫理綱紀を遵守しながら，専門的な知識・技術から患者の益となるものを「自律的に」選択し行使する，という文脈にある（Scott (1965)；Freidson (1970)；Stevens (2001)）。また医師が，自らの地位と権威を維持するために，学会や医師会なども，制度的枠組み（例えば，試験による専門医資格更新制度など）を提供する[17]。ただし，歴史的にみて，アメリカでは医師会が国民皆保険を否定し，インセンティブシステムでもある保険システム（マネージドケアなど）も否定することもあり，社会のなかで自ら地位（例えば専門医制度など），職業集団を確立した「専門職」の1つとして，医師が存在する。また，前節で述べたように，アメリカでは病院がケア施設に由来するため，病院組織のなかでの地位も，職業集団として確立

〔注〕

[16] オックスフォード英英辞典を引用し，Cruess et al. (2002) が，高度の知識ベース，サービス，利他性，自律性，専門職組織，説明責任，モラルと誠実さ，倫理綱紀を，Professionを構成する要素として述べている。海外でもProfessionについては，分析者，国など，バックグラウンドによって捉え方が異なると考えられる。また，アメリカの論稿は，他国のものに比して，Professionが包摂する要素のなかで「対立するもの」に焦点を当てる傾向がある。また，田尾（1995）は複数の専門職の分析を行っているため，論稿の範囲では，自律性の基盤を一括にはできないと思われる。
[17] 医師免許は，アメリカでは州ごとに規定が異なり，日本のように全国一律ではない。

することになる。

　それに対して，日本の医師は，明治期の「医制」に始まり，政策に従って，法制度の下で，専門職としての資格形成がなされている。したがって，職業集団の形成は，資格形成や社会的正当性獲得のためとはいえない。つまり社会的地位を国家が規定し，規定されたうえで職業集団が形成されている。したがって，アメリカのように，医師が自らの社会的正当性や職業的権威を獲得するために行う活動の背景に存在する「自律性」の存在は，日本では大きいとはいえない[18]。また日本では，病院が治療施設に由来するだけでなく，医療法によって営利目的での設立が当初禁じられ，民間による医療組織の設立が困難であった（福永，2014）。しかし，医療を広めるための国策として，医療法人制度によって，これを緩和したという[19]（福永，2014）。これらの議論からは，日本の医師が，アメリカに比して「非営利」な組織で働く前提が，法・制度によって存在していることとなる。

　つまり，権益のみならず，医学的正当性や社会的地位を確保するために活動する「アメリカの医師の自律性」は，ある程度の社会的地位と権益の条件が，政策と法・制度で規定されたうえで，医学的正当性や社会性を追求できる「日本の医師の自律性」とは，その背景と構成要素，そして要素を繋ぐ論理が異なることになる。

　さらに保険制度の枠組みから捉えた場合，アメリカの保険制度（マネージドケア）は全ての前提ではなく，医療を構成する一要素である。医師は実務上，自費診療以外では，保険会社からのインセンティブ確保のための行動を取らざるをえない面があり，医学的正当性の担保を最低限とすることもありえるため，結果として倫理性が問われることがありえる。ゆえに，倫理性を明らかにする

〔注〕

18　猪飼（2001），山下（2011）が，日本の医師の自律性について，欧米のそれとは成立している背景が異なる点を指摘している。また猪飼（2001）が述べているように，欧米における医師の自律性の定義をそのまま用いると，日本の医師には自律性が「ない」ことになる。つまり，日本の医師の多くは，欧米的な文脈での「自律性」を獲得する活動をする必要がないため，別の側面で「自律的に」なれるという視点を有することが可能である。

19　福永（2014）によれば，医療法人制度は，剰余金の配当を禁じている点で非営利とされるが，法人出資者の出資持分を認めたため，クローズド・スタイルでの出資が可能となり，民間の医療の発展に寄与したとある。

ことによって，専門職の自律性を「獲得・確保しておかなければならない」状況となりえる。したがって，「インセンティブを要しない」利他性が，医療制度を考える当初より入り込む余地が少ないと考えられる[20]。

対して，日本は制度枠組み（国民皆保険，医師免許制度）が前提にあり，この制度下では，自律性を獲得するための行動は「倫理性」が，行動上の大きな割合を占める。また，国民皆保険であるため，利潤追求は限度があるが，専門職の知識・関心は利潤に大きく影響されずに追求しえる。結果として医療における基本的な知識・技術面は免許制度に強く裏打ちされたうえで，医学的正当性・倫理性を反映することとなる。ゆえに，医学的正当性が担保される範囲であれば，医師は利他的行動を取りやすくなると推測される。

そして，比較的近年のアメリカの経営学の論稿では，会計監査法人，医療組織，コンサルティングファームなどの，サービス専門組織の特徴として，①知識集約的である，②低資産集約的である，③専門職化する労働動向がある，という3点があげられている（von Nordenflycht, 2010）。そして，知識集約の結果として，同業者組合などによる公認制度などと，対外的な倫理綱紀などの制定などにより，独占性を高めているとしている（von Nordenflycht, 2010）[21]。

つまり，アメリカの研究のなかで，専門職集団という枠組みからみれば，対外的にも対内的にも「制度的同型化」が働くこととなる。また，これらと引き換えに自律性を確保していることになる。特に，専門職化する労働傾向のなかで，自律性の基盤としての独占性に，専門職集団内での競争を抑制する効果がある一方で，非効率の源泉であること，環境適応の障害となることも指摘している（von Nordenflycht, 2010）。

一方，日本の医師は，「公認制度」の部分で，法律などの国家的制度が担保している割合が多いと考えられる[22]。つまり，社会的正当化獲得のための，専

〔注〕

20 逆に，インセンティブの高い，例えば自費診療であれば，自律性が大いに発揮される可能性がある。
21 von Nordenflycht（2010）は医師だけでなく，会計士，さらにはコンサルタントなどまで含めた論稿である。Professionalで構成される，サービス専門組織を4種に分類している。
22 アメリカでは，国家試験による免許付与の後に，州への登録がある。そして登録する州ごとに，同じ免許でも行使可能な州の数や，診療上の権限が異なる場合がある。

門職集団での内部的な拘束力は相対的に小さい,と捉えられる[23]。代わりに,利用者が「フリーアクセス」が可能であることによって,同業内での淘汰が起きる可能性がある。その意味において,「競争環境」であり,「顧客志向」であると捉えられるだけに,環境適応も促進される可能性もある。

ここで,倫理綱紀が医療を行う前提であるとすると,アメリカでは,医師達が最善と考える医療を自律的に推進するために,同業の公認,更に州などの公的枠組み,そして保険制度の違いという3つの壁があることとなる。

それに対して,日本の医師は,都道府県などの公的枠組みと保険制度(特に施設間で保険制度が異なること)は国内同一で壁はない。また,同業の公認は,前提として国家資格の存在があるため,医学的エビデンスから大きく外れない限り,医療を推進するための障害は少ないと考えられる。換言すれば,医師自身が医学的エビデンスと保険制度を大きく逸脱しない限りは,医師という資格を守るための特別な行動は必要とはならない。また,フリーアクセスであるため,患者(顧客)は保険制度に縛られず,自分の意思で医療機関を選択できる。つまり,アメリカの医師のように,資格を正当化する行動を多くとらずとも,自律性を有することが可能な状態と考えられる。

以上から,日本の医師が発揮できる「利他性」とは,アメリカに比して「国家的な制度に保護された」自律[24]が背景にあるといえる。つまり国家的な制度を,ある程度前提とした自律であるため,公的な制度[25]への依拠によって相殺されない性質があると考えられる。さらに,医師免許の源泉となる医学的知識は,診療ガイドラインなどの基礎でもあり,背景に同一の要素があると捉えられる。

この観点から,日本の医師のProfessionを捉える場合,例えば診療ガイドラインなどの専門職としての知識・技術面における「制度的同型化[26]」と「利他性」との対比が,相反するものではないと考えられる[27]。この違いがこれまで不明瞭であったのは,多くの日本の論稿が,専門職と社会との交換という視点

─────────
〔注〕
23 免許制度による同型化が強いという見方も可能である。
24 制度に付与された側面も含む。
25 例えば,介護保険制度など。

の中で議論をしているからである。また，国家的制度[28]という概念を分別しなかったことにより，制度の規則性と規範性の混同が生じ，その点が明らかにできなかったと考えられる。

また，これまで多くの論稿で，医師の「利他性[29]」が必要と述べられながらも，それを実証するような経験的研究が蓄積されていない[30]ことをふまえ，本書では，"Profession"の要素として，「制度的同型化」[31]と「利他性」に着目して観察する。

2-3 経営学における「意図せざる結果」とは，どのような概念か

2-3-1 企業経営における「意図せざる結果」とは

「意図せざる結果」とは，Merton（1936）ら，社会学者の論稿で述べられて

〔注〕

26 アメリカの医師の制度的同型化が，保険制度などのインセンティブシステムや，免許や専門医の認定制度などによるもので，Scott（1995）の制度の分類上は「規範的制度」による同型化の色合いが強いと捉えられる。それに対して日本では，学術的正当性（診療ガイドラインなどを含む）や組織の慣習による同型化が，規範的と捉えられる。日本の医師免許は，①医師法の下での画一的な道具性（医療を行うための基本的な道具），②法的に正当化されている，という点から，規制的制度（Scott, 1995）の色合いがアメリカより強いと考えられる。また，その医師免許の性質自体が，道徳性を問われるものではなく，医師免許を有する人間の医療行為が道徳性を問われる。つまり，日本の医療における規範的制度に由来する制度的同型化は，医師免許が指標ではなく，医療行為が指標である。また日本の，多くのProfessionに関する論稿が，この点を明確にしていないか，混同しているように捉えられる。

27 どちらも国家的に保証された自律を背景にしている。その自律の背景には，医師免許制度，国民皆保険制度が存在する。

28 国家的な制度は逸脱すると罰則があり，医師資格に影響がある。この点は，専門職集団における内的な制度とは異なる。

29 論稿によっては「奉仕性」という言葉で表現されているものも含む。

30 医師の態様についての実証研究は，松尾（2010）や井上（2014）などである。しかし，Professionにかかわるものは皆無である。また，田尾（1995）は，Professionの自律性などを，17種の専門職にわたって実証している。しかし，そのなかに医師は含まれておらず，本書での実証が，この点に寄与する可能性もある。

31 ここでの制度的同型化は，専門的知識に準じる面があるため，パターナリズムとしての性質を有することは否定できない。

いる概念が，経営学の分析に持ち込まれた枠組みである。Mertonは，機能には，顕在的・潜在的なものが存在し，顕在的機能とは「一定の体系の調整ないし適応に貢献する客観的結果であって，しかもこの体系の参与者によって意図され認知されたもの」であり，対して潜在的機能とは，「意図されず，認知されないもの」と定義し，「意図せざる結果」は潜在的機能であると述べている(Merton, 1949)。

　海野・長谷川 (1989) によれば，「意図せざる結果」とは「行為者が追求する目的に含まれないもの」を指すという。しかし，意図は，行為主体が連なる数が多くなるほどに，意図の「曖昧さ」に応じて，その表現型を変えるものであるとも考えられる。例えば，家電メーカーの経営陣が，より良い物を顧客に提供しようと考えた時，その「良い物」についての捉え方は，技術部門，営業部門あるいはマーケティング部門では異なる側面が出てくると思われる。技術部門は高度な技術や故障の少なさを，マーケティング部門は操作性やデザインを，それぞれ「良さ」の指標とする場合などが考えられる。

　このように，同一の組織にあっても，行為者の立場からの見方の違いが生じると考えられる。ここからは，同一組織から生じた「意図せざる」結果も，その生起過程は異なる可能性を導きえる。では，この生起過程に影響する要素は何であろうか。

　このような生起過程に着目した時には，コンティンジェンシー理論の研究の項でも述べたように，行為の過程を追うことが選択肢の1つであると考えられる。経営学の研究が，「環境という複数の変数システムの変数間の関係としての記述（カヴァー法則の追求）」と「意図を有した行為主体間の相互作用に着目した形でメカニズムやダイナミクスに着目した記述（プロセスの追求）」の2つに分かれ，前者の研究が発展するなかで，かつて行為者の意図の「了解」が存在したにもかかわらず，次第に忘れられてきているとの批判を含め，後者の行為記述の重要性が指摘されている (沼上，1999a, 2000)。

　これらによれば，コンティンジェンシー理論は，カヴァー法則の追求を行っていると捉えられる。つまり，特定の企業が，特定の環境下で，特定の行動により成果をもたらした場合が観察されたとする。その場合に，特定の環境が変化しない限りは，特定の行動をとり続けることが，その企業にとって「最善」

となりえることになってしまう（沼上, 2000）。したがって，行為の過程を追うことの意義が，ここに見い出される。

　環境という複数の変数システムの変数間の関係とは，前節で述べたコンティンジェンシー理論の要素を包含すると考えられる。経営学史的にみた場合の，時相を追った順列を明確に述べることは困難ではあるが，論稿が書かれた年代を見る限りにおいては，社会科学の研究としては「意図せざる結果」の研究の方が先に勃興し，そこに既にコンティンジェンシー理論へ至る糸口が存在したように捉えられる。また，構造機能論に環境を叙述的に付加するだけでは，「結果」の生じた理由説明を導くには論理的不足がある。そこで論理的に法則化を強めるために，変数として環境を明確化するなかで，コンティンジェンシー理論が生じたと考えられる。ここから，コンティンジェンシー理論は「成果志向の理論」（加護野, 1980）であるだけでなく，より一層法則性を追求する方向になったと考えられる。したがって，「意図せざる結果」を，変数間の関係としての記述した場合には，外観が異なるだけで，コンティンジェンシー理論をもとに「潜在的」な機能の分析をしているに過ぎなくなる可能性が生じる。しかし，それが企業などの行為主体や研究者にとって，有益か無益かの判断は一律にはできないと考えられる。ここにも，行為の過程を追う意義が見い出される。

　ところで，社会学が社会状況の一般化を目指し，論理化する際の焦点は「現象」であると考えられる。それは経営学の場合には多くは組織や個人の「成果」であるが，捉え方の差異に注意を払う必要があると考える。「現象」とは，物事がある状態にあることを指す。かならずしも，物証で示されるものとは限らない。

　それに対して，「成果」は，何らかの物証的なもので代弁され，多くは金額，確率といった数値化されることが多い指標である。したがって，「現象」が必ずしも「成果」と一致する性状を示すとは限らない。

　例えばMerton（1949）に述べられている「自己成就的予言」も，「意図せざる結果」の1つと考えられる。それは「預金を引き下ろさないと銀行が潰れる」と考えた複数の行為主体の行動の集簇の結果「銀行が倒産した」という現象である。したがって，特定の組織，ここでは銀行の行動の成果（アウトプッ

ト）を指しているものではない．しかし，銀行の視点から捉えれば，資本が底をつくという物証で表すことも可能である．

　まず，「意図せざる結果」は，特定の行為主体にとっての「意図」が追求する本来の目的（成果）に含まれないものとして捉えられる．そして，行為主体に対して，何らかの（正負を問わない）影響を及ぼす要素が「結果」に含まれている．更に，「結果」を生起させる行為主体は，初めに意図した行為主体とは限らない．更に，その現象あるいは成果の記録者の視点によって，それが「現象」か「成果」であるかが異なると考えられる．そのことは，行為記述をするうえで，注意すべき事柄であると考えられる．

　ところで，沼上（2000）は，行為のシステムの中での「意図せざる結果」を，次のように述べている．

　　なかなか思い通りにコントロールできない他者の意図が存在するとともに，すべてを理解するにはあまりにも複雑な相互依存関係が存在する複雑なシステムであるが故に，自分を含めた全ての行為主体たちが意図しなかった結果あるいは予期しなかった結果である．（沼上，2000, pp. 29-30）

　この内容は，大きな示唆を2点，示していると考えられる．1点は，「意図せざる結果」は，複数の行為者を経て起きた結果であっても，その行為者の誰もが「意図しなかった」結果である可能性．つまり，その行為の経路に含まれる，いずれかの行為主体が「想定した」場合は，「意図せざる結果」ではないこととなる可能性がある．もう1点は，複雑な相互依存システムは，社会に多く存在するが，その「複雑さ」は，行為者あるいは観察者が把握する能力を超えている可能性，したがって，無数の行為者が存在する可能性がある．

　以上の点に対して，沼上（2000）は，結果に着目して，「意図せざる結果」の類型を，①意図した結果が全く生起しない，②「意図せざる結果」と意図した結果の混在，③意図した結果は生じたが生起過程が異なる，と分類している．

　行為主体が「想定した」場合でも，②「意図せざる結果」と意図した結果の混在，③意図した結果は生じたが生起過程が異なる場合の可能性を考慮し，結果の生起する過程を分析することの意義を，この分類で述べていると推察され

る。したがって，相互依存のシステム内の特定の行為主体が「想定した結果」であっても，「意図せざる結果」の範疇に入る要素が存在する可能性は棄却されない。

　しかし，「複雑な相互依存システム」は，直感的にイメージはできても，図あるいは文章での完全な再現は不可能である。そのため，根来・足代（2009）のように，行為者に着目する検討がなされるものと思われる。しかし，これらは研究者の視点であり，特定の「意図する」行為主体の視点であるとは限らない。その意味において，Merton（1936）の考え方，つまり意図の起点や組織の特定の要素と結ぶ捉え方とは，合致しにくい面があると考えられる。また，「無数の行為者」を想定すれば，観察可能となるのは，特定の現象でしかない。仮に，地球規模であったとしても，それは「地球」という限定がかけられるものであり，実際は有限である行為者を想定しておくほうが，より実務的で望ましいと考える。

　例えば，「意図せざる結果」の生起に着目した分類が，意図も結果も，漠然たる「行為者」のものとなっていると，捉えざるをえない論稿がある（根来（2008）；足代（2009）；根来・足代（2009））。その分類を**図表2-3**に示す。これらの論稿は，特定の企業，あるいは企業の意思決定者を想定しているのか，あるいは結果を媒介する行為者を含み得るのかが曖昧である[32]。「行為者」という表現は，沼上（2000）の影響を受けたものと考えられるが，表を見る限りにおいては，特定の企業や組織を想定しているように考えられる。

　実際には，企業間取引，あるいは戦略的提携といった，当初の意図を強く修

〔注〕
32　沼上（2000）において，行為システム記述の説明法が，①超合理的な行為者による説明法，②共感と集計，③解釈と合成による説明，に大きく分類されている。この説明は，行為者が媒介することで，あるマクロ変数が別のマクロ変数へと変わることを示している。これらの行為の連鎖によって，「意図せざる結果」が生じるということである。この行為者は単純化されたモデルであるため，根来（2008）などが引用したものと推測される。このモデルは，行為とその連鎖を記述する意味の説明としては明確であるが，現代の企業戦略の立案が，競合企業，顧客など複数の環境の要素を考慮している実態を踏まえれば，「意図する行為主体」の視点を明らかにすることが，より実践的であることになる。そのために，意図する行為主体の「立ち位置」を示すことが，その視点を明らかにするための方策と考えられる。コンティンジェンシー理論に含まれる要素の視点を援用するのは，その方策の1つである。

〔図表2-3〕「意図せざる結果」の類型と事例

	類　型	事　例
①	環境＋行為→意図した結果	理論的には起こり得ない
②	環境＋行為→意図した結果の一部のみ実現	商品の差別化はある程度できたが、黒字化はできなかった。
③	環境＋行為→意図した結果＋意図せざる結果	情報漏洩を防ぐためにセキュリティ管理を厳しくした結果、情報漏洩そのものはなくなったが、業務の生産性が低下した。
④	環境＋行為→意図した結果（別のメカニズムが作動）	差別化によって商品をヒットさせようとしたが、実はタレントが使ってくれたことでヒットした。
⑤	環境＋行為→意図した結果→時間を経て意図せざる結果へ	大学設置基準を緩めたら、意図通りに大学間競争が始まったが、結果、利益優先の大学運営が増加してしまった。
⑥	環境＋行為→意図した結果がなにも起きない（意図せざる結果）	差別化を目指した商品を投入したが、売り上げは増えなかった。

出所：根来・足代（2009）

飾する可能性がある企業行動も多いため，単純化したモデルでは，実務的な応用が困難な可能性がある。また，行為が連鎖する過程を追うという局面においても，意図した行為主体の視点，あるいは結果を出す行為主体の視点，といった，捉える視点を明らかにすることは，研究としての視点を明らかにすることにつながると考えられる。また，そのように視点を明らかにすることについて，石井（2006）は，戦略の成果を観察する立場から，「意図せざる結果」を十分に把握するには「内部者の視点（石井，2006，p.13）」が有効であると述べている。この内容は，沼上（2000）が述べている「自分」という言葉に，代弁されていると考えられる。

　次に，米倉（2002）に掲載されている，いくつかの「意図せざる結果」の事例研究の論稿を通して，「意図」する行為主体と，「結果」を出す行為主体に着目してみると，「組織」という線引きをした場合には，「意図」と「結果」を生起させる行為主体が，それぞれ内外2つのバリエーションの存在する可能性が

〔図表2-4〕「意図」と「結果」が組織内外にある場合の類型

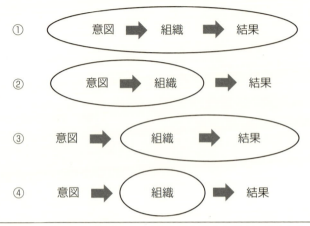

① 意図したものに対しての結果なので，結果は意図した行為者の視座からのもの
② 組織外で発生した結果は，他の行為主体の影響を受けている可能性があるが，その影響の全てが組織に認識されるとは限らない
③ 組織外で発生した意図は，組織の解釈により結果が左右される
④ 意図や結果と組織を媒介するものの存在は組織が認識可能な場合と不可能な場合とがある

出所：筆者作成

あるということになる（**図表2-4**）。「意図」に関しては，時相的に上流側の，特定の行為主体を起点と考えざるをえない面があり，それが「意図せざる結果」の研究における行為記述の限界ともいえる。一方で「結果」に関しては，時相的に「意図」より後で，かつ相互行為の連関の中で起きた事象であれば，その時点や発生した場所の組織内外を問わず，「結果」として捉えることができることにもなる。つまり，「結果」の捉え方は，行為主体や観察者の恣意性によることになる。この点は，意図した行為主体，結果を出す行為主体の議論と同様である。

このように考えると，Merton（1936）[33]が述べている，意図が「誰」にとってのものであり，「誰」が実行し，そして結果を「誰」が解釈して，「誰」が「意図せざる結果」だと結んだのか，ということに立ち返らざるをえない。その際に，意図と結果の生起を，組織の視点で捉えることは，「意図せざる結

果」を収斂³⁴させるうえでは，一助となるであろう。そして，戦略の成果を捉える立場からは，内部者の視点（石井，2006）が，1つのモデルであるといえる。

　図表2-4の分類は仮説的な枠組みであるが，組織内から発生した意図は，組織自身にとっての何らかの戦略的な意味を持つ場合が想起される。その場合に，行為主体である組織が成果を自組織内に求めているとすれば，情報アクセスの点から，「意図せざる結果」が出現した場合の分析や修正を行いやすいであろう。しかし，これが組織外の結果の場合であれば，結果を左右する動力が組織外に存在していることを意味するため，「意図せざる結果」が出現した際の対応には更なるエネルギーを要するであろう。言い換えれば，意図が組織内での創生で結果が組織外のものという時点で，既に「意図」した行為主体の視座からはある程度逸脱した「結果」となっている可能性があると考えられる。しかし，それでも意図の源泉が組織内であるのだから，分析や修正のための行動を起こしやすいとはいえよう。

　意図が組織外から想起されたものの場合はどうか。この場合，組織は初めから意図に「埋め込まれた」装置のような状態となるため，「意図せざる結果」

〔注〕

33　Merton（1936）を引用している論稿のなかで，例えばMacKay and Chia（2013）は，複合的な環境変化に対して，組織が利益の維持あるいは伸長目的で機会的にとった選択を，その環境と選択肢を組織が所有（コントロール）可能か否かによって4つに区分し，「意図せざる結果」を生じている過程の差異を述べている。また，これらの結果を，「緊急的な即時的利益の選択」であると述べており，Child（1972）で述べられている，気紛れな意思決定者による決定という内容に近しいと考えられる。また，近年の海外文献における，組織の視点からの「「意図せざる結果」」の取り扱われ方は，それ自体を分析するというよりは，それ自体が組織の過程，コンテクストの一部であるという捉え方となっている。その背景には，組織の構造や要素，取り巻く環境が複雑化していることがあると思われる。

34　収斂とは，「ある1つの状態に集約されるさま」を表す。経営学の論稿での収斂という言葉の使用例としては，八代（2013）がある。使われ方としては，自然にある一定の範囲の状態になる場合が，収斂ということになる。本節では，収斂「する」あるいは「させる」といった表現によって，能動的に「意図せざる結果」を，別の状態へと集約することを表現している。しかし，受動的に起きる「収斂」状態との違いが紛らわしいため，次節以後は，能動的に「意図せざる結果」を，意図した状態へと集約することを「収束」という表現に統一する。これにより，患者・家族，あるいは医療者のうち，いずれかが極端な医療上の不利益を被らないことをもって，本書での，各段階における「収斂の状態」と定義できる。収束は，正確な診断が，一般に行えるようになり，「意図せざる結果」がほとんど起きない状態と定義できる。

が出現したとしても，行為主体の相互作用の上流へと回顧することは困難となろう。それに加えて，結果が組織外で出現した現象である場合，更に正確な観察が困難であると考えられる。

ここで改めて，「意図せざる結果」を，収斂させる策を考えると仮定する。その場合，意図から結果への過程は，組織内で意図が生起した場合が，もっとも考えやすい。

例えば，ミシュラン社の例（深田ほか，2013）などがその典型である。ミシュラン・ガイドを発行し，掲載されている郊外レストランに出かける人が増えることを企図する。すると，車のタイヤが摩耗するという「意図せざる結果」が起こる。それに対して，タイヤを増販する。ミシュランガイドの発行もタイヤの増販も，ともにミシュラン社という組織の意図である。特に後者は，「意図せざる結果」を収斂させる「意図」である。さらに，「タイヤが摩耗する」ということを，ミシュラン社が予見「すれば」，「意図せざる結果」を戦略に取り込めるということになる。

そこで，予見可能な「意図せざる結果」とは何かを考えてみる。一例を想定すれば，国立公園に観光道路を作る意図が，公園整備と通行収入の双方だとすれば，「意図せざる結果」は排気ガスによる自然破壊である。この場合，車の排気ガスが自然に悪いということは了解されていても，「意図」には関係しないことになる。しかし，科学的には予想可能である。それゆえ，通行台数や通行時期の制限を予め設定可能になる。この例は，「意図せざる結果」としては負の例になるが，予見可能であるため，事前に対策を立てられる。

もしこれが正の例，即ち意図せざる「利益」の場合は，事前に対策を立てて「意図」を策定した行為主体が取り込もうとする。このように，過程が予見可能であることが，間接経営戦略（沼上，1997；足代，2009；水越，2010；深田ほか，2013）が成立する条件であると考えられる。いずれの場合においても，「意図せざる結果」が生起する背景の因果を，意図する行為主体が把握できる状況であると考えられる。

これらの論稿は，「意図せざる結果」が法則定立的でないという立場から述べられている。では，予見可能，あるいは「読み」が効く，「意図せざる結果」とは，果たして「法則定立的でない」のであろうか。

Merton（1936）に立ち返れば，間接経営戦略や「読み」は，意図した行為主体が，「意図せざる結果」を収斂させるための「次の一手」である。次に，意図した行為主体の視点から，「次の一手」について考えてみる。

「次の一手」は，組織にとっての利得あるいは安定のための手段となると思われる。仮に「意図せざる結果」が法則定立的な生起過程でなかったとしても，複数の結果が組織の視点からは「同じ」状態として捉えられる場合は起こりえるであろう。そのような場合，組織は，効率性などの面からも，「法則的」に対応しようと試みる可能性がある。また，予見や「読み」は，結果の生起過程の因果関係がある程度理解されていることが前提になければ，ありえないものである。そして，組織が利益を創出しながら，長く存続するようになる場合，「意図せざる結果」は何らかの収斂がなされることになるであろう。そして，組織の存続の長さと，「意図せざる結果」を収斂させた経験に応じて，「意図せざる結果」の生起過程，あるいは収斂させるための方策についての知識は増すことになる。その結果として，帰納的に組織が把握する因果仮説の確証度が増し，法則化の方向へと進められる可能性は否定しえない。組織が有する経験則の一部になる，と換言可能でもある。

前段の内容は，先行研究の蓄積から，筆者が類推したものである。だが，経営戦略論，あるいは戦略における意思決定の視点，つまり組織の視点から，これらの内容を示唆する論稿がある。

その例として，ファイザー社のバイアグラの開発の事例研究を紹介する。従前より，同社は高血圧治療薬として，血管拡張薬を開発していた。そこで，血管拡張作用を有する，ある薬剤の治験を行った。まず，低用量使用群では，特に副作用は起きなかった。しかし，高用量使用群では，血管拡張に伴う顔の火照りや背部・下肢の痛みなど，従来の血管拡張薬にも見られた「想定された」副作用が発現した。ところが，それだけでなく，十分かつ持続的な，意図せざる「勃起」作用が認められた。さらに，被験者たちからは，「もっと貰えないか」という声も出たという。この「勃起」作用を，戦略として選択し，その後開発を進めたものが，現在のバイアグラであるという（De Rond and Thietart, 2007）。

ここには「意図せざる」に相当する語彙の単語は出てこないが，その過程の

記述からは,「勃起」は,「意図せざる」かつ「想定外」の結果であったことがうかがえる。また論文タイトルにもあるように,血管拡張作用に起因する副作用は「不可避」な要素(副作用の1つ)である。そして,不可避な副作用のなかに「想定された結果」ではないものが含まれていたために,コンテクストとして扱われている。

つまり,コンティンジェンシー理論の視点での「成果」には含まれない組織の「結果」が,コンテクストとして扱われている。その後,コンテクストを戦略として選択し,「成果」へと変貌させていることになる。副作用も,また異なる視点からは「作用」となる。逆機能も,また異なる視点からは機能となりえる。そのように読み取れる一事例であると考えられる。ここでは,「コンテクスト」が,機会的であることが読み取れる。だが一方で,その「コンテクスト」は,選択の意思決定者が理解している因果関係(ここでは副作用のこと)を背景として,「理解可能」である。意思決定者の理解している因果関係を背景として,発生が想定可能なコンテクスト,不可能なコンテクストがあり,その利用の可能性について,以下のように推論されている。

① 因果関係が背景にあることが,自由な選択に必要な状態である。
② 機会の偶然の一致は,未来の選択に,新たな道を拓く。
③ 戦略の選択は,それだけでは,戦略の評価には不十分である。
④ 因果関係が背景にあることは,我々が機会を認識し利用するうえで,不可欠である。

つまり,ここでは,法則定立可能性は否定されていないのである。
この内容からは,先に述べた,「意図せざる結果」の研究とコンティンジェンシー理論との理論的背景の共通性が指摘可能と考える(De Rond and Thietart, 2007)。このような点は,古田(2012)でも指摘されている。
他に,MacKay and Chia (2013)[35]は,コンテクストして「意図せざる結果」を捉え,その収斂の過程について,自動車関連会社のケースを用いて述べている。それによれば,「意図せざる結果」の生起あるいは収斂の過程は,その時点ごとの,環境(コンテクストを包摂すると捉えられる)と選択肢が,組織に

よってコントロール可能かどうかによって異なるという。つまり，収斂させるためには，野中ほか（1978）が述べているように，過程分析を取り込むことが可能な状態であるかどうかという点が，キーであると思われる。また，選択肢に関しては，De Rond and Thietart（2007）で述べられているように，「意図せざる結果」の生起過程の背景にある，因果関係を知識あるいは情報として把握していることが，キーとなるのであろう。

　以上からは，「意図せざる結果」の研究が，その生起過程と収斂させる方法に焦点を当てながら，戦略論や組織変革論へと，埋め込まれていくようにも捉えられる。

　しかし，「意図せざる結果」の生起過程の分析に限っても，まだ一定の解はないと考えられる。だが，経営学が，特定の「組織」（Barnard, 1938）にとっての財務・非財務的な目的のための「協働」について考える学問でもあるとすれば，これらの研究のように「組織」という視点から分析を行うことは妥当であると考えられる。そして，コンティンジェンシー理論の研究の視点から得た知見は，組織が，「意図せざる結果」を収斂するためのヒントである。このことは，石井（2006）の述べる「内部者の視点」によっても支持されると考えられる。

　「意図せざる結果」そのものは潜在的機能（Merton, 1949）であるため，当初は組織の行為者には認識できていない。しかし，「意図せざる結果」が顕在化した時に，その背後に関係する因果関係，あるいはその糸口を，何らかの形で把握できているかどうか，が重要なヒントである。そして，米倉（2002）のケース・スタディから分類した，組織の視点からの，意図が生起する場所，「意図せざる結果」が生起する場所，は，この「把握」に影響を与える要素であることが推察可能である。

〔注〕

35　MacKay and Chia（2013）での「意図せざる結果」は，経済環境や原材料市場価格といったマクロの要素も含んでいる。つまり，この論稿での「意図せざる結果」は，意図する行為主体が認識できないものと「組織にとっての」意図の範囲のものが含まれる。

2-3-2 医療組織が生起させる「意図せざる結果」とは

医療組織における,あるいは医療組織にとっての「意図せざる結果」の研究・報告は,日本では皆無であると考えられる[36]。というのも,日本では疫学的手法ないしは医療経済的手法によって,有効率の面に着目し,その有効率を100%に限りなく近付けるにはどのようにすれば良いかという観点など,非合目的結果は「エラー」ないしは,当初の方針に沿った中で修正を行う立場からの論じ方となっており,決して「有効でない」事象がなぜ起きたかという視点からの解析は,薬剤の副作用事案の考察以外には論稿が存在しない。そういった薬剤の副作用事案の論稿でさえ,「なぜ」の中身は物質対人間の論の中に留まる。更に,個々の症例単位での報告となるため,個人情報や企業利益の観点から,相当の時間をかけられたうえで公開されることが大部分である。こういった事象はブルーレター[37]として厚労省から通達されており,研究ではなく実務である。

そこで海外(欧米)の,医療における「意図せざる結果」について扱った論稿について,ここでいくつかを紹介したい。

まず,治療や臨床試験など,医療の有効性を増す企図を背景においた研究が散見される。例えば,「ゴールデン・スタンダード」で,官僚的なレギュレーションを敷いたランダム化臨床試験の結果が,必ずしも十分に高潔であることが保障されないという「意図せざる結果」になっていることを述べている論稿がある(Califf, 2006)。近年,日本でも製薬企業も関係した臨床試験の事例などが報道されているが,医療に関係する「意図せざる結果」では,典型事例といえるであろう。ただ,日本の臨床試験でこういった過去の海外知見が活かされなかったことは甚だ残念であるとしか述べられない。これは,組織論の視点からは,制度依拠による正当化が過ぎた事例であるとも捉えられよう。

〔注〕
36 筆者が,「意図せざる結果」と,「医療」,「医学」または「病院」をキーワードとして,Google Scholarで検索をかけた結果,「意図せざる結果」を研究対象としている論稿は皆無であった。なお,林(2012)で述べられている「合成の誤謬」は,マクロ経済的な視点から「逆機能」となった例を扱っているため,ここでは含めない。
37 厚生労働省からの薬剤の有害事象などの速報のこと。

また，診療ガイドラインに関わる論稿も見られる。軽症糖尿病患者を，若手（卒業後12年以内）のプライマリ・ケア医が診療するにあたり，アメリカ糖尿病学会の診療ガイドラインを使用した際の，「意図した結果」，「意図せざる結果」の双方について述べた論稿を紹介する。ガイドライン導入の意図は医療費の抑制と患者受診状況の差異解消（どこの医療機関でも同レベルの治療が受けられる意味）が目的で，まず，約75％の医師がガイドラインを参照している中で，ガイドラインを，①知っている，②実診療に取り入れている，③忠実に順守している，の3段階で区分し，更に患者の社会経済的状態を上下に2分割し，それぞれで医師が選択する検査や治療方法に差が認めらないかを分析している（Shackelton et al., 2009）。総じてガイドラインは，患者の社会経済状態による受診状況の差異は小さくしており，その点は「意図した」通りの結果であったと考えられる。一方，糖尿病患者の重要な検査の1つである眼底検査[38]を社会経済状態の低い患者に行うという回答が少なかったが，ガイドラインを忠実に順守している医師達は，患者の社会経済状態に無関係に検査や治療を行っていた。つまるところ，一定の診療を行うことで医療経済的な突出を抑制し，受診先に関係なく医療内容の差異を小さくすることを目的としたガイドラインを順守することが，かえって医療コストを増幅させ，眼底検査の施行率にも差を生じさせるという「意図せざる結果」を生じさせているということを示唆している。また，アメリカの論稿でも意図した結果と「意図せざる結果」を併記した論稿は少なく，そのことも指摘されている。そのことに加えて，複数の要素が絡み合い，医療費増という現象が，医療そのものを逼迫する可能性を示唆しており，その点が本研究の意義と考えられる。

　Armstrong（2011）は，妊娠21週以降の早期産[39]を抑制し，医療コストを引き下げる目的で，FDA[40]がプロゲステロン誘導体[41]を認可した例を紹介している。まず，早期産は抑制したが，制度的に製造メーカーからの初期使用時の保証が出ず，その保証分がメディケイド[42]の経済的な負担となり，結果として医

〔注〕
38　アメリカの糖尿病の診断基準に「糖尿病性網膜症の有無」の項目があり，眼底検査による網膜血管の観察は診断に有用ではある。しかし，必須とは書かれてない。
39　妊娠37週未満の出産のこと。出産時の新生児の体重が，低出生体重（体重2,500g未満）となることがあり，産後の管理に莫大なコストが必要となる。

療コストを増やしてしまった事例である。この事例は，使用時の保証を製薬会社と保険が分担する際に，そこで保険側にコストが発生した。そのコストが，早期産を抑制した効果以上のコストであったということを述べている。

以上の事例は，意図する行為主体と，結果を出す行為主体が別組織である。また，結果を出す行為主体（医療組織）は，「意図せざる結果」の生じる論理的背景を把握することは難しいと思われる。それは，医療という行為のマクロのデータは，日本でいえば厚生労働省のような，医療組織とは別の管轄機関が算出するものであるからである。逆にいえば，医療組織は，自組織の直面する医療状況，および周辺の環境の状態以外には，リアルタイムで把握することは困難といえる。

次に，医療にかかわるシステムの事例をいくつか紹介する。Strom et al. (2010) では，病院におけるCPOE（医師が薬剤をオーダーする電子システム）内の「薬剤相互作用による副作用を防止する警告」システムを強固なものとするか，対照群として従前のものとの比較を行い，警報の「漏れ」に差異が出ないか実証している。結論としては，強固なシステムのほうが，「意図せざる結果」，即ち，特定の薬剤の過量投与などの警告漏れが4例あり，対照群よりも多かったことを示している。導入したシステムの目的到達のための効率を更に良くしようとした策が，かえってマイナスの結果を招いたという，「意図せざる結果」の典型例とも考えられる。日本の医療システム内でも，このような事例が発生する可能性はあり得るだろう。

McDonald and Roland (2009) は，イギリスとカリフォルニアのプライマリ・ケア医（家庭医）各20名ずつへの定性的方法による検討である。両国のプライマリ・ケア医（家庭医，イギリスではGeneral Practitioner (GP)[43]）への

〔注〕

40　Food and Drug Administration of the United States Department of Health and Human Serviceの略，米国食品医薬品局。日本では，厚生労働省がその役割にあたる。日本では，薬剤の保証は製薬会社と厚生労働省が実質行っているといえるが，アメリカの場合は，使用時の保証を製薬会社と保険会社が分担する要素があり，それはFDAが認可した時の使用薬剤の効能や副作用のデータによる。

41　早期産だけでなく，流産を抑制する薬剤として日本でも使用されている。

42　アメリカにおける，民間医療保険に加入できない低所得者などの公的保険。州単位で運営されている。

インセンティブ・システムの差異と，双方の医師達にとっての「意図せざる結果」についての比較を行っている。両国の医療保険の違いは，カリフォルニアがメディケアといわれる個人選択によって階層化した私費保険システムとメディケイドといわれる低所得者用国家負担強制保険システムからなる。それに対し，イギリスはNHS（National Health Service）[44]により統括された医療システムの中で，ほぼ地域ごとに国によって初診医が決定されている。また，家庭医にとっての経済的インセンティブは，アメリカは専門医に何人紹介「しないか」，つまり高度医療を何人の患者に導入せずに済ませたかという医療費の抑制に対して保険会社が付加価値をつける。それに対し，イギリスではGPを各病院の傘下に病院規模に応じて紐付けたうえで当初はほぼ1人のGPにつき何家族かを担当させる施策を採った（つまり初めから患者数は固定に近い）ため検査などを多くすることが相対的に彼らのインセンティブとなっている（現在では多少改善されているようである）。したがって，この論稿では，主として保険制度の差異を背景とした両国の家庭医にとってのインセンティブの違いが，「意図せざる結果」の違いをもたらしていると述べられており，経営学におけるコンティンジェンシー理論に近いアプローチと，組織フィールドの理論の医療への応用（Scott et al., 2000）とを合わせた研究である印象を有する。

　また，カリフォルニアの家庭医達が予想以上に「保険会社」と「医師組合（医師会）」に経済的インセンティブを囲い込む観点からコミットしてしまった結果，患者個人分の保険をできるだけ使用しない方向，つまり検査を極力減らし専門医には紹介しないという対応をとったために，根本的に患者と医師の信頼関係が構築できない状況さえ生じたという。一方，イギリスでは，個々の患者に手厚く検査を行うので，患者と医師の信頼関係は比較的良好に保たれたものの，当初から割り当てられた患者数が固定された状態であったため，患者の待機状態（治療待ち）の増加から患者の近隣国へのメディカルツーリズムを促したり，収益の増加が見込めない家庭医自体の海外流出をももたらしたという。

〔注〕
43　イギリスにおける，プライマリケア医のこと。日本の開業医と異なり，実質的に国に雇用されている。またイギリスでは，Medical Doctor（医師）とは別資格である。
44　イギリスの国営医療保険制度のこと。

つまり，どちらも「意図」のとおりにコントロールができなかった事例である (McDonald and Roland, 2009)。

さらに臨床医学寄りの論稿としては，Werner et al. (2005) が挙げられる。本稿は，アメリカ心臓病学会 (AHA) の主要刊行誌の1つである，"Circulation" に掲載されたものである。CABG（冠状動脈バイパス手術）をリスクに応じて受療できるように"CABG Report Card"なるものが考案された。これは，個々の患者それぞれのリスクに応じて，冠動脈バイパス手術の適応疾患（主として心筋梗塞）を発症した際には，適切な治療とケアを受療できる病院が選択可能となるようにするために考案されたカードである。補足すれば，このカードが策定意図に従って機能すれば，心筋梗塞などの発症に際しては，そのリスクを有する患者は状況に応じて適切な治療とケア（リハビリを含む）を受療できるようになる筈であった。

ところが，この受療状態をニューヨークと他の州（この州はいわゆるコントロール群である）で比較を行ったところ，リスクの層別化がカードによって明らかとなった他，CABGを受療可能な保険システム（相対的に高い金額を必要とする）への加入率などの問題も重なり，結果として保険からの支払いが確実な収入層が多い白人が，黒人やヒスパニックに比してCABGの受療率が高くなるという結果が得られた。また同時期に調査した結果，ニューヨークからクリーブランドへの黒人やヒスパニックの高リスクのCABGを必要とする患者の移送数が増えているという背景も認められた。つまり，ニューヨークにおいては，「必要な人へ必要に応じたCABGと術後ケアを」という意図で策定された"CABG Report Card"は，「意図せざる結果」をもたらしたと述べられている (Werner et al., (2005)。

本編の評価できる点は，同時期に同じカードシステムを導入した別の州をコントロール群としているため，ニューヨークとその州との制度的差異（特に保険制度）や人種間の収入差が，その背景にあることが推察可能な点である。このような論稿は，医療システム・制度の策定者だけでなく，現場の臨床医の視点にも，「意図せざる結果の背景の因果」を示すこととなると考えられる。また学術的観点からは，本稿がペンシルベニア大学の退役軍人医療センター，医療経済学大学院，経営大学院の3つのセクションの共著となっており，極めて

学際的に検討されている点と，さらに"Circulation"という，アメリカにおいて心臓疾患に関してはトップのジャーナルに掲載されている点にも価値が見い出せる（Werner et al., (2005)）。

　次に，高齢者医療を背景とした論稿を紹介する。グローバルヘルスの中で，高齢者の受傷が，転倒，交通関連受傷，自殺に関して増加していることを受けて，転倒であれば筋肉の強化やバリアフリー化などの誰にでも理解可能な予防法が，交通受傷関連であれば自動車運転免許の問題や道路・歩道の整備といったハード面での予防は考えやすい。しかし，実際のアメリカのデータ上，高齢者の交通関連受傷のうち85％は歩行中の受傷であり，ドライバー側の要因が多岐にわたるため対策が立てにくいという。また，自殺に至っては複合要因のため，何かを抑制すれば，自殺率が減少するというものでもない。実際，明らかに受傷を減ずることが可能な手法は導入する前提でも，施策として免許制度の変更や，自殺抑制プログラムの導入は，かならずしも意図した結果だけを招くとは限らない。このため，意図せざる結果を「最小化する」ために，熟慮を重ねた施策を選択する必要があると主張する論稿がある（Binder, 2002）。残念な点は，その具体的方法にはあまり踏み込んでいない点，そして「意図せざる結果」そのものが論理的自明の中で語られている点であろう。また，「意図せざる結果」の背景にある因果関係が複雑もしくは多すぎて，収束の方策が見い出しにくい可能性もある。

　引き続き，認知症診療に関係する検討を紹介する。イギリスにおいては70万人以上の認知症患者がおり，現時点の医療技術では完治する見込みはないにもかかわらず，その治療には患者1人当たり23万ポンド（イギリスの平均年収より高い）が必要であるという。またその中でもアルツハイマー病は，心血管系疾患と異なり，予防面でのブレークスルーもなく「増える一方」である。診断基準が4段階あり，「疑い」に近い段階が，進行抑制の観点から診断基準に含まれている。また疫学統計により，アルツハイマー病が，高血圧，高脂血症，糖尿病などの心血管系疾患リスクと相関が証明されてしまっている。このことが，仮に心血管系疾患を有している患者の認知機能に異常が認められた場合には，アルツハイマー病としての診断を下す誘因となることが指摘されている（Richards and Brayne, 2010）。

一方，軽度認知症患者の54%には脳にアルツハイマー原線維変化が認められるという。つまり，約50%は病理的に診断が正しいと証明されているという根拠の1つである。こういった様々な複合要因が，「曖昧」にしか策定できない診断基準と相俟って，患者数増をきたしているものと述べている（Richards and Brayne, 2010）。この内容は，本研究に示唆を与えるものであるが，治療にかかわるマクロのデータは集積されてから一般化される。一方で，個々の医療組織には「自験例」がある。つまり，自験例から，「意図せざる結果」の背景の因果関係が導ける状況であれば，収束する可能性がある。また，マクロのデータ（多くは診療ガイドラインなどの基礎データとなる）に依拠し過ぎれば，「意図せざる結果」には，気が付かない状態にもなりえる。

　そして本節の最後に，世界的に著名な雑誌である"The Lancet"の一稿を紹介しておきたい。著者がHarvardのGlobal Healthの講義を同僚達と担当する中で，彼らのGlobal Healthに対する探求の意識が，4つの社会科学の理論に集約していることを述べている。その4つの社会科学の理論とは，以下のとおりである。

① R. K. Mertonの「社会理論と社会構造」における，「意図せざる結果」の理論
② Berger and Luckmanの「現実の社会的構成」における，社会的現実が，資源ベースではなく知識や実践などによって正当化され構築されているという理論
③ 社会的苦痛の理論，例えば社会経済的あるいは社会政策的なもの（結核の蔓延や抗生物質の耐性など），社会制度に由来するもの（例えばヘルスケアの官僚組織が動くとかえって社会的苦痛が増す，イラクやアフガニスタンの帰還兵の例など），苦痛が本人から家族に移行するもの（例えばアルツハイマー病のように本人が快適でも周囲の成人家族に負担がかかっている状態など），ここでは厚生政策と社会政策が異なるターゲットになっていることを指摘している
④ 政策によるコントロール，例えば1960年代から1970年代にかけての中国における毛沢東主義ベースの人口コントロールが，結果として女性の生殖

機能を低下させ，個々の村落の存亡に関わったこと，チェルノブイリ原発事故後，放射線科学者は数百の被害者しかいないように述べていたが，実際には多数の被害を訴える人々が存在し，後遺障害から賠償を受けるに相当することとなり結果として厚生機構を動かすこととなったことが，事例として挙げられている（Kleinman, 2010）。

奇しくも，先に取り上げた，Etzioni（1976）の社会問題の生起の4つのアプローチ，①合意論あるいは構造・機能主義からのアプローチ，②葛藤または疎外によるアプローチ，③シンボリック相互作用論あるいはエスノメソドロジーからの視点，④新保守主義的アプローチ，に極めて似ており，Global Healthへの意識が「社会問題」へのアプローチに近しいことを暗示しているようである。

そして最後に，個々の理論にはWeberの官僚制の理論のようにボトルネックが存在するが，現実のGlobal Healthの事例に対しては，一般化とシステム化の面での重要な再考を促すことを彼らの担当するプログラムの中で学生達が示している。だが一方で，まだ社会科学が医学に挑戦している状態で，新たな医学の実践を生むに至っておらず，医学的過誤を，重要な社会問題へと転化させているに過ぎないと述べている（Kleinman, 2010）。

この論稿の要点は，医療にかかわる「意図せざる結果」の生じる要因を社会科学の立場から分類し述べただけではないと考える。「意図せざる結果」が単に「問題視」されるべきものではなく，どのような意図を有した施策や医療においても起こりえることを指摘している。そして，まず意図に沿って発生過程を追うことが，結果を問題視して蓋をするような施策の取り方を防ぐために重要なことであり，「意図せざる結果」そのものに対しての「適切な」対処をとることへと繋がることを述べている点にある。

また，アメリカの医療関連では，ある程度なされてきた「意図せざる結果」の研究であるが，そのどれもが，法則「不」定立状態の分析と，その回避を命題としており，Kleinmanの述べている課題には，未到達であると考えられる。

ここから，「意図せざる結果」の生起過程の分析を法則定立的な視点にこだわらずに行う意義，さらに結果に対しての「適切」な対処がどういったものか

を探索をする意義が見い出せると考えられる。

2-4 認知症について

2-4-1 認知症の概要

　認知症は、厚生労働省が一般向けに説明している文章を引用すると、「認知症とは、いろいろな原因で脳の細胞が死んでしまったり、働きが悪くなったためにさまざまな障害が起こり、生活するうえで支障が出ている状態（およそ6ヵ月以上継続）」である[45]。またICD[46]-10（『疾病及び関連保健問題の国際統計分類』第10版）の第5章「精神および行動の障害」）によれば、「通常、慢性あるいは進行性の脳疾患によって生じ、記憶、思考、見当識、理解、計算、学習、言語、判断等多数の高次脳機能の障害からなる症候群」と定義される（図表2-5）。

　また、認知症における「中核症状」[47]として、記憶障害、見当識障害、理解・判断力の障害、実行力障害などがあげられている。これらの症状は、脳細胞の機能低下により起きるものである。それに加え、徘徊などの行動症状、幻覚や妄想などの心理症状が起きることがあり、これらを総称してBPSD[48]（Behavioral and Psychological Symptoms of Dementia）とよぶ。

　また、アメリカ精神医学会によるDSM[49]-Ⅳの診断基準によると、以前のDSM-Ⅲでは存在した脳の器質的疾患という条件がなくなり、ICD-10の基準に近しいものとなっている（図表2-6）。

　整理すると、ICD-10が日常生活動作の障害を必須とするのに対して、DSM-Ⅳでは社会的または職業的機能の障害を必須としている点だけは異なる。しか

〔注〕────────
45　参照：http://www.mhlw.go.jp/topics/kaigo/dementia/a01.html
46　International Classification of Diseasesの略である。
47　参照：http://www.mhlw.go.jp/topics/kaigo/dementia/a02.html
48　記憶障害などの「中核症状」により生活上の困難にうまく適応できない場合に、本人の性格、環境、身体状況が加わって起こる症状。例えば、もともと自立心の強い人が、記憶障害で片づけた物を忘れた時に、他人が盗ったと妄想を起こす場合などが該当する。
49　The Diagnostic and Statistical Manual of Mental Disordersの略である。

〔図表2-5〕ICD-10による認知症診断基準の要約

G1　以下の各項目が示す証拠が存在する。
　1)　記憶力の低下
　　新しい事象に対する著しい記憶力の減衰。重症の例では過去に学習した記憶の想起も障害され，記憶力の低下は客観的に確認されるべきである。
　2)　認知機能の低下
　　判断と思考に関する能力の低下や情報処理全般の悪化であり，従来の遂行能力水準からの低下を確認する。
　　1)，2)により，日常生活動作や遂行能力に支障をきたす。
G2　周囲に対する認識（すなわち，意識混濁がないこと）が，基準G1の症状をはっきりと証明するのに十分な期間保たれていること。せん妄のエピソードが重なっている場合には認知症の診断は保留。
G3　次の内の1項以上を認める。
　情緒的不安定性
　易刺激性
　無関心
　社会行動における粗雑化
D　G1項の症状から明らかに6ヵ月以上存在して確定診断される

し，双方の診断基準は，記憶障害を必須として，さらに他の認知機能と合わせた複数の種類の認知機能障害により，従前の機能レベルから著しく低下した状態を定義している点で，基本的に合致している。

　また，日本神経学会が策定している認知症診療ガイドラインでは，記憶障害のみを有する症例や記銘力や他の認知機能低下を有する症例でも，社会生活あるいは日常生活に支障をきたさない症例は，認知症とは診断しない，としている。その背景には，前頭側頭型認知症（FTD）などのように，記憶障害を中核症状とせず生活面の支障を主症状とする認知症には適合しない面もあることが存在しているようである。

　さらに，認知症の前駆症状（認知症の前の段階の症状）として様々な概念があり，加齢に伴う生理的変化による物忘れなのか病的な物忘れなのかが議論さ

〔図表2-6〕DSM-Ⅳによる認知症診断基準の要約

A　多様な認知障害の発現，以下の2項目がある
　1）　記憶障害（新しい情報を学習したり，以前学習した情報を想起する能力の障害）
　2）　次の認知機能の障害が1つ以上ある
　　a.　失語（言語の障害）
　　b.　失行（運動機能は障害されていないのに，運動行為が障害される）
　　c.　失認（感覚機能が障害されていないのに，対象を認識または同定できない）
　　d.　実行機能障害（計画を立てる，組織化する，順序立てる，抽象化すること）の障害
B　上記の認知障害は，その各々が社会的または職業的機能の著しい障害を引き起こし，また病前の機能水準から著しく低下している。
C　認知欠損はせん妄の経過中にのみ現れるものではない。
痴呆症状が原因である一般身体疾患の直接的な結果であるという証拠が必要。

れてきた。そのなかで，日本では軽度認知機能障害（MCI：Mild Cognity Impairment）や，主観的認知機能障害（SCI：Social Cognity Impairment）の概念が用いられることが多い。これらの概念は1980年頃から議論されてきたが，MCI（軽度認知機能障害）については2003年にMCI Key Symposiumで現在の概念が提唱され用いられている。その要約を**図表2-7**に示す。

　そしてSCI（主観的認知機能障害）は，MCIよりもさらに前段階の状態を指し，若い頃に比べて記憶が落ちたという感覚を客観的な指標で評価して，そこから治療を開始すれば認知症の予防につながるのではないかという考えを基に概念化されたものである。しかし，主観的な感覚を客観的に評価することが困難であり，依然検討は進んでいない。以上，SCI，MCI，認知症の違いをまとめると**図表2-8**のようになる（融ほか，2005）。

　ただし，それぞれの認知機能レベルの境界は明瞭ではなく，SCIに見えるMCI，あるいはMCIに見える認知症という状態が起こりえる。また現状の科学的エビデンス上は，MCIからアルツハイマー病への移行が10から20％程度とさ

〔図表2-7〕MCI（軽度認知機能障害）の診断基準の要約

1) 認知機能は正常でもないが，認知症でもない（ICD-10やDSM-Ⅳの診断基準を満たさない）
2) 認知機能の低下 　① 本人および/または第三者からの申告および客観的認知検査の障害 　　および/または 　② 客観的認知検査上の経時的減衰の証拠
3) 基本的な日常生活は保たれており，複雑な日常生活機能の障害は軽度にとどまる

〔図表2-8〕SCI（主観的認知機能障害），MCI（軽度認知機能障害），認知症の違い

SCI	若いころに比べて認知機能が低下したという主観的な感覚を，客観的指標で評価し介入すれば認知症を予防できるのではないかとされるが，評価そのものが困難である。
MCI	加齢に伴う記憶障害の範囲を超えた記憶障害が存在する。 しかし，全般的な認知機能は正常に保たれ，日常生活動作は保たれることから，認知症とは呼べない状態
認知症	中核症状は，見当識障害，記憶障害，理解・判断力の障害，実行力障害など 行動・心理症状として，不安・焦燥，うつ状態，幻覚・妄想，徘徊，興奮・暴力，不潔行為など

出所：筆者作成

れている（山本，2011）。

また，MCIの段階は，本人または家族から記憶障害の訴えがあり，それが年齢や教育レベルでは説明がつかないこと。他に生活や認知機能は正常であることとされている（山本，2011）。つまり，記憶障害の訴えがあるが，認知機能検査がほぼ正常な状態が，典型的であると推測される。だが「記憶障害」は，認知症の診断基準に含まれている症状のため，初期の認知症との線引きが困難であると思われる。

2-4-2 認知症の種類

認知症の種類は，第1章で述べたように，厚生労働省の統計では，アルツハイマー病，血管性認知症，その他の認知症という区分がなされている。本書はアルツハイマー病の患者数増加を関心の1つとするため，ここでは，アルツハイマー病と，その鑑別疾患である，Lewy小体型認知症などについて触れておく。

アルツハイマー病は，記憶障害と複数の認知機能障害が現れる緩徐進行性の疾患で，初期には記憶障害のみが認められ，MCIとの鑑別が困難であるという。そしてその診断にはアメリカ精神病学会のDSM-Ⅳの診断基準（**図表2-9**）や，NINCDS-ADRDA[50]研究班の診断基準（**図表2-10**）が用いられるという（神埼，2012）。DSM-Ⅳの診断基準は症候が中心となり構成されているのに対して，NINCDS-ADRDA研究班の診断基準は，DSM-Ⅳの診断基準に近しい症候を，Probable AD，Possible AD[51]などといった形で段階化し，症候の表出段階に応じた診断指針を示したことに加え，発症時の年齢や，病理組織所見との関連性まで網羅されている（**図表2-9**）。

ただし，これらの診断基準に示されている症候面の特徴は，2-4-1で示した認知症の診断基準の症候面と大きくは変わらない点に着目が必要であろう。つまり，「認知症」であることが診断された段階で，ある程度アルツハイマー病の可能性が生じることとなる。

一方で，症候面や画像検査などで「不明」な症例であっても，剖検をした際の病理所見がアルツハイマー病に合致すれば，それが「アルツハイマー病」であることも示されていると考えられる。しかし現在，認知症をきたす疾患の中で，剖検が推奨されている疾患は，プリオン病（Creutzfeldt-Jakob病）のみであることも，注意が必要である。

〔注〕
50 National Institute of Neurological and Communicative Disorders and Stroke（アメリカ国立神経障害・脳卒中研究所）と the Alzheimer's Disease and Related Disorders Association（アルツハイマー病・関連障害協会）のことである。
51 Probable ADは「ほぼ確実に」アルツハイマー病である，Possible ADはアルツハイマー病の「可能性がある」状態を，それぞれ指す。

〔図表2-9〕DSM-Ⅳのアルツハイマー病診断基準

A. 多彩な認知障害の発現。以下の2項目がある。
　1) 記憶障害（新しい情報を学習したり，以前に学習していた情報を想起する能力の障害）
　2) 次の認知機能の障害が1つ以上ある。
　　a. 失語（言語の障害）
　　b. 失行（運動機能は障害されていないのに，運動行為が障害される）
　　c. 失認（感覚機能が障害されていないのに，対象を認識または同定できない）
　　d. 実行機能（計画を立てる，組織化する，順序立てる，抽象化する）の障害

B. 上記の認知障害は，その各々が，社会的または職業的機能の著しい障害を引き起こし，また，病前の機能水準からの著しい低下を示す。

C. 経過は，ゆるやかな発症と持続的な認知の低下により特徴づけられる。

D. 上記Aに示した認知機能の障害は以下のいずれによるものでもない。
　1) 記憶と認知に進行性の障害を引き起こす他の中枢神経疾患（例：脳血管障害，Parkinson病，Huntington病，硬膜下血腫，正常圧水頭症，脳腫瘍）
　2) 痴呆を引き起こすことが知られている全身性疾患（例：甲状腺機能低下症，ビタミンB12欠乏症，葉酸欠乏症，ニコチン酸欠乏症，高Ca血症，神経梅毒，HIV感染症）
　3) 外因性物質による痴呆

E. 上記の障害は，意識障害（せん妄）の期間中だけに出現するものではない。

F. 障害は他の主要精神疾患（例：うつ病，精神分裂病など）ではうまく説明されない。

　また脳血管障害や脳腫瘍などの，脳内構造物の異常を確認するために，通常は頭部MRI検査ないしはCT検査が施行される。また，脳血流の質的判断のためには，脳血流シンチ・SPECT[52]の推奨度が比較的高い。

〔注〕
[52] 巻末資料3参照

〔図表2-10〕NINCDS-ADRDA研究班の診断基準（AD＝Altzheimer Diseaseの略）

Probable AD の診断基準
　認知機能低下が次の3つで確認されている。
　　　臨床的診察
　　　知能テスト（ミニメンタルステートなど）
　　　神経心理学的テスト
　認知機能のうち2つ以上が障害されている。
　記銘と他の認知機能が進行性の悪化が認められる。
　意識障害がない。
　発症年齢は40〜90歳の間で発症している（65歳以上が多い）。
　記憶や認知機能を進行性に悪化させる全身疾患やAlzheimer病以外の脳疾患がない。

Probable AD を支持する所見
　言語・運動行為・認知機能の障害（失語・失行・失認）が進行性に悪化する。
　日常生活動作の障害と行動パターンの変化
　類似疾患の家族歴がある（特に病理診断されている場合）
　検査所見　髄液：正常　脳波：正常あるいは非特異的変化（徐波増加など）
　CTなどで経時的に脳萎縮が見られる。

AD以外の認知症の原因を除外した後に，Probableと矛盾しない臨床的特徴
　経過中に病期の進行が一定の所で止まることがある。
　随伴症状として起こりうるもの
　　　抑うつ，不眠，失禁，妄想，錯覚，幻覚，言語，情緒・身体面での激しい興奮，性行動異常，体重減少
　　　進行すると出現することのある神経学的異常
　　　筋緊張充進，ミオクローヌス，歩行障害
　　　進行した時期の痙攣発作
　CTなどは年齢を考慮すると正常

Probable AD と矛盾する所見
　突然の脳卒中様発症
　局所神経症状（片麻痺，感覚障害，視野障害，初期の協調運動障害など）
　発症早期の痙攣発作や歩行障害

臨床的疑診（Possible AD）の臨床診断
　認知症が基盤にあり，かつ認知症の原因となる他の神経疾患，精神疾患，全身疾患が否定されているが，発症様式や臨床経過が非典型な場合
　認知症の原因となりうる二次的な全身疾患や脳疾患があった場合でも，現在の認知症の原因とは考えられない場合
　研究的な検討の場合は，単一の徐々に進行する重度の認知症があり，他に明らかな原因が見出されない場合

ADの確実な診断（definite）は，Probable AD の臨床診断基準と生検あるいは剖検による神経病理学的証拠に基づく研究目的でADの疾患分類をする場合には，次のようなサブタイプを鑑別する
　家族性発症
　65歳以前の発症
　21番染色体のトリソミーがある
　Parkinson病などの他の疾患を合併

　この診断基準に記載されている，認知機能検査のうち，代表的なものが，MMSE（Mini-Mental State Examination, ミニメンタルステート検査）[53]あるいは長谷川式簡易知能評価スケール（HDS-R）[54]であり，認知機能や記憶力を簡便に測定できる項目からなる検査である。また，患者本人ではなく，日常生活を同じくしている人（多くは配偶者，家族）に記入してもらい，より客観的に認知機能を評価するための，FAST（Functional Assessment Staging）[55]という，日常生活の障害度から，認知症の進行度を概観するスケールも使用される。
　次に，アルツハイマー病との鑑別疾患として知られる，Lewy小体型認知症について示す（**図表 2 -11**）。Lewy小体型認知症は，病初期の記憶障害は必ずしも認められないが，進行性の認知機能低下を示す疾患である。その特徴として，幻視とパーキンソニズムを伴う症例が多いことがあげられるが，それ以外に特徴的な症候はあまりなく，画像検査上も特異性に乏しい疾患とされる。ただし

〔注〕
53　巻末資料 4 参照
54　巻末資料 5 参照
55　巻末資料 6 参照

日本の研究においては，Lewy小体型認知症では交感神経節後線維が障害されるためMIBG心筋シンチグラフィ[56]という検査における取り込み低下所見が有用という報告もあるが，この検査が海外では一般的ではないために，診断基準の根拠としての，エビデンスレベルが下位にあるなど，国際的統一感を欠く面がある。

〔図表2-11〕Lewy小体型認知症の診断基準（第3回国際DLBワークショップ）

(1) 中心的特徴（DLB ほぼ確実（probable）あるいは疑い（possible）の診断に必要） 正常な社会および職業活動を妨げる進行性の認知機能低下として定義される認知症 顕著で持続的な記憶障害は病初期には必ずしも起こらない場合があるが，通常，進行すると明らかになる
(2) 中核的特徴（2つを満たせばDLB ほぼ確実，1つではDLB 疑い） 　a．注意や覚醒レベルの顕著な変動を伴う動揺性の認知機能 　b．典型的には具体的で詳細な内容の，繰り返し出現する幻視 　c．自然発生の（誘因のない）パーキンソニズム
(3) 示唆的特徴（中核的特徴1つ以上に加え示唆的特徴1つ以上が存在する場合，DLBはほぼ確実。中核的特徴がないが示唆的特徴が1つ以上あればDLB疑いとする。示唆的特徴のみではDLBほぼ確実とは診断できない） 　a．レム期睡眠行動障害（RBD） 　b．顕著な抗精神病薬に対する感受性 　c．SPECTあるいはPETイメージングによって示される大脳基底核におけるドーパミントランスポーター取り込み低下
(4) 支持的特徴（通常存在するが診断特異性は証明されていない） 　a．繰り返す転倒・失神 　b．一過性で原因不明の意識障害 　c．高度な自律神経障害（起立性低血圧，尿失禁等）

〔注〕

56　交感神経節に取り込まれる，MIBGを血管内投与し画像化することで，取り込まれない部位を「障害部位」として同定する検査法である。

d． 幻視以外の幻覚
　　e． 系統化された妄想
　　f． うつ症状
　　g． CT/MRIで内側側頭葉が比較的保たれる
　　h． 脳血流SPECT/PETで後頭葉に目立つ取り込み低下
　　i． MIBG心筋シンチグラフィで取り込み低下
　　j． 脳波で徐波化および側頭葉の一過性鋭波
（5） DLBの診断を支持しない特徴
　　a． 局在性神経特徴や脳画像上明らかな脳血管障害の存在
　　b． 臨床像の一部あるいは全体を説明できる他の身体的あるいは脳疾患の存在
　　c． 高度の認知症の段階になって初めてパーキンソニズムが出現する場合
（6） 症状の時間的経過
　（パーキンソニズムが存在する場合）
　パーキンソニズム発症前あるいは同時に認知症が生じている場合，DLBと診断する。
　認知症を伴うParkinson病（PDD）という用語は，確固たるPDDの経過中に認知症が生じた場合に用いられる。
　実用的には，臨床的に最も適切な用語が用いられるべきであり，Lewy小体病のような包括的用語がしばしば有用である。
　PDDとDLB間の鑑別が必要な研究では，認知症の発症がパーキンソニズムの発症後の1年以内の場合をDLBとする"1年ルール"を用いることが推奨される。
　それ以外の期間を採用した場合，データの蓄積や比較に混乱を生じることが予測される。
　臨床病理学的研究や臨床試験を含む，それ以外の場合は，DLBとPDDの両者は，Lewy小体病あるいはαシヌクレイン異常症のようなカテゴリーによって総合的にとらえることが可能である。

　さらに近年，アルツハイマー病と更に鑑別を要するといわれる，嗜銀顆粒性認知症（Argyrophilic Grain Dementia；AGD）という概念が提唱されている。嗜銀顆粒性認知症は，認知症の5～10%を占めるとされており，高齢になるほど頻度を増すものと考えられている（認知症テキストブック，中外医学社，2008，pp. 326-329）。また記憶障害と情動障害が現れ，発症後の経過は緩やかであるが

易怒性や焦燥を伴うことが多く，またLewy小体型認知症とは病理的には判別可能であり，アルツハイマー病とは合併しない孤発例もあるという（嶋田,2012）[57]。なお本書執筆時においては，コリンエステラーゼ阻害薬は効果がないとされており，診断基準や診療ガイドラインなどは存在しない。

2-4-3　認知症進行抑制に用いる薬剤について

　認知症治療に用いる薬剤には，大別して予防的薬剤と進行抑制薬がある。前者は血管性認知症に用いられる，抗血小板薬，即ち血管内で血小板が凝集することを抑制する薬剤で，その代表がアスピリンである。一方，後者の進行抑制薬については，現在のところ主たるものは，図表2-12に示すように，アルツハイマー病に用いられるコリンエステラーゼ阻害薬であり，その最初のものがドネペジル（商品名アリセプト）であり，その後併用可能なメマンチン（商品名メマリー）が発売された経緯がある。またドネペジルは2014年9月からLewy小体型認知症が適応症に追加されている[58]。

　最初に発売されたドネペジルについては，医学文献を引用して，エーザイ（株）が，ホームページ（参照：http://www.aricept.jp/about/early.html）で，認知症における使用の有用性と，認知症のより早期からの使用の有用性を示している。その差は，早期使用群とプラセボ使用群との比較（観察期間約1年）で，MMSEで約2点弱，早期使用群と遅延使用群（早期使用群は導入が約1年早く，観察期間約3年）で約1点強の差が認められる。また，どちらも統計的有意差が示されている（前者は0.1％水準，後者は5％水準）。

　図表2-12を一見すると明らかであるが，ドネペジルだけが発売が1999年で，他の薬剤は全て，その10年後以降の発売である。つまり，2010年までは，アル

〔注〕

57　大阪市立大学大学院医学系研究科嶋田裕之准教授（当時）は，「現在アルツハイマー病と診断されている方のうち，20％は嗜銀顆粒性認知症を含めた，アミロイド陰性の認知症である」と自研究室での研究蓄積を元に述べている。（2014年11月1日　認知症診療up-to-date，大阪）また，アミロイド陰性の認知症には，コリンエステラーゼ阻害薬は無効とされている。

58　2014年8月以前に，Lewy小体型認知症に対して，ドネペジルを使用する場合には，カルテ記載される保険病名をアルツハイマー病としなければ，保険審査を通らなかったことを意味する。

〔図表2-12〕日本で現在アルツハイマー病に使用可能な薬剤

一般名	ドネペジル	ガランタミン	リバスチグミン	メマンチン
商品名	アリセプト	レミニール	イクセロン/リバスタッチ	メマリー
製造・販売	エーザイ（株）	ヤンセンファーマ（株）	ノバルティスファーマ（株）/小野薬品(株)	第一三共（株）
適応重症度	軽度～重度	軽度～中度	軽度～中度	中度～重度
作用機序	ChE阻害	ChE阻害	ChE阻害	NMDA受容体拮抗
国内発売	1999年	2011年	2011年	2011年

注：ChE：コリンエステラーゼ，NMDA：N-Methyl-D-aspartic Acid：グルタミン酸の一種
出所：筆者作成

ツハイマー病の進行抑制薬といえば。アリセプトのみであったことに注意が必要である。

なお本書のインタビューデータの中においては，薬剤名は商品名も一般名も以後の章で，インタビュー対象者の発言通りに記述されることを，予め述べておく。

2-5　意図せざる「認知症」という診断結果が生起する可能性

「意図せざる結果」の研究は，本書ではMerton（1936, 1949）が提唱している内容に沿う。また，その生起過程に着目したものであるため，組織過程，あるいは，プロセス研究の1つとして位置づけることも，可能である[59]。

「意図せざる結果」は「潜在的機能」であり，「意図されず，認知されないもの」である。このように書けば，「意図せざる結果」と認知された時点で，「意図せざる結果」ではなくなるのではないかという，思考のループが起きる。しかし，「意図せざる結果」は，認知されるから「意図せざる」結果と把握でき

〔注〕
59　ただし，「成果」だけを志向するものではない。

る。そして，認知を促す行為主体は，それを「意図せざる」と受けとめる行為主体以外である。このように考えると，「意図されず，認知されないもの」の行為主体は，意図（目的）の策定者であることになる。つまり，潜在的機能は，意図する行為主体に，主体的に「意図されず，認知されない」ということであると解釈可能である。また，成果が「社会現象」なのか，「物証的な結果」であるのか，という点は，意図する行為主体の種類や捉え方によるであろう。例えば，Merton (1949) に述べられている，銀行への取り付け騒ぎの事例は，「銀行が倒産した」という現象でもあり，「銀行の資本が底をつく」という物証でも表現可能である。つまり記述の仕方が，社会的第三者の視点では前者，資産の尺度の視点に立てば後者になる。以上から，「意図せざる結果」は，誰が意図する行為主体で，誰が結果を出す行為主体であるということ以外に，誰が「意図せざる結果」と「結ぶ」か，という視点も重要である (Merton, 1936)。

　この視点に立てば，「読み」（根来・足代，2009）といった間接経営戦略は，「意図せざる結果」と「結論づける」行為主体は，第三者でなければならない。意図する行為主体と，「意図せざる結果」と「捉える」行為主体が同一であれば，それは意図する行為主体に，「読み」として「認知されない」ものとはいえないからである[60]。もし同一の行為主体が，意図も結果も生起させているとすれば，時相を追い，意図した時点より事後に，「意図せざる結果」を，意図する行為主体が把握したという証拠が必要であろう。例えば，「意図せざる結果」が，いくらかの時間の経過の後で，組織にとって「コンテクスト」の位置に入る状態などが該当する。

　また，「意図せざる結果」の分類については，根来 (2008) で述べられている，「行為者の意図」への着目だけでは，行為者の前に「意図した行為主体」が存在する場合の分析には援用し難い。また，意図が組織内外を伝搬し，特定の行為者の意図として捉える場合でも，生起過程を追う観点からは，行為者への着

〔注〕
60　意図から想定される因果から，事前に「読む」，つまり予測可能な結果であれば，主体的に認知可能な範囲であると考えられる。ただし，意図が形成された後での「読み」であれば，この限りとはいえない。間接経営戦略は否定されないが，「意図せざる結果」に基づいた戦略であるかどうかは，Merton (1936, 1949) の定義に従えば，時相による線引きが可能である。

目だけでは不十分である。そこで，米倉（2000）に収載されている，「意図せざる結果」のケース研究を，組織の視点から類型化すると，意図と結果が，それぞれ組織の内外で起きる，計4つのパターンに分類される。この分類が，組織内外を分別したうえで，意図する行為主体と結果を出す行為主体の関係を，概観しやすいと考える。

また，Merton（1936）は，「意図せざる結果」を捉える際に，「組織の要素に関連付ける」という観点が必要であることを述べている。組織の要素は，その内外に存在すると考えられる。このように考えれば，組織内外と組織の結果（成果）との関連の研究の1つとして，コンティンジェンシー理論を援用する観点に立つことが可能である。

コンティンジェンシー理論の研究は，組織過程と環境の適合性が成果に結びつくという論理である。そして，実証レベルでは「成果の伸長している」組織は環境に「適応している」という法則的な仮定を前提とした，組織過程の分析が研究の焦点となっている傾向があると考えられる。だが，「意図せざる結果」の研究は，その結果が組織にとって「伸長している成果」であるか否かは定かではない。Merton（1949）が述べている，「潜在的機能」であるため，理論的前提が異なると考えられる。

ここで，組織にとって「伸長している成果」と捉えられる要素が，「意図せざる結果」に含まれていた場合を考えてみる。その場合，意図したかどうかにかかわらず，コンティンジェンシー理論の視点からは，「成果」に含み込まれ，「意図せざる」という認識を失う可能性もあると考えられる。特に成果が「金額」などで，その生起過程の違いにかかわらず一体のものとして観察される場合もありえる。その意味においては，コンティンジェンシー理論における「成果」の生起過程も，時相を追って精査する価値があると考えられる。それだけに，意図せざる「成果」の場合でも，先行研究から法則定立を完全に否定しうる論理も導けないと考えられる。したがって，コンティンジェンシー理論の適用拡張の可能性が，ここに見い出せる。

コンティンジェンシー理論の研究は，その記述様式は「組織過程と環境が適合した」結果としての成果，という流れが大勢である。つまり，理論的な「ベクトル」が一方向的である側面を有している[61]。そして，行為の過程の了解が

失われた（沼上，2000）という主張の背景は，この一方向的な論理であることを指している可能性が考えられる。「意図せざる結果」の研究も，因果関係の成立が否定されているわけではないが，一方向的な論理だけでは，生起過程に見落しが生じる可能性も否定できない。野中ほか（1978）も，課題として過程の検証をあげている。

このように，「意図せざる結果」の研究と，コンティンジェンシー理論の研究は，一見平行線を辿っているようにみることもできる。

しかし，コンティンジェンシー理論の発展として，ネオ・コンティンジェンシー理論を参照すると，Child（1972）は，組織が，環境やコンテクストと対する場面を時相を追って捉えている面があると思われる。更に，そこで組織の要素である，意思決定者に着目し，コンテクストや環境と結果との関連を分析する視点から，De Rond and Thietart（2007）のような，経営戦略や意思決定にかかわる論稿へとつながっているように捉えられる。このような論稿では，主として組織の「成果」が扱われるが，「成果」へと繋がる「意図せざる結果」は，「ありえない事柄」として扱われている場合がある。したがって，「意図せざる結果」の生起過程のみならず，その収束を実証していると捉えることが可能である。そして，その過程を，ある程度長い時相を追って述べた論稿の1つが，MacKay and Chia（2013）であると捉えられる。

つまり，コンティンジェンシー理論の視点で，行為の過程を追う研究は，経営戦略や意思決定，あるいはプロセスの研究へと発展していると捉えられる。

次に，医療組織の研究知見をみると，日米で，医療組織のルーツが異なることが指摘できる。その点は，医師の資格の成立背景，医師・看護師の資格内で可能な業務の種類，病院長は医師の有資格者である必要があるか否かという点に，反映されていると推察される[62]。

また，日本の医療組織のなかの医師は，これまでの論稿から，古典的Professionとして位置づけられる。しかし，多くの日本の医療の論稿が海外文

〔注〕

61　この意味においては，経営戦略論とは，無理なく一致する側面があると考える。
62　日本では病院法で，病院長は医師でなければならないが，アメリカでは必ずしも，そうではない。さらに，アメリカでは州による制度の違いも存在する。

献を引用して述べているような，利他性や奉仕性，誠実さ，説明責任などと交換に，免許などの独占性や自律性を，医師が得ているのではない。

　端的に述べれば，アメリカでは，国民皆保険を拒否した医師の集団が，医師免許，専門医の枠組みを，職業集団内で作りながら説明責任などと交換に，国家的な正当性を得ている。

　一方，日本では，明治維新政府が，西洋化政策のなかで，東洋医学から西洋医学への転換を企図した際に，免許制を敷いたことが原点である（猪飼，2001）。

　つまり，アメリカの医師免許や専門医制度は，医師集団の社会的正当性獲得の行動により，社会的承認を経て，国家の制度となっている。それに対して，初めから国策によって免許制度ができ，国策という規範性と法に基づいて，社会的正当性がある程度獲得されているのが，日本の医師免許である。

　これらの点から，日本の医師は，自律性を免許と正当性と共に「付与」された状態であると捉えることが可能である。それだけに，実診療においては，法と医学的エビデンスの下での自律性が，ある程度獲得されている。つまり，実際の臨床医療の現場では，主として医学上の規範となる，医学的エビデンスや診療ガイドラインへなどへの制度的依拠が起きる。その一方で，利他性や自律性を発揮する基盤となる，自律性とが隣り合わせの状態で存在すると考えられる。

　次に，認知症診療に着目した場合，医療組織とケア組織，あるいは行政組織などの協働が必要な場面があることも推察される。実際のところ，そういった協働については，地域のなかでの主導者は法律や制度などで決められているわけではない。したがって，特別な例[63]を除き，この点については不明である。しかし，この協働の体系のとり方は，意図する行為主体，あるいは結果を出す行為主体が，「意図せざる結果」の背景にある因果関係の把握する際に影響する可能性があると考えられる。

　医療における「意図せざる結果」の研究に，これらの視点を援用すると，医療組織がマクロのデータを把握するまでのタイムラグが発生する可能性が考え

〔注〕

63　和光市は，行政主導で協働を推進している。（参照：http://www.city.wako.lg.jp/var/rev0/0014/3512/201262213395.pdf）

られる。このような研究では，マクロのデータを司る公的機関が，「意図せざる結果」の収束のための知見を生成できていない可能性も考えられる。その視点からは，Werner et al. (2005) のように，医療システム・制度の策定者だけでなく，現場の臨床医の視点にも，「意図せざる結果の背景の因果」が示される機会が必要であると考えられる。しかし，そこには医療と情報の「広がり」の範囲という要素があるように思われる。あまりにその生起過程に複数の要素がある場合や，複雑にマクロの外的要因が絡む場合には，「意図せざる結果」の背景にある因果関係が複雑もしくは多すぎて，収束の方策が見い出しにくい可能性もある (Binder, 2002)。

逆にある程度，医療と情報の広がりがある場合でも，あるいは治療にかかわるマクロのデータが集積されていなくても，個々の医療組織が「自験例」から，「意図せざる結果」の背景の因果関係が導ける状況であれば，収束が早まる可能性も指摘しえる (Richards and Brayne, 2010)。一方で，医療組織がマクロのデータ（多くは診療ガイドラインなどの基礎データとなる）に依拠し過ぎれば，「意図せざる結果」には，気が付かない状態にもなりえる。だが，Kleinman (2010) が主張するように，これらの事象を単なる「社会問題」に転化させた段階で，とどまっていてはならないと考える。

本書は，認知症診療における診断過程を，「意図せざる結果」の生起過程として捉えている。

一般的な疾患，例えば高血圧などは，本人の意思で医療機関を受診し，医師とのやり取りの中で，診断・治療の方針を決定する。それに対して認知症は，医療組織を受診するきっかけが家族の意思の場合もあり，加えて治療からケアに至る過程の全てを，医療組織と家族とのやり取りだけで決められるものではない。

つまり，単独の医療組織の視点に立てば，環境あるいはコンテクストとなる要素が，一般的な疾患よりも多いことになる。したがって，コンティンジェンシー理論が有した視点を援用した分析の可能性が期待できる。さらに，医療の質，つまり「成果」の研究 (Donabedian, 1966, 1980) に欠けている，環境の要素を加えることに近しい。そこから，新たな含意の獲得につながる可能性も考えられる。

認知症に関する医学的レビューから，高齢者医療において，認知症の中でもアルツハイマー病に注力されている理由として，治療薬（進行抑制薬）があり一定の効果が見込まれること，そして疫学的に認知症に占める割合が最多であることが考えられる。

しかし，アルツハイマー病については，嗜銀顆粒性認知症やLewy小体型認知症など，鑑別が難しい疾患が他に存在する。初期段階では，より鑑別が困難であると考えられる。また，認知症の前段階である，MCIからの移行がある。そのため，MCIの多くが移行するわけではないが，「アルツハイマー病」への介入の観点から，どのタイプの認知症によるMCIであるかの鑑別が行われることとなろう。この点は，医療における「意図せざる結果」の研究の一稿である，Richards and Brayne（2010）で指摘されている内容に近いと考えられる。

以上から，医療組織が「意図せざる結果」を生起する過程を，先行研究の中に位置づければ，コンティンジェンシー理論が有した環境やコンテクストなどの概念を援用し，行為の過程の記述から分析を試みるという方向性が合致しそうに思われる。

また，意図した結果としての「アルツハイマー病」，「意図せざる結果」としての「アルツハイマー病」は，どちらも「アルツハイマー病」と厚生労働省のデータ上は扱われている。それだけに，「意図せざる結果」の過程や背景の要素を，整理しながらの分析でなければ，Binder（2002）のように，収束への見通しが立てにくくなる可能性がある。

したがって，コンティンジェンシー理論が有した視点を援用することで，De Rond and Thietart（2007）のような，過程の実証と，収束のための方策を分析できる可能性がある。また，石井（2006）が，戦略の成果を観察する立場から，「意図せざる結果」を十分に把握するには「内部者の視点」が有効であると述べていることは，筆者の立ち位置と合致する。

更に，医療の質，つまり「成果」の研究（Donabedian, 1966, 1980）に欠けている，環境の要素を加えることによって，実務的含意の獲得につながる可能性も考えられる。

そして，「意図せざる結果」の研究蓄積は，日本では多いとはいえない（足代，2011）。また医療の領域では，本書執筆時点において皆無であるため，海外の

研究知見をここでレビューした。

再確認すると,「意図せざる結果」は,潜在的機能と位置付けられ,特定の社会体系にとっての機能・逆機能と「意図せざる結果」を結び付け,

① 意図せざる「機能的」結果
② 意図せざる「逆機能的」結果
③ 意図せざる「機能・逆機能」どちらでもない結果(没機能的結果)

の3種に類型化できるとされる (Merton, 1949)。しかし,この分類の視点からは,「アルツハイマー病患者の増加」という現象を説明するには足らないと考えられる。「正確に」診断されたアルツハイマー病患者は,医療組織にとって「意図した」結果であり,同じ診断過程から「意図せざる結果」として,アルツハイマー病と診断された患者も生起するからでる。よって,「アルツハイマー病患者の増加」という現象に含まれる「意図せざる結果」の部分の生起は,類型化される前,つまり結果が生起する過程を追う以外に手段がないことになる。つまり,①と②は,同じ過程から生起している状態である。

別の角度からは,意図した「結果」と意図せざる「結果」が,全く異なる外観・性質のものであれば,それぞれの生起過程は変数間の分析で代用できる可能性はある。つまり,コンティンジェンシー理論の研究が,そのまま援用できる可能性はある。しかし本書の関心は,一見同じ外観・性質を示す結果(アルツハイマー病という診断結果)の中に,「意図した結果」と「意図せざる結果」が存在し,その後者の生起過程に焦点を当てている。したがって,診断の過程を追うこと以外に手段がなく,診断過程そのものが医療組織の過程の1つであるため,その視点に立つことの意義が見い出される。

以上から,本書は,診断の過程に視点の重きを置くことになると考えらえるため,医療組織の視点からの分析を志向することになる。したがって,一方向的な視点,環境を所与のものとすることは,困難である。そこで,Donabedianの医療の質研究とは異なり,コンティンジェンシー理論の視点に沿いながら,「意図せざる結果」の生起過程を明らかにするとともに,可能な限り収束の方策を考える。

また，医療組織が「意図せざる結果」を生起する過程を，先行研究の中に位置づけると，コンティンジェンシー理論が有した環境などの視点を援用することは，合致すると考えられる。それは，Merton (1936) で述べられているように「組織の要素に関連付ける」という観点と，近年のDe Rond and Thietart (2007) やMacKay and Chia (2013) のような，「意図せざる結果」が収束され，新たな戦略などへ変化する様子を述べた論稿の背景には，組織と環境という視点があるからである。

そこでは，「意図せざる結果」の背後の因果関係，もしくはそれにかかわる情報を，意図した行為主体，あるいは結果を出す行為主体が把握しているか否かが，「意図せざる結果」の収束のキーの1つである可能性が指摘されている (De Rond and Thietart, 2007)。

つまり，医療組織と「意図せざる結果」に関わる研究のレビューからは，本書が，次の点で新規性，貢献の可能性を有することになるものと考えられる。

① 日本の医療領域における，「意図せざる結果」の研究である
② 経営学のなかでは，組織過程，プロセスの研究と捉えられる
③ 「意図せざる結果」の研究は，日本では多くなく，そこに貢献する可能性がある
④ 同一の結果のなかに，意図した結果と「意図せざる結果」が含まれている
⑤ 組織と対する，環境やコンテクストが「不可避[64]」である

最後に，「意図せざる結果」の研究は，Mertonがその祖であると思われる。しかし，Mertonが，その後，法則定立的な定量的研究へと舵を切った背景には，Lasarzfeldとの共同研究がきっかけというだけでなく，国防総省の依頼で集団面接の新手法を準拠集団理論を用いて開発するといった，公的かつ「成果」への過程を分析する役割が多く重なったことも大きな要因であると推察される (高城, 2011)。

〔注〕
[64] 認知症診療の場合，地域という環境や，付き添う「家族」の存在などが想定される。

経験的理論が定量化不可能であるとは断じられないが，その基礎には定性的研究も含まれていると思われ，それも中範囲の理論の要素と考えられることから，この推察に同意する。したがって，本書は，Mertonを批判的に捉える視点には立たない。

第3章

「意図」と「意図せざる結果」の捉え方

　本書は，アルツハイマー病という診断結果の中に「意図せざる結果」が含まれているのではないかという疑問に根ざしている。また，アルツハイマー病の診断の過程は，

① 厚生労働省が，認知症患者の進行抑制による介護負担減を「意図した」政策を立案
② その政策に含まれる，早期受診，早期診断，早期介入，さらには初診時は専門の医療組織の受診推奨という流れに従い，患者・家族が行動
③ 専門の医療組織として医療組織を受診（かかりつけ医からの紹介が想定される）
④ 医師が診察・検査のうえで，アルツハイマー病と診断（結果）

という，流れである。
　患者数などのデータに関しては，本邦では政策決定の根拠としても利用されていることや，他に全国的な調査データが見当たらないため，厚生労働省などの公的組織が提示しているデータを用いる。それは，厚生労働省が「意図」を形成する根拠とするデータであるからでもある。つまり厚生労働省は，自ら調査したデータに基づき構築した「意図」に従い，政策を立案していることになる。まず，この点を再確認する。

また，アルツハイマー病という結果の生起する場は，医療組織，更に細かくは，患者・家族と医師による，診察の場である。そこに，「意図せざる結果」が生起する過程，理由があることになる。そして診断は，医師により決定される。

　以上の点を踏まえ，分析の焦点を，診断を行う医師とする。そして，医師の診断に大きな影響を与えるであろう，家族の影響に着目する。また実数として「要介護者」の数が増えているだけでなく，その背景の高齢者人口の増加も明らかであることから，介護者の負担も増えているものと思われる。したがって，介護者のなかでも家族の負担を考慮すると，家族内での立場によっては，ケアの位置付けが変化している可能性も考える必要があろう[1]。その可能性についても，本調査に入る前に予備的知識を得ておきたい。

　さらに，家族のあり方などには，地域差が存在する可能性があるため，複数の地域での調査が有用と思われる。また，認知症診療を行っている診療科が単一ではない場合もあると思われるので，その点も考慮する。これらの内容から，認知症診療を行っている複数の診療科を有する医療組織が，調査対象として適していると考えられる。

　以上のことを捉えるための論理的背景は，まず「意図せざる結果」の研究である。しかし，「意図せざる結果」の研究は，法則定立か行為記述か，といった方法論について，先行研究からは，確たるコンセンサスは得られないと考えられる。ただし，先行研究の多くは，「意図せざる結果」の生起過程の追跡研

〔注〕
1　例えば，家族社会学の論稿である，上野（2008）では，家族内におけるケアの位置付けが，従来は一体的かつ規範的な家族観によるものであったが，女性（夫人）に偏るという傾向が強かったことを他の論稿も参照しつつ指摘したうえで，現代においては共働きや核家族化という要因も手伝い，ケアを受ける・ケアを強制されないという被介護者の選択傾向，ケアをする・することを強制されないという介護者の選択傾向の，4つの象限での枠組みを示している。筆者の職務実感でも，そのような枠組みの設定は可能であるが，個々の家族が，家庭内の誰かの病気，世帯主の定年などによる退職，子供の進学といったライフイベント，さらには長期間の介護による心的疲労などによって，時相を追って変化しているという実態からは，特定の時点でしか枠組み上の位置を指摘することが不可能であることを指摘できる。このように家族社会学の論稿をたどった場合にも，複数の時点において変化の過程にある被介護者，家族，介護者といった個々の要素の相互作用に着目した議論がさらに望まれると考える。

究ではない。「意図せざる結果」が生起した後の過程の分析である。この点は，「意図せざる結果」が，潜在的機能（Merton, 1949）であり，意図した行為主体には，リアルタイムで「意図せざる」という捉え方ができないことを示していると考えられる。また，本書でも，この範疇に入る過程の分析を行うこととなる。

3-1 高齢者医療政策の「ニュアンス」と認知症診療の「実情」についての予備的知見

　本節では，まず公共の媒体上に明示された，厚生労働省の「意図」の確認を行う。そこで，意図がどのようなものであるかを，高齢者医療の政策に関与する，厚生労働省老健局の方にお聞きする。
　次に，地域医療における認知症患者の「家族」の態様について概観する。そして，医療組織ないしは医療機関の視点からの位置付けをすることにある。そのために，アルツハイマー病患者の家族の方と，地域で高齢者診療を長年行っている実地医家（地域の医院や病院の医師）の方への聞き取りを行い，認知症診療において家族が果たす機能を考える。
　後者の点を考えておく理由は，病院などでの精査・加療を希望せず，地域の診療所などで医療を「完結」させることを望む患者・家族が存在すると考えられるからである。その観点から，地域性以外のバイアスがかかりにくく，様々な家族と対峙されているであろうという，予想に基づき実地医家の方にも聞き取りを行う。
　前者は，その様々な家族の像が，家族の視点からも一致するものであるかの確認のための選定である。なお，聞き取りの時期などは，以下に示す。

3-1-1　高齢者医療政策が有する「ニュアンス」

　厚生労働省老健局総務課課長補佐の水野嘉郎氏（当時）が，人口統計の予想データを示したうえでの講演をされた際に，いくつかの質問を行う機会[2]を得た。まず，厚生労働省の考える認知症政策の目的を聞いた。

今後，老年人口の社会保障を下支えする，労働稼働人口の比率が下がる2025年までに，地域毎，具体的には中学校区1つくらいのエリアを目安とした地域包括医療システムが確立されていることが望まれます。その大きな目的の1つは，早い段階で認知症またはその予備群の方を掘り起こして，手遅れにならないうちに正確に診断をして，介護あるいは薬剤治療の導入によって進行を抑制する[3]ことにあります。

　次に，認知症の正確な診断には，症状的な問診，認知機能検査以外に，MRIやSPECT[4]などの画像検査も必要である。本邦の学会が提示している認知症診療ガイドライン上の高いグレードのエビデンスにもそれが示されている。これが軽度の認知症状，場合によっては一時的なものの場合でも，こういった検査を実施するとなると，それなりに医療経済への負荷が不可避である可能性について筆者が言及したうえで，厚生労働省内で何か試算，対比計算などが行われているかを聞いたところ，次のように述べている。

　　いえ，そういった計算はしておりません。現段階では全くです。

　高齢者の場合，加齢そのものや他の疾患によって要介護となる可能性も高い状態と考えられるため，早期の介護的な介入は有効な側面があると考えられる。だが，認知症とりわけアルツハイマー病の診断あるいは治療というものが，医療経済面でプラスに働くか否かについては，次のような見解を述べている。

　　仮に，アルツハイマー病なんかを発症して時間が経ってしまった場合を考えますと，早期介入は一定の有効性が示されていますし，その分のコス

〔注〕──────────────
2　2014年3月18日，大阪産業創造館主催セミナー「社会保障制度改革の全体像と今後の医療・介護制度改革の方向性について」にて，筆者と1対1の状態で，約15分程度の質問を行った。
3　厚生労働省は早期に受診することのメリットとして，アルツハイマー病を取り上げて例示している。また，初期は専門の医療機関の受診が不可欠と公表している。（参照：http://www.mhlw.go.jp/topics/kaigo/dementia/a03.html）
4　巻末資料3参照

トが必要であっても，市民の皆さんの納得性や，今後老年人口，老年人口比率が増加することは確実なものですから，目をつむってでも診断を行う意味はあるものと考えております。

　ここから得られる視点は3点に集約可能と考えられる。
　1点めは，施策策定者・施行者である厚生労働省は，アルツハイマー病などの認知症診断を行い早期に介入を行う場合と，そうでない場合の試算は行っていないが，介入による認知症の進行抑制効果を認めている。そして，そのコストについては，強く採算性を問うてはいないことである。
　2点めは，老年人口，老年人口比率が増えるであろうという予測は揺るぎなく，そのため「認知症の予備群も含めて掘り起こす」という概観を有しており，そこには，介護予防という視点が含まれている。3点めは，認知症が心配な時・疑われる時の専門の医療機関の受診を推奨[5]しているということである。そして，専門の医療機関には，正確な診断が期待されているものと考えられる。ゆえに，「目をつむってでも診断を行う意味はある」ということになる。

3-1-2　認知症診療の場面における家族の実例

　認知症の介護・医療の現場を想定すると，患者本人は認知症が記銘力や判断力の低下を伴うことから，家族が付き添い，そして治療などの意思決定において，何らかの補助を行っている状況が想定される。それらの点について，アルツハイマー病患者（故人）[6]の家族の方と，地域で多くの高齢者を診療している開業医[7]に聞き取りを行った。
　「アルツハイマー病」と診断を受けた方（故人）の家族の方は，当初感じたことを聞いてみたところ，次のように述べている。

　　アルツハイマー病と言われましたが，進行を抑える薬がある認知症だと

〔注〕
5　2018年8月の時点でも「専門機関に相談してみましょう」とホームページ上に記載されている。https://www.mhlw.go.jp/kokoro/know/disease_recog.html
6　2013年7月，筆者の外来に来て頂いた際に，約1時間半の聞き取りを行った。
7　2013年7月，開業先である兵庫県内の医院にて，約2時間の聞き取りを行った。

も言われたので，かなり気分的には違いました。たとえ認知症だったとしても，使える薬もないような病気だと，ショックは大きいですから。

その後，介護保険制度の認定を受け，デイサービスやヘルパーの利用をしていた時のことを次のように述べている。

> 母がどういう様子なのか見てみたくて，何度かデイサービスの場所に行ってみたのですが，そこで結構驚くことがありました。
> 同じデイサービスに来られている方（利用中の高齢者の方）の中には何となく暗い人もおられたりするので，そこにいるヘルパーさんに話を聞いてみると，完全に「丸投げ」で，お迎えにさえ来られないご家族さんも多いみたいですし，お宅には家族の方がいるのに，ほとんど会話をされないような事も見かけることがあるみたいなんですよ。
> しかも1軒や2軒ではなく，何軒もそういうお宅があるって，ヘルパーの方が言っておられました。

また，デイサービス先で，そういった家族に会った時のことを次のように語っている。

> その人のお母さんがデイサービスに来ていたのですが，熱があるから帰宅して欲しいということになって（注：デイサービスは治療の場ではないので，他の人への感染拡大の観点から発熱のある人は原則ご帰宅という場合がほとんどである），「渋々」っていう感じで来てました。そうそう，「風邪薬飲ませたんではダメですか？」って言ってるのが聞こえました（注：多くのデイサービス施設では断られると思われる）。ヘルパーさんからは，「治ってなかったら他の人にうつるといけないので，今日はお引き取り下さい」って言われてました。

この内容からは，患者の「家族」は，必ずしも常に患者に寄り添う意思を有しているということではないことが考えられる。この方は，常に母親のことを

第3章 「意図」と「意図せざる結果」の捉え方

考えていた一方で，「介護疲れ」を感じた時のことを次のように述べている。

　私も家で同居していて，母の夜中のトイレや夢でうなされたりとかで「しんどい」と思う事は何度もありましたし，ちょっと休みたいと思う事はあったので人のことは言えないのですが，そういった人達が最初から楽をするためにサービスを使っているのかなあと思うと，何だか複雑な気分でした。そして，ヘルパーさんが仰っていたのは，中にはたちの悪い家族がいて，「金を受け取っているんだから，あんたらが世話をしろ」というような事を言う家族さんもいるみたいで，正直やってられない時もあるって……

　これらの発言内容からは，家族の態様自体が様々で，定型化できそうにないばかりでなく，家族の中の一個人の感覚でも，常に「同じ」状態ではないことが示唆される。つまり，患者と家族（内の個々人）の間の心理的な距離感は常に一定とはいえないのではないか，という疑問が成り立つ。
　一方，認知症診療，特に診断に関わる医師の立場だと，こういった「患者家族」は，どのように捉えられるのであろうか。兵庫県の開業医（内科医）は，次のように述べている。

　例えば，介護のことがあるから「悪め」に症状を書いて欲しいとか言われたことも何度もある。まあ，それは論外な例だけども，以前経験した例では，自分が診察してる範囲でも，家族から聞いている話でも，認知症であるってことは分かる人がおったんや。すると家族は「アルツハイマー病ですか？」って，初めから聞きよるわけよ。
　でも実際，認知症って，他に脳血管性認知症もあればLewy小体型認知症もある訳で，そんなん最初からハッキリと分かる症例なんて少ない訳でね。診断基準も典型的に当てはまる症例ばかりではないし，認知症という病気自体を複数発症することだってありえるわけだから，ある程度の段階で，画像検査なんかもオーダーしてみて確かめてみたんだけどね。そしたら，それはそれで，「画像上は典型的なアルツハイマー病とはいえないが，

可能性は否定できない」とか、どっちか分からん所見が付いてきてね。結局のところ、余計に分からんようになってしまったりして困ることも時々あるよ。

　そういう状態であることを家族に説明すると、家族は家族で困りはるんやけど、薬があることを知ってるのか、「アルツハイマーじゃないんですか？」と言いよるわけよ。脳血管性認知症ではないとは言えても、他の認知症の可能性は否定できない状況で、こちらは「どちらとも言えない」的な回答を出すと、「じゃあアルツハイマーでないとは言えないんですよね？」とこれまた詰め寄ってくる。「それなら、まずアルツハイマーとして治療してみるか」と聞いてみたら、家族全員「はい」とくる。そんな風な流れで、「アルツハイマー病」という診断の下に治療を開始されている症例って、本気で調べたら結構ありそうな気がするね。

　この内容は、アルツハイマー病という疾患が比較的一般に知れているということ、症候的に否定不可能な症例があること、更には治療薬の存在[8]や介護希望などが背景にあり、家族に多くの方向性（寄り添う家族、介護を拒否する家族、世間体を気にする家族、等）が見られることを示している。
　以上から、推察の範囲では、家族は、患者本人もしくは自身を含めた家庭という、ふたつの軸を有すると思われる。このように何らかの軸を有した役割を果たしているといえる。そこで、この役割を、"Pivotal Role"と本書では呼ぶことにする。逆に、"Pivot"でなければ、認知症診療における家族は、「定数」として扱われるものとなるが、実際は診療の面でも、介護の面でもそうではないのである[9]。"Pivot"とは、家族としての軸を持ち、時に医療側を参照し患者のうける治療などを考え、時に個人の生活という立場も省みる、という意味で

〔注〕────────────

8　本書の原稿執筆段階では、予防や進行抑制を含めた治療薬の存在する認知症は、脳血管性認知症、アルツハイマー病、Lewy小体型認知症（2014年9月にドネペジルが適応承認追加）の3つである。
9　例えば、小山（2012）のように、家族の介護負担という視点から様々なバリエーションの論稿が発表されている。しかし、医療者あるいは医療組織の視点からのものは、皆無である。

ある。

　このように家族は，医療組織にとって，定数として捉えられる要素ではない。それでいて，認知症診療においては，医療組織に極めて近接した位置をとっている。つまり，患者を顧客と捉えた場合には，家族は，決して一定の立場をとらず，かつ患者が受ける医療の意思決定のキーとなる。しかも，時に医療組織やケア組織に，患者を完全に預ける状態のこともある。その意味では，常時近接しているともいえない面も有する。

　以上から，「家族」は，医療組織にとっての新たな「コンテクスト[10]」の１つと，本書では捉えることとする。また，機会的であるが，意思決定に関わる，重要なコンテクストである。さらに，組織側の意思に関係なく，基本的に診療に同伴するという観点から，不可避であると考えられる。

　そこで，De Rond and Thietart（2007）を参考に，家族を「不可避な機会的要素」として定義してみる。患者の診断・治療に対して，一様ではない対応を見せる一方で，常に密接していることを表すことを企図した表現である。

3-2　認知症患者を減らす「意図」の捉え方

　意図する行為主体は，本書では厚生労働省と捉えられる。その政策などの内容は，一般の方もアクセス可能な，刊行書やホームページから得ることとする。このことによって，「家族」がアクセス可能な政策面での情報は，筆者も把握できる。ただし，厚生労働省による，実際の政策の実行，特に一般への啓蒙活動などがあれば，公表された意図について，関係者に再確認を試みることとする。

　また，認知症診療の過程では，「家族」が何らかの役割を果たしている可能性があるが，そのような過去の調査データなどは皆無であるため，まず予備調査を行い，家族の役割を概観する。特に，「家族」の様々な態様を把握するた

〔注〕
10　コンティンジェンシー理論におけるコンテクストは，技術などの比較的定数化しやすい要素が見られるが，本書での「家族」はコンティンジェンシー理論における組織と環境の関連の位置付け上の意味での「コンテクスト」であり，定数化しにくいものと捉える。

めに，認知症患者の「家族」と，そして地域の実地医家に聞き取りを行う。地域の実地医家は，大学病院などで検査を希望する患者・家族だけでなく，その地域内で医療を完結させる希望を有する患者・家族とも接点がある。このため，診療経験内で接した「家族」のバリエーションが豊富ではないかと推察される。

以上の点が，「意図せざる結果」の生起過程としての「認知症診断の場面」について調査をする前段階での調査内容となる[11]。

そして，本書が志向する捉え方について述べる。「意図せざる結果」としての「認知症」という診断は，医療組織の「成果」の一部でもあるため，コンティンジェンシー理論の研究の視点を援用する。それは，環境，組織過程，成果，という3要素である。しかし，それらの要素を結ぶ法則定立的な研究とすることは，意図した結果，つまりコンティンジェンシー理論における成果を「機能」とした時の「逆機能」の研究の範囲にしかならないと考えられる。

逆機能は機能の一部である場合もありえるが，本書では，意図した機能を「オモテ」とした時の「ウラ」だけでなく，その範囲の外にある結果が含まれることも想定するため，法則定立的でない方法を志向する。したがって，コンティンジェンシー理論に依拠するのではなく，環境やコンテクストの捉え方を援用することとする。

加えて，本書の関心は，一見同じ外観・性質を示す診断結果の中に，「意図した結果」と「意図せざる結果」が存在し，その後者の生起過程に焦点を当てていることから，生起過程の行為を記述することを志向する。

ただし，意図が医療組織外で生起した，厚生労働省による政策であり，その内容には，医療組織のみならず，患者・家族もある程度触れることができる。したがって，その過程には，意図に対しての患者あるいは家族の認識の状況が関わる可能性がある。例えば，ある医師は早期介入の有効性に着目する，ある患者は認知症の診断は，専門の医療組織に行かなければならない，といった「考え方」として表れると推測される。

では，医療組織，その中でもとりわけ認知症診療，更にはそこで生じると考えられる「意図せざる結果」に焦点を当てた分析に，最も適合する捉え方はど

〔注〕
11 予備調査については，詳細を次章に記載する。

のようなものか。

　認知症診療の場面で，患者や患者家族に焦点を当てるのであれば，心理尺度を用いた分析が適合する可能性がある。例えば，家族に焦点を当てた研究で，岩崎（1998）は，精神疾患罹患者の家族の情動的な負担を，McCrackenの「長時間インタビュー法」を用いて導き出している。杉浦ほか（2007）では，家族の介護負担感という尺度を用いて，介護者の属性と被介護者の状態の違いによる介護負担について述べている。また大石ほか（1997）は，患者と患者家族だけでなく医療従事者も含め，肺癌の告知における意識の差について述べている。このように，医療の研究の典型としては，主に家族の認知に焦点を当てたものが多くみられる。

　医療の研究の背景には「病気」があり，明示されていない要素として，例えば肺癌の告知についての研究（大石ほか，1997）だと，「恐らく」他の臓器の癌告知の場面でも，癌は癌であるから「類似」しているだろうという思考上の前提が潜んでいるように捉えられる。同様に，家族の介護負担の研究（杉浦ほか，2007）でも，介護の負担感はいかなる家族においても共通であるという前提が潜んでいるように捉えられる。このように，何か「暗黙の前提」が存在しているかのような，記述になっている研究が比較的多くみられる。

　しかし，これらの研究に限定して考えても，癌は発生臓器や進行度によっても，それぞれ治療法の選択が異なるという面を有しているだけでなく，5年生存率も異なるものである。そのような背景が，患者，患者家族，医療従事者に与える影響が存在する可能性は否定しえない。また，家族が介護を行ううえで，何年間親子で同居してきたか，あるいは3世代同居が多かった地域なのか，といった背景も勘案すれば，意識面に差異が認められる可能性は否定しえない。つまり，より精緻に述べるのであれば，コンティンジェンシー理論で述べられている，環境やコンテクストにあたる要素に注意を払う必要があると考えられる。

　また，日本の医療に限定すれば，医療制度はいかなる地域においても同一である。またいかなる医療組織も診断や治療のプロセスで依拠する制度は同一である。そのため，認知症診療における「意図せざる結果」の生起プロセスで関わってくるものは制度だけではないと考えられる。また医療組織の構造は，診

療科区分や一部の疾患のセンター化などの制度および制度由来のインセンティブ[12]に依存する部分と，業務の円滑化あるいは経費の節減といった経営改善に伴った部分とが混在していると考えられる。

したがって，医療組織は制度的同型化の圧力により規定される（DiMaggio and Powell, 1983）ばかりとは断じがたく，制度に対する同型化的な従属以外の，妥協，回避，拒否，操作といった対応（Oliver, 1991）が選択しえる可能性があること，また本書の視点には，不確実な存在でありながら認知症診療からは切り離せない「家族」という要因も含まれるため，制度派組織論あるいは組織フィールドの視点に立つ分析は本書の主たる疑問の分析には適合しないものと考えられる。

さらに，「意図せざる結果」の生起の過程の理論的一般化は，先行研究をみる限り，未達であると考えられる。また，本稿で取り上げる調査対象では，意図と結果以外は明らかではない。そこで，理論的一般化の一助としても，先行研究から，コンティンジェンシー理論や医療組織など，既知の概念を援用する。そのように，過去の理論を援用しつつも理論に完全に依拠する訳ではない立場からは，グラウンデッド・セオリー・アプローチ（Gracer and Strauss, 1967）に依拠することも，困難さを伴う。

また，分析対象が因果関係の「過程」と考えられ，ここでの因果の「果」は診断結果であり，「因」は患者自身，もしくはその状態を指すことになる。だが，病院の機能は，病気もしくは疑いのある人を，診断・治療を行うということは，社会的自明であると考えられる。まず，結果は，「アルツハイマー病患者が増えている」ということ自体であり，この点は，意図した結果も「意図せざる結果」も「同じ」である。つまり，「因」と「果」への着目から，「アルツハイマー病患者の増加」という現象を見ても，「因」の患者属性（年齢や，背景にある疾患など）の範囲の違いくらいしか，判明しないと予想される。つまり，「因」と「果」に着目するだけでは，「家族」が，診断・治療の場で，どのような役割であるかは判明しない。

次に，何らかの医療組織を対象とする，ケーススタディとなるため，ケース

〔注〕
12 一定の施設基準を満たした時に付与される加算，例えば検体管理加算料など

から得た知見の妥当性を担保する方法を考える。新規理論の生成の場合，単一ケースのなかから得た情報の比較を，例えばグラウンデッド・セオリー・アプローチ（Gracer and Strauss, 1967）によって行えば，理論生成が可能である場合もありえる。

　しかし本書は，新規の理論生成や概念生成が目的ではなく，既知の概念である「意図せざる結果」の，「意図」から「結果」が生起する過程を追うものである。また「意図」も「結果」も事前に判明しており，その「結果」はアルツハイマー病という「診断」である。また，医師は「医学」と自身のProfessionに従い，眼前の患者と医学的知見を対照し，診断に至ると考えられる。更に，「家族」という行為主体が，そこにかかわると思われる。そのように，自律的に調査対象に働きかける可能性がある行為主体が介在するため，グラウンデッド・セオリー・アプローチが成立した時のように，調査対象者の認知の中の社会構成だけに注視することは困難である。また，医学に，思考の構成の基盤があり，「グラウンデッド」の要素が一部は自明であるようにも捉えられる。逆に考えれば，単一ケースだと，事実の発見のみに終始する可能性が高く，その妥当性の検討が困難であるとも考えられる。

　これまでに挙げた点から，本書の分析は，診断過程における医師の思考・行為を明らかにし，そこに，因果（厚生労働省の意図と，アルツハイマー病という結果）付けを行う作業であると捉えられる。つまり，「意図」と「結果」の因果の発見が目的ではない。

　また単一の組織を対象としたケーススタディは，調査対象が包摂する，何らかの物証を含めた現象の記述であり，因果の過程における事実の発見は可能である。しかし，単一の組織を対象とした研究では，先行研究と発見事実による仮説の構築は可能であるかもしれないが，その仮説の強化や，実証が困難な面があると考えられる。

　したがって，仮説構築においては，近似した条件を有する複数組織への調査によって，仮説の強化が可能となると思われる。また，実証においては，更に何らかの組織の要素（例えば，組織の環境，組織内過程）が異なる組織との対比によって，より実証的となると考えられる。

　一方，複数の組織の分析を行うケーススタディは，説明的ケーススタディに

なるという（坂下, 2004)。説明的ケーススタディとは, 現象間の因果関係の「説明」であり, 現象を記述する変数以上のケース数が必要になるという（坂下, 2004)。ここでいう「説明」とは, ある事象Xと別の事象Yとの間の因果関係が存在することの「説明」である。

本書は, 医療組織の外で生まれた意図から, 医療組織において「意図せざる結果」が生起する過程への着目であるため, その因果関係の説明という点では適合する。ただし,「意図せざる」結果への着目であるため, 因果という観点から捉える「意図した」結果に比して, その因果関係が強くない可能性を有する。因果関係が強くないという意味は, 因果の間に様々な行為主体や環境が介在することが予想されるだけではない。意図が政策の一部であるため, その立案自体が数理的に行われていると考えられ[13], 意図と意図した結果の間に統計的予測がある程度以上は成立するものと考えられる。そのため,「意図せざる結果」が統計的予測外の可能性がある, という意味でもある。また, 先に述べたように,「意図せざる結果」のなかに, 法則定立可能な要素と, そうでない要素が含まれているという視点, およびMerton (1949) の潜在的機能の定義からの捉え方である。

よって本研究では, Mertonの定義に従い, 当初の意図の根拠となっている法則には,「意図せざる結果」は考慮されていないものとして捉える。また「意図せざる結果」のなかで法則定立可能な要素とは, 事後に再検討をすれば法則性が見い出せる要素として捉え, 分析を行うこととする。

したがって,「意図せざる結果」の全体像を捉えるために適合する方法は, 行為の過程を追う記述法が, その1つである。意図と結果の間に介在する様々な要素を明らかにしつつ, 結果の一部を, 後から法則定立が可能であるかを確認するには, 因果の再発見と説明ということが必要であり, 適合的であると考えられる。

以上から, 本書では, 複数の医療組織のケースを取り扱うこととする。複数

〔注〕
[13] 医療政策の立案には, 世界あるいは日本における公衆衛生学のデータや知見, さらには国立保健医療科学院（http://www.niph.go.jp/information/）の調査・分析などが加わっていると考えられる。

のケースを取り扱う場合，結果の考察から導かれた推論と，対立する理論がある可能性を考慮することが可能である。その場合に，複数のケースの条件（例えば，組織の規模，機能など）を近似させておくことによって，より対立する理論の存在の可能性を否定しやすくなる（Yin, 2002）。同時に，複数のケースの異なる要素（例えば，技術面や環境など）を探索できる可能性がある。つまり，本書の関心であれば，「意図せざる結果」の生起過程の再現性と，その過程に影響を与える要素の違いを，複数のケースから獲得できる可能性があることになる。このことは，Gracer and Strauss（1967）に述べられている「近接した対象の対比」に相当する面も有していると思われる。

　比較の1つめは，診療科の違いから行う。その理由は，診療科が異なる場合，診断のアプローチそのものが異なるため，「意図せざる結果」の生起過程が異なる可能性があるからである。診療科という条件から事前に導かれる条件，例えば，身体的アプローチと症候的アプローチといった患者へのアプローチの差異，あるいはそれぞれの学術的基盤からなる専門性という観点からの探索を行いたい。

　そして，医療組織の所在地の違いからの比較も行う。認知症診断の場面に存在するであろう，「患者」と「家族」には，地域性や認知症の重症度などの要因が潜んでいるものと思われるからである。一方で，所在地という観点，即ち地理的要因，人口的要因，あるいは公衆衛生的要因からの観点からの比較はどのようなデータであれ分析が容易であると思われ，それだけにデータに基づく政策についての実務的含意が得られる可能性がある。そのなかで，特に「家族」とのかかわりに注意を払うことを志向する。

　これらの対応過程の2つの比較から，アルツハイマー病患者の増加の一部が「意図せざる結果」と結べるのか，を検証する。そして，「意図せざる結果」の生起過程の差異を見出し，研究に新たな知見を加えることを志向する。また，実務的な課題として，病院のガバナンスの中には，「患者家族対応」が近年は意識されている。そこにも一定の知見を加えることを志向する。

　したがって，方法としては行為過程の記述（沼上, 2000）をベースとする。基本的に行為過程の記述は，単一ケーススタディの方法ではあるが，比較ケース法（Yin, 2002）による複数ケーススタディでの援用可能性が述べられてい

る（坂下，2004）。この方法は，法則定立あるいは過程記述の双方の面からの検討を行いたい，本書に適合するものと考えられる。

　そして，個々のインタビュー対象の発言から得たデータを，筆者が再構成することを試みる。このことは「カテゴリー化」に近しい。しかし，カテゴリー化した事象の一般化を試みるのではなく，個々の行為をカテゴリー化した内容ごとに集積し，その過程を分析することで，「同じ目的であっても，医療組織の専門性や立地によって異なる過程の要素」を抽出することが狙いである。つまり，認知症診療の場面における，特定の行為や疾患などのカテゴリーに紐付いた，組織の構成員の行動と家族などへの対応を読み取り集積するという作業である。

　過程の研究は，経験的な現象の経時的変化に焦点を当て，それを説明あるいは理解可能な要素に分解して，明示的に組み込んで記述するものである（Langley et al, 2013）。また，過程の研究には，取り上げる題材や，その分析法には，定型的なものは存在しない。例えば，組織と管理の変革の研究であれば，その過程の分析に，変化と適応という概念を用いている（Langley et al, 2013）。また，アメリカの自動車関連企業を題材とし，縦断的に「意図せざる結果」が生起・収束する過程を追い，丹念な「分厚い記述」によって，組織変革が創発される過程を記述した研究も存在する（MacKay and Chia, 2013）。できる限り，このような丹念な記述を行いたい。

　特に，上述のMacKay and Chia（2013）は，こうした過程の研究の1つである。その過程は，企業レベルと，企業を取り巻く経済状況などマクロの環境とに分けて変化を分類し，その過程で生起する「意図せざる結果」について分析を行っている。経営陣の直接的な興味によって，企業そのものにダメージを与えうる「意図せざる結果」がもたらされることに言及し，繰り返し起きる「意図せざる結果」の生起の過程が決して一定のものではないことが提示されている。

　整理すると，本書で取り扱う「意図した結果」と「意図せざる結果」は，分析前の段階では，一見同じ「アルツハイマー病」である。したがって，過程をカテゴリー化しても，その表現型が「一見同じ」である可能性があり，捉え方として，行為の過程を記述的に追うことが，その分別に有効であると考えられ

るのである。

3-3 どのような医療組織で「意図せざる結果」は生じるか？

　認知症診療，特に診断の場面に焦点を当てる際に，どのような医療組織のどの診療科に着目することが妥当であろうか。厚生労働省の行っている患者調査のデータや，種々の公的組織のデータには，受診先が，診療所か病院かといった区分はあるものの，「診断された診療科」を明らかにした，有力な資料は認められない。

　そこで，まず，認知症診療についての，厚生労働省の「意図」を，ホームページなどの2次資料を参照のうえで，何らかの方法で意図の確認のための1次データを得るために，関係者への接触を企図する。

　そして，アルツハイマー病は，「診断」の場面で決定されるものであり，診断は医師が行うため，何らかの医療組織が調査対象となる。しかし認知症は，患者本人の意思決定が曖昧である場合や，社会的にみて「後見人」が必要な場合も存在する。したがって，その診断に至る過程には，ほとんどの場合，「家族」が介在すると考えられる。また「家族」が，診断に至る過程の検査や，治療に関する意思決定に関わっていると予想される。つまり，顧客に「代理人」が寄り添っているような状態が想定される。しかし，この「代理人」は「家族」であるため，どのような態様かは明らかでない。また，医療者側の視点からみた，そのような先行研究も皆無である。この点は先に予備調査を行い，情報を得ることとする。

　次に，認知症を発症してから，進行して末期に至るまでの間の経過を考えた場合，本人あるいは近親者が物忘れを疑った場合には，「内科」という診療科が，受診にあたっては精神的なハードルが低いと思われる。また，認知症が進行しBPSDなどが出現している状況であれば，何らかの形で，精神科へと受診する可能性が高まるであろう。そこで，いわば「入口と出口」になるであろう，この2つの診療科の比較を行うこととする。

　また，その比較は，どういった規模の医療組織で調査をするのが妥当であろうか。例えば開業医は最小単位であり，どこへ行っても「地域性」を帯びると

いう反面，都道府県単位レベルでの「凡例」にはなり得ないであろう。したがって，都道府県立病院，国立病院，あるいは大学病院という規模の施設が候補に挙げられるであろう。この中で，大学病院は，地域における高度医療と先端医療，医学研究，さらには研修医ばかりでなく医学部生の教育を担っており，最も医療関係者に与える影響が大きいと思われる。また，受診に際しては紹介状がほぼ必須であり，根拠なき受診などが，ある程度ふるいにかけられることが期待できる。つまり，ふるいをかけることでバイアスを落として，認知症患者とその家族を通して，地域の人の特性に近づける可能性がある。この「地域の人の特性」は，医療組織にとっては重要な環境因子の1つである。

さらに，病院の内科，特に一般的な内科部門で認知症診療を行っている施設となれば，意外に多くはない。急性期病院では，精神科に一任されていたりする例もあるからである。そこで，高齢者をターゲットとした「老年内科」が診療部門に存在する施設に着目すると，やはり大学病院が対象として相応しいと考えられる。

次に認知症診療には，診断だけでなく，その後の介護のことも含めて，家族の存在，役割が重要と推察される。そこで，家族の構成や人間関係が異なりそうな，「都市部と郊外」の対比を試みることを考える。

以上の点と，老年内科が診療部門だけでなく，学部での教育・研究の教室としても存在する施設を検討する。それは，医療の中で後進に影響を与えるという点も考慮するためである。更に，調査上の物理的なアクセスの面を考慮して，本研究では，大阪大学医学部附属病院と愛媛大学医学部附属病院の，それぞれの老年内科と精神科（精神神経科）を，調査対象として選定することとする。

そこでまず，愛媛県と大阪府の，人口や世帯数の差などの，政府関連の公表データをいかに示す（**図表3-1**）

図表3-1からは，単に大阪府のほうが人口も世帯数も多いということしかわからない。そこで1世帯当たりの人数などを計算すると，次の**図表3-2**のようになる。

人口密度は，愛媛県が大阪府の面積の約3倍あるため，大きな差がついている。一方，1世帯当たりの人数は，僅かな差しか認められない。ただし2人以上にはなっており，中高年の夫婦とその親の年代，あるいは青壮年の夫婦とそ

第3章 「意図」と「意図せざる結果」の捉え方　99

〔図表3-1〕愛媛県と大阪府の男女別人口と世帯数

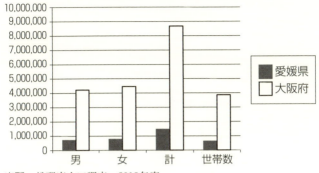

出所：総理府人口調査　2013年度

〔図表3-2〕人口密度と一世帯当たりの人数

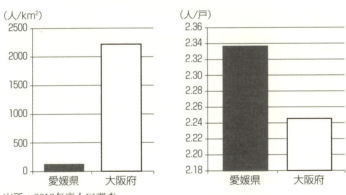

出所：2013年度人口調査

の子供という，どちらの2世帯かであるかはわからない。また，このうち本研究に関係してくるのは，高齢者と同居している家族と，同居していなくても通院には同伴する家族であるため，後者のほうについては，統計上の「世帯」の概念の外にある。本書ではこういった，「数値化し難い部分」にも，迫れるような記述を試みたい。

次に，医療の供給状況を比較する際に，しばしば使用される指標である，人口10万人当たりの医師数を，**図表3-3**に示す。医師免許証は厚生労働省からの交付であり，保険医登録は各都道府県，更に医療機関も届出制となっており，

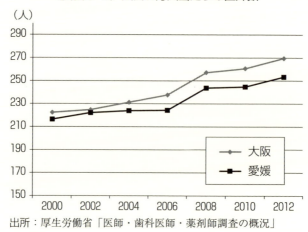

〔図表3-3〕人口10万人当たりの医師数

出所：厚生労働省「医師・歯科医師・薬剤師調査の概況」

　これらの点から，本データは推測値ではなく，実測値として捉えられる。
　最近10年間の変化をみる限り，単位人口当たりの医師数は，両府県とも漸増傾向にあり，数値的に大きな違いはないものとして捉えられる。
　ただし，先に述べたように，愛媛県は大阪府の約3倍の面積を有する。したがって，人の住む地域，集落が「点在」している可能性は否定できない。
　以上から，数的な面での，医療の供給バランス以外に，家族側の通院などの負担があることは，推察可能である。
　また，調査対象は**図表3-4**に示す，大阪大学，愛媛大学の両附属病院の，老年内科，精神科で，外来で認知症診療を行っている医師（調査当時）とする。また，各診療科の長との相談の下，講師以下の役職の医師については匿名化を行うこととした。
　以上の医師に，診断過程から，その後の家族とのやりとりなどを中心に聴取することとなる。したがって，部分的には，ガイドラインなど，共通の制度的要素も含まれるため，その点については，以下の定型的な質問を行い，そこから，個々の医師とのやりとりに応じて，インタビューを展開することとする。
　そのうち，定型的な質問を以下に示す。

① 認知症，もしくは認知症の疑いのある患者の初診時に行う検査は，どの

〔図表3-4〕調査対象の医師

	愛媛大学	大阪大学
老年内科	三木哲郎前教授 小原克彦准教授 a　医師	楽木宏実教授 里直行准教授 A　医師 B　医師 C　医師
精神科	上野修一教授 b　医師 c　医師 d　医師 e　医師	武田雅俊教授 D　医師 E　医師 F　医師

ようなものがあるか
② 初診から診断至るまでにかかる期間，その後の診療継続の方法など
③ 認知症と診断された患者の病型の内訳
④ アルツハイマー病と診断された患者への投薬とその内容の内訳
⑤ 診断に苦慮した症例や，現在も外来で経過観察中の症例など
⑥ そういった中での家族の態様について

①から⑥に至る中で，徐々にガイドラインなどにあるエビデンスに依拠する要素，日本で使用可能な薬剤から，個別対応の要素へと移り，その後は，筆者とのやりとりによる，対話データの獲得を企図する。つまり，「全国共通」の制度的要素から，徐々に個別の要素へと話の流れを作るということである。実際のところ，特に初診時の認知症診療は，問診に割く時間が長いと思われ，ガイドラインを元に診療を開始している可能性が高いと思われる（鳥羽，2007）からである。

また，個々の医師について，特にインタビューの制限時間は設けずに開始しており，最低1時間強，最長3時間半程度である（平均約2時間）。調査は2014年7月から9月の期間に行い，場所は個々の医師の居室であった。

3-4 本章のまとめ

　本章では，アルツハイマー病の診断の一部が「意図せざる結果」であるという仮説的視点の妥当性を論理的に検証した。

　「結果」を生起させる行為主体は，認知症診断を行う医師であり，医師達は「意図」を起点とする政策や，それに付随する情報を参照しつつも患者に寄り添う「家族」からの影響を受けやすいであろう点について議論を行った。

　そして，意図する行為主体は厚生労働省と位置付け，ホームページや公刊物のみならず，「生の声」も通して，「認知症患者数を減らす。そのために早期発見を目指す」という意図の再確認を行えたと考えている。

　また，アルツハイマー病の患者家族や，地域の実地医家への聞き取りからは，患者に寄り添う「家族」が，診療の場面では"Pivot"な役割（Pivotal Role）を果たしている可能性を導出できたと考えている。

　そして家族がPivotal Roleを有することも踏まえ，法則性の有無が未知である認知症の診断のプロセスを明らかにする方法として，行為記述を選択する理由について言及した。また，診断を行う医療組織を，コンティンジェンシー理論における組織に位置付けた視点をとることの妥当性の検討も行った。

　以上を受けて，「意図」が反映された「専門医療機関」として，大学病院を調査対象として選定した。次に「家族」の地域性と病状に応じた受診行動の違いを想定し，大阪大学と愛媛大学の附属病院を選定し，それらの概要を記載した。また患者あるいは家族が，認知症の病状に応じて受信する診療科を選ぶことを想定し，老年内科と精神科の2つを対象とすることとした。次章では，これらの視座に基づく，各医療組織の態様を捉えて分析を行う。

第4章 地域・診療科の違いによる認知症診療のプロセス

4-1 大阪大学医学部の創立理念

　大阪大学大学院医学系研究科・医学部のホームページ[1]を閲覧すると，研究科長の挨拶の中に次のような一文がある。

> 　大阪大学大学院医学系研究科・医学部は1838年に緒方洪庵によって大阪の地に開かれた適塾にその源流を求めることができます。洪庵の作った自由闊達な環境は多くの俊才を輩出し，彼らが歴史を動かして近代日本の基礎を築いたように，大阪大学大学院医学系研究科・医学部からも優秀な医療人や医学・生命科学研究者が数多く育ち，国内外で目覚ましい活躍を見せ，世界の医学界をリードしてきました。医学系研究科・医学部の理念は，教育の充実と研究の発展を図り，その成果をもとに附属病院と協力して医療の向上に貢献することです。

　つまり，人材の育成と，研究の発展を以て，臨床医学に貢献すると述べている。

〔注〕
1　参照：http://www.med.osaka-u.ac.jp/jpn/statement/index.html　2015年

この中で，老年内科は附属病院における正式な診療科名は「老年・高血圧内科」であり，精神科は「神経科・精神科」である。なお，本書では通名的に，それぞれを老年内科，精神科と記載する。

4-1-1　戦略的に動く老年内科

4-1-1-1　沿革[2]と楽木宏実教授

　老年内科は1976年，大阪大学医学部に老年病医学講座（院内呼称としては第四内科）として新設された。当初は高血圧，老化・カルシウム，糖尿病，遺伝，甲状腺の5分野での研究と診療にあたった。その後，いくらかの変遷を経て，高血圧，老年病，糖尿病，老化遺伝の各研究グループに再編され，自領域への分子医学的手技の導入に踏み切り，早老症遺伝子の発見，各種高血圧遺伝子や糖尿病遺伝子の発見と機能解析，効率の良い遺伝子導入法を用いた臓器再生や遺伝子治療の研究などを行ってきた。また，一連の流れの中で，分子医学的手法を用いた認知症（以前の呼称は痴呆症）の遺伝子診断の研究と臨床を行ってきた。認知症に特化した外来を「もの忘れ」外来として設定したのは，2010年頃からであるという。「もの忘れ」外来設定の理由を，現診療科長の楽木宏実教授（以下，楽木教授）に聞いた。

　　老年内科という領域は，全国的に見て，一時は「流行った」時期もあったけど，大学によっては教室（研究室と診療科の機能を併せ持つ，個々の組織の総称）を閉めてしまったところもあるでしょう。例えば，京都大学などがそう。また，各大学の老年内科ごとに，中身の違いがあり，あるところは消化器，あるところは循環器，といった偏りがあったと思う。
　　うちの教室は，元々老年疾患の中でも高血圧を主として，そこに糖尿病と認知症などの疾患の研究・臨床を行ってきたという流れがあったけど，老年内科という診療科自体の在り方が，例えば消化器内科のように臓器に特化した縦割りのものであれば，大学あるいは大学病院の中でその存在意義が問われるようなことも起きていなかったのではないかと思う。そこで，

〔注〕
2　参照：http://www.med.osaka-u.ac.jp/pub/geriat/www/jabt.html　2015年

我々の教室では，老年内科という疾患横断的な診療科の立ち位置を，老年総合内科と位置づけた。これにより，加齢性疾患として従来から扱ってきた，高血圧，動脈硬化，その背景にある代謝異常に加え，認知症というものを，その1つとして位置づけられた。加えて，疾患横断的な診療科の特質を生かして，教育と地域の老年疾患診療におけるリーダー養成という目標を掲げて，重点項目の1つにすることとした。
　その中で，認知症については，患者さんの数が増えていること，認知症であるかどうか心配になった高齢の方が，抵抗なく受診しやすい診療科でもあると思われることもあり，2010年から「もの忘れ」に特化した診療枠を開設した。現在担当している医員は，それまでの専攻に，認知症を主専攻に加えることになり，また他の疾患と異なり家族への対応が多く必要であることなど，当初は大変な思いもさせたと思うけど，今は軌道に乗せてやってくれている。そういう流れを少しずつ広める意味も含めて，機会も得たので，市立伊丹病院にも，全国初の公立病院の老年内科を開設したという訳です。

　もの忘れ外来設定の理由は，社会的要請だけでなく，「老年内科」という組織の立ち位置を確立するという一面もあるという。楽木教授が述べているように，事実としていくつかの大学では老年内科という診療・研究組織が消滅している。更に，大学病院以外の，関連の病院でも，同様の試みを行っている。もの忘れ外来は，認知症もしくは，その疑いの患者に特化した診療を行っている。一方で，担当する医師達は，それまでの内科の中での専門領域から，認知症診療へとその専門領域を広げ，大学病院の外来では，そちらを主とすることになったとのことである。
　そして筆者が，研究の目的など概要を話しインタビューのお願いをしたところ快諾のうえで，最後に次のようにアドバイスを付け加えて頂いた。

　　阪大は実学の大学。それは緒方洪庵が新しい知見を臨床へ導入していた時代から同じ。今は，研究もかなりやってるが，基本的に如何なる研究も「どうやって臨床に，医療に繋げていくか」という学風がある。だから，

武田先生（精神科教授・診療科長。当時）に話を聞く時にも，きっと，研究を何に生かしていくか，ということは聞かれると思うので，考えて行くようにして下さい。

実際に，この10年の間に，いくつかの大学医学部で老年内科が閉鎖になっている[3]。それぞれの大学で理由が異なるであろうが，自組織の継続性と存在意義を考えた結果の1つとして，「もの忘れ」を前面に立てたことが理解可能である。また，そのために組織の構成員は，最低限，認知症を専攻領域の1つに加えることになっている。

4-1-1-2　複数の臨床専門性を有する外来担当医

まず，インタビュー対象の里直行准教授[4]（以下，里准教授）は老年内科，A医師，B医師は循環器内科，C医師は脳卒中・神経内科がそれぞれの元の専攻である。認知症の外来診療については，里准教授は足掛け約10年，他の医師はそれぞれ4年もしくはそれ以内の経験である（ただし里准教授が外来を始めた時は，「物忘れ」に特化していたわけではない。現在は，物忘れに特化した外来予約枠となっている）。

A医師によると，大阪大学の老年内科では初診時にルーチン化している検査があるという。そのことを説明のうえで，自身の外来診療における考え方を次のように述べている。

　　予診（問診）係の若い先生に，普通の問診と，MMSE（ミニメンタルステート検査）をしてもらい，うちはそれとGDS（Geriatric Depression Scale, 老年者うつスケール）というのを初診時に調べることを基本としています。それはアメリカのガイドラインDSM-Ⅳで，「うつ

〔注〕
3　例えば京都大学や慶應義塾大学では，総合診療科の一部として老年内科としての診療を行ってはいるが，大学医学部における，診療，研究，教育を司る「研究室」としては閉鎖されている。
4　当時。2018年8月時点では，国立長寿研究医療センター認知症先進医療開発センター分子基盤研究部部長。

と甲状腺機能低下症は必ず鑑別しなさい」と書いてあるので，必ずやっています。

　MMSEで，仮に28点とかあると，開業医の先生は「大丈夫」といって撥ねてしまうんですけど，基本的に物忘れは生活の中から始まるのと，あとMMSEは今日の日付とかそういう内容ですので，毎日カレンダーや新聞を意識している人だと引っかかりません。

　そういう意味でMMSEはあくまで補完の検査ですので，日常生活で物忘れがあれば，たとえMMSEが満点でも，それが優先されるべきだと考えますので，僕はまず24時間の生活を聞くんですね。「朝，何時に起きましたか？」，「朝起きてから朝ごはんまでに何をされましたか？」とか，それを「何時に寝ますか？」まで，1日を聞きます。で，もし「することは色々日によって違うからな」とか言ったら，「じゃあ昨日は何をしましたか？」という形で具体的に聞いて，それから患者さんに採血に行ってもらっている間に，家族に聞いて，擦り合わせて，もしそこで何らかの物忘れや失行，失認などのそれ以外の認知機能障害があったら，それはMMSEが30点でも，それは認知症と診断しますので，結構時間がかかります。基本初診は1枠30分という予約枠ではあるのですが。　　（A医師）

　ここからわかることは，最初に患者本人への問診を行う際には，付き添いの家族には黙っておいてもらうことである。家族には，後から話を聞くことにしているとも述べている。そこから診断のために追加する画像検査などについては，他の医師も含め，次のように述べている。

　MRIと2次性認知症除外のための採血，まずはそこまでですね。多分，市立伊丹とかはSPECTもするでしょうし，大阪市大も東京医大もSPECTはしてるんですけれども，阪大は中々SPECTの予約が数カ月入らないので，どうしても診断がつかない時だけにしています。　（A医師）

　基本的に採血とMRI，かな。他は中々予約も入らないし，むしろ症候を重んじるね。　　　　　　　　　　　　　　　　　　　　　　（里准教授）

SPECT検査が予約が取りにくい点について，他の要因も踏まえて次のように述べている。

> 阪大は予約枠が週に6とか8枠で，そこに脳（他の脳疾患）も入る，心臓(疾患)も入る，なので，全然アテにしてないです。ですので，我々が（物忘れ外来を）立ち上げる時，精神科の先生に聞いたりして，何でもかんでも入れるのではなくて，鑑別の難しい症例を優先的に入れるようにしています。　　　　　　　　　　　　　　　　　　　　　　（A医師）

さらに，このように検査を実施する症例を選ばなければならない状況のなかで，初診から診断がつくまでの期間を次のように述べている。

> 2回目の外来で，7割，8割はつきますね。で，つかないって言っても，MCI（軽度認知機能障害）と取るか，初期ADと取るかで，医者によって意見が分かれるっていうのと，後は何か認知症だけれども病型分類が分からない，とか。アルツハイマーの人はそのうちの7割位です。140人位のデータです。　　　　　　　　　　　　　　　　　　　　　　　　（A医師）

A医師は診療科のトップマネジメントでも，診療科内の認知症診療のパイオニアでもない。しかし，インフォーマルに，他の診療科との間の協働を取っているようである。そして，MCIと初期のアルツハイマー病の捉え方が，統一できないことに言及している。またA医師が，基本的に初診の予約枠が30分なの「ですが」と述べている点について，他の医師は次のように述べている。

> スムーズにできて，30分ですね。大抵は家族とのやり取りに時間がかかるので，オーバーしてます。　　　　　　　　　　　　　　　　　　（B医師）

> それは状況によっては，1時間位かかることも多々ありますよ。でも，最初に患者さんとの関係性を取るのが肝心ですので，そこはやむを得ないと割り切っています。患者さんが心を閉ざしたら，以降の診療ができなく

なりますから。　　　　　　　　　　　　　　　　　　　　（C医師）

　また，B医師は，初診を含めた外来での家族対応の苦悩を次のように述べている。

　　常に家族の意向が強く優先される感じですね。ある面では患者さんのその後の介護のキーは家族ですので，そこに見通しをできるだけ立ててあげたいとも思いますし，基本的に意向を聞きながら，の診療になってしまいますね，僕は。ただ正直言うと，結構疲れます。話を全部聞くためには，医療上必要でない話も含めて聞かざるをえない時も度々ありますので，長い時は1時間を超えることも多々あるのです。　　　　　　　（B医師）

　さらにB医師に，「基本的に意向を聞く」，の「基本的に」の意味を聞いたところ，次のように述べている。

　　それは，他院からの紹介患者さんの場合，一応の確定診断がつけば紹介元の先生に原則再紹介するのですが，その紹介元は必ずしも内科の先生ばかりではないのですね。例えば整形の先生だと，認知症の患者さんを日頃診断されることがないので，こちらでつけた診断に従って下さることが多いと思うのですが，紹介元が精神科の先生で，認知症患者の診療に慣れた先生ですと，全く対応が違う場合もあります。一番極端な例だと，アルツハイマー病だけでなく認知症そのものが「症候学[5]」でもあるので，症候的なエビデンスから入るという観点から，患者さんの観察・診察ばかりして，家族の話をほとんど聞かない，という場合があったりだとか。まあ，僕ら内科医とは，全然違う面があって，それもまた勉強になるのですが，その違いの分だけ，家族さんは僕の外来の時にあれこれ話されるという印象も

〔注〕
5　患者の病歴，訴える症状，医師自身の感覚（視診，触診，聴診，打診など）による診察所見，そして，簡単な道具（体温計や血圧計，聴診器など）を用いて得た，主としてバイタルサインと呼ばれる情報を合わせて，診断を系統化する学術である。症候論が基盤にある。

あります。 (B医師)

　ここからは，多くの大学病院が紹介制を取り，病診連携を推進している背景で，「病」と「診」の診療科あるいは診療スタイルの違いなどが，患者対応の面にも影響が出る可能性があることが示唆される。家族対応について，C医師は特定の認知の状態に限定しながらも，次のように述べている。

　老年内科ということもあって，中等度から重症の認知症の方の紹介って少なくって，やっぱりMCIから軽症認知症の患者さんが多いんですね。そうなると，特にMCIの人って，かなりの程度自分の意思を表せると思うんです。そう思いながら話を聞いていると，「もし自分がこういう状況になるとしたら，どういう選択をするだろう」って考えてしまうんです。その結果，もし認知症に進行するとしたらアルツハイマーの比率が何割かは言われてますし，MCIレベルだと処方するエビデンスもないのですが，あくまで早期介入が良いといわれていることを信じて，こちらから薬を勧める場合も正直言ってあります。副作用が出たとしたら止めればいいですし，そこは内科の普通の疾患と同じように考えてしまう時がありますね。

(C医師)

　同様に，MCIの患者への投薬などについては，B医師は次のように述べている。

　圧倒的に家族の意向です。MCIの方だと，自分が認知症かもという不安もあり，判断を委ねている印象もあります。MCIのほぼ全部の症例で，家族から「アルツハイマーですか？」と聞かれている気がしますね。それは進行抑制薬があるからという希望以上に，病気の悪いイメージの方が大きいと思います。アルツハイマー病って，現在の医療では「不治の病」じゃないですか。そういうことも色々と情報収集されるご家族も多く，それで知っておられる場合も多いので，まずそこを気にされているという実感があります。認知症の中でアルツハイマー病が多いということもご存知のご

第4章 地域・診療科の違いによる認知症診療のプロセス　111

家族が多いので，今後の介護のことを考えるために気にしている，という印象ですね。ですので，僕が外来で診療をしている範囲では，アルツハイマー病かどうか聞いてこられるご家族は薬に希望を抱いている人よりも，「最悪」かどうかの確認をしたいという方のほうが多いと思います。

(B医師)

　A医師はMCIの患者への投薬については，少し異なる外来での対応を述べている。

　まず，認知症かMCIかで迷っている位の，そういう重症度レベルで迷っている位の症例では，例えばMCI due to AD[6]とかも疑われる場合でしたら，投薬は，その有効性も確かめられますし，実際精神科でも使っていることが多いんですね。で，家族と相談して，投薬を決めます。で，投薬を受ける人もいれば，そうでない人もいるので，そうでない場合は，半年後にフォローです。今度は認知症だけれども種類が分からないという場合は，PET[7]とか更なる検査ですね。患者さんご本人の認知機能がある程度保たれていますので，ご本人が服薬を嫌がってても家族さんが飲んだほうがいいと言ったりした場合には，次回の外来で（返事を），になりますね。
　またMCIとかで病名告知するかどうかって，難しいんで，初診外来とかだとまだアルツハイマーとか，そういう病名を使わないようにしてます。というのは，アルツハイマーって，癌告知のように，治らない，しかも何十年どうなるんだろうとか，あとはマスコミで「電車止めて賠償金」とか，そういう例もあったりしますので，まして1回，2回の外来で，まだ信頼もされていないでしょうし，伝えるタイミングを見計らいますね。だから，家族さんだけに言ったり，あるいは言うかどうかの相談をしたり，場合によっては「物忘れ予防のお薬」という説明をして投薬したりします。
　でも「物忘れを予防する薬ですよ」と言っても，恐らくある程度正常な

〔注〕
6　「アルツハイマー病によるMCIの状態」を指す。以降の同じ表記も同意である。
7　巻末資料3参照

人だったら例えば「アリセプト」とかって，Googleで調べたら分かるのですが，僕が知らないだけかもしれないんですけど，これまで「先生，アリセプトって，アルツハイマー病って書いてありますけど」って言ってきた人ってゼロですね。

本当にご家族が熱心で，Due to ADかどうかも分からない，もしかしたら，生理的記憶低下か，それともMCIか初期認知症かさえ分からない，いわゆるコリンエステラーゼ阻害薬の適応ではない症例でも選択肢は2つですね。6カ月後再診か，家族と相談の上で，Due to ADの可能性に対して投薬をするか，ですね。概ねそのどちらかですね。可能性を「否定出来ないことに対して」ですね。だから診断的治療という感じもありますね。それも家族に説明します。例えば高血圧の薬と違って，効果判定が難しいですし，それは診断的治療という意味でも難しいですよ，って言ってますね。でも阪大に来るような患者さんですから，「いいかもしれない事は全部してみたい」という感じなんですよね，それを科学的に否定出来ないのであれば。

例えば血圧120mmHgの人に高血圧の薬を使うことは科学的根拠を以て断れますよね。でも科学的根拠を以て断れないことは，それは家族の意向を汲みます。「じゃあ，（薬を）行きましょうか」って。それは保険を投入する訳ですから，それは一応汲むようにしてますね。行かないほうがトラブルが多いのではないか，という気もしますし。　　　　　　　　（A医師）

まず，MCIという状態は，コリンエステラーゼ阻害薬の適応ではない。しかも，MCIのうち1割から2割はアルツハイマー病を含めた認知症への進行が示されたデータがあるものの，薬剤の有効性については未確立である。その点を踏まえた対応である。ただ，有効である確率が，現在の医学的エビデンス上は，100％薬剤の効果が発現しても，10％から20％であるうえに，MCIは症状が緩やかな段階であるため効果が実感しにくいため，医師の立場からは積極的に勧められるものではなく，その使用を患者家族の意向に委ねているということである。その背景には多くのコリンエステラーゼ阻害薬が致命的な副作用が少ない点と，やはり疾患の見通しの中で多少なりとも「少しでも薬が効く可能性」や

「安心感」を家族が得るという点があることが推察される。またここでA医師の言う，「阪大に来るような患者さん」というニュアンスは，ある程度，自分達でも色々病気のことについて調べて来るような人，可能なことは何でも試したいと考えるような人のことを指すという。

こうした「前」認知症状態ともいえるMCIの患者への投薬などについては，里直行准教授は，薬剤は基本的にアルツハイマーを疑った場合には使うとしながらも，アルツハイマーとの鑑別がつきにくい疾患概念を例示したうえで，少し異なる見解を述べている。

　　認知症である以上，進行した場合の結果は，家族を含めたケア体制構築という点は同じだから，薬剤の希望以上に，その後のケアを心配する場合のほうが多いかなあ。まあ経過観察期間が長い人は特に，だけど。
　　だから，アルツハイマーかどうか微妙な症例でもSPECTはあまり撮らないね。例えば，嗜銀顆粒性認知症。銀を取り込む性質のある顆粒が細胞質に豊富になる状態になるんだね。細胞内にタウという物質が貯まる状態になると言われていて，剖検例から判明した病型だよ。もっともアルツハイマー病でもタウは貯まるけどね。進行は比較的ゆっくりで，その点もアルツハイマー病と共通，ただ易怒性がやや高いとは言われているが，実際は区別がつかないことも多いというのが実感だね。　　　　（里准教授）

里准教授は，足掛け10年以上，認知症が痴呆症と言われていた時代から診療を行っているため，長く経過を追った経験からそうしているのだという。したがって，里准教授と他の老年内科の医師とでは，患者の年齢層が異なる可能性もある。このような症例毎の対応は，ガイドラインには明示されておらず，大阪大学老年内科全体で統一的対応をとるということでもなく，個々の症例に合わせるだけの権限を，各医師が委譲されていると考えられる。その権限委譲された中で，A医師は自診療科の認知症患者のターゲットをMCIの前後のレベルに定めているという。

　　ホームページなんかに「ちょっと気になる人はご相談下さい」と書いて

あるので，MCI前後のレベルの人が対象になることが多いですね。で，包丁振り回している人[8]とかは，もう精神科に行っていると思うんですね。老年内科は大学とはいえ，ハードルが低いので，実際にアンケートを，老年内科以外の患者さん100人位にとったところ，老年内科が一番受診しやすいという回答が多く，精神科はほとんどなかったように思います。多分家族に連れて行かれるにしても，精神科だと「俺を気違い扱いしやがって」みたいな感じで。そこは「内科だから」みたいな感じで受けやすいのではないかと思います。　　　　　　　　　　　　　　　　　　（A医師）

このように，顧客である患者の受診意向も確認したうえで，自診療科のホームページ上での表記まで考えている。「気になる人」という書き方だと，心配になって自ら受診する人もいるのではないかと聞いたところ，次のように述べている。

HPには「必ずどなたかご家族と来て下さい」と書いてありますし，問い合わせの場合にも，同じように説明してます。ただ飛び込みの場合は，お一人で来られることがあります。まずアルツハイマーは自覚がない場合が多いので，自覚がある，という時点で正常である場合が多いんですね。自ら来る，っていう時点でまず少なくて。

確かについ最近自ら飛び込みで来た人は，「いやあ先生，私もう心配で心配で，今日アルツハイマーって言われたら首吊ろうと思って縄持って来てるんです」って麻縄を持って来られてました。それは，鬱か何かで……まあ変わった人も多いですけど，実際そういう感じで，困ったことはないんですね。

自覚がある時点でアルツハイマーの疑いは薄いわけですけど，それでも稀にはおられます。そういう場合には，家族を呼びます。昔，これはLewy（小体型認知症）だったんですけれども，警察呼んだり，霊が見えるといってお祓いしたり，という話がご本人からあって，詐話だといけな

〔注〕

8　BPSDの症状の1つ

いので，御兄弟に来てもらいました。その通りでした。その人はMMSEが28点でしたかね。その人はイクセロン[9]で消えましたね。9mgで消えましたね。それから1年経ちますけど，まだ出てないですね。

　7割，8割はつきますね。大体の患者さんが初診，MRI検査，2回目の外来で診断がつきます。つかないって言っても，MCIととるか，初期ADととるかで，医者によって意見が分かれるっていうのと，後は何か認知症だけれども病型分類が分からない，とかですね。　　　　　　（A医師）

　ここからは，患者ターゲットをある程度意図的に絞り込んでいることが理解可能である。それでいて，時に幻視を示すような患者が紛れ込む実情と，ある程度対応が「可能」となってきている実情を語っている。さらにその絞り込みの結果として，疾患ごとにある程度の患者の棲み分けができていることにも，次のように言及している。

　　幸い，阪大は物忘れ外来を標榜している科が3科あって，MCIとか初期はうち（老年内科），Lewy（小体型認知症）とvascular（血管性認知症）は神経内科，前頭側頭型（認知症）やBPSDとかがある症例は精神科，と棲み分けがあって，もう紹介し合っているので，それは同期が多いから，紹介も楽ですね。まあ，ぶっちゃけ，精神科は，MCIとか診たくはないと思うんですよね。それと，僕は同期が2人精神科にいて……僕，前頭側頭型（認知症）とか経験少ないですし，分からない時は相談に行くんですよ。そういう時に，外来レベルで，こうしよう，ああしよう，という話をしながらやって来たことが，結びついていると思います。実際，「アルツハイマーなので，よろしく」とか，「アリセプト飲んでるんですけど，よろしいでしょうか？」とか，院内紹介をされますよ。　　　　（A医師）

　先述のインフォーマルな調整については，インフォーマルであるが，かなり強い連携がなされていると考えられる。学部時代の同期が正規スタッフとして，

〔注〕
9　アルツハイマー治療薬である，イクセロンパッチのこと。

それぞれ外来をしているということが強みであるという。一方で，その連携について，老年内科，あるいは精神科において，上司である教授からの指図は全くないという。
　そして，Lewy小体型認知症の患者については，次のような見解を述べている。

　　　Lewyとアルツハイマーで分からない場合って，早期介入の有効性の話から，どっちか分からないけどコリンエステラーゼ阻害薬を使うには，いい適応だと思います。まさに先週（9月頭）に（適応承認が）下りましたけど，アルツハイマーも2，3割は幻視が出ますし，Lewyは7割位出ますけど，分からない時が，まさにいい適応と思って使ってましたね。どっちでも効くってことで。
　　　　　　　　　　　　　　　　　　　　　　　　　　　　（A医師）

　そして，このような軽症の患者の場合，本人もある程度の意思表出が可能であるため，実際のところ，患者と家族，どういった形で意見を尊重するのか聞いてみたところ，それぞれ以下のように述べている。

　　　基本的に患者さんをどうケアするか，ということを中心におくが，家族にもできること，できないことがあるから，そこは尊重して，進めざるをえないと思う。
　　　　　　　　　　　　　　　　　　　　　　　　　　　　（里准教授）

　　　疾患の特徴として，例えば，運転免許取り上げるってなった時に，本人は「嫌」って言いますよね。でも事故を繰り返している場合は危ないんですけど，この疾患の患者さんの誘導の仕方として取り上げることってしないので，他に興味のあるものを見つけさせて，っていうやり方になるので，運転免許みたいに社会的に危害になる可能性のあるものは，基本的に取り上げる方向で考えないと仕方ないですよね。だけど，趣味みたいなものを家族が止めさせたい，というのだと，訳が違いますよね。
　　　何れにしても，患者さんの誘導，指導の仕方として，例えば「私，悪いから皿洗いだけはするわ」っていう方がいるとして，でも落として割るし，

洗ったら濯(すす)がないしで,止めさせたいっていう娘さんもいる訳ですよね。そういう時に「お母さん,ありがとう。私やるわ」って言うのは絶対ダメなんです。それは取り上げたことになってしまうので,喪失感を増やしてしまうんですよ。で,そういう時にどうしたらいいかって言ったら,「じゃあ,お母さん,洗濯物を畳むのお願いしますわ」っていう言い方なんですね。

全部それなんです。運転免許を取り上げる時でも,喪失感を与えないように,何か代わりのものを与える。運転免許も取り上げるのは簡単なんですけど,そうするとBPSDが悪くなる一方なので,電車の楽しさを覚えさせるとか,車だと行けない世界を知ってもらうとか。だから先生(筆者)に対する答えは,「取り上げないといけない物は取り上げる」ですね。ただ,そういうテクニックを必ず使う。社会的に危害を与えうるものは100%取り上げる方向で話を進めて,これが趣味とかになると,できるだけそっちを尊重してあげる,感じになりますかね。だから内容によりますかね。

ただ治療に関しては,家族ですね。患者が家族に任せるパターンって多いんですね。「分からんから聞いといて」って部屋を出て行っちゃう人もいますし。MCIで話をする時は一緒に奥さんとかと話をしてますかね。だいたい,夫婦関係にもよるでしょうけど,奥さんは。そういう今までの夫婦の関係が,超見えます。旦那さんが掃除の仕方が下手だからと言ってたりしたら,「奥さんそれはちょっとキツイよ」,とか言って。「僕なんかできませんよ」,と言うんですね。でも,「こんなこともできないの」って言って,そういう人は来るんです。　　　　　　　　　　　　　　(A医師)

それは,特に治療については,圧倒的に家族ですね。MCIの方だと,自分が認知症かもという不安もあり,判断を委ねている印象もあります。僕の外来の場合,脳血管性認知症以外ですと,投薬する代表例として,例えばアルツハイマー病の進行抑制薬は診断確定後でも使用可能ですし,MCIの場合だとアルツハイマー病だとは確定し難い場合もあります。それに,薬の副作用による性格変化などもありますから,アルツハイマー病でない

場合にはかえって後から再診断を難しくすることもあるので、そこを説明します。でも、最初からアルツハイマーを心配している家族さんが多いので、結果として処方している例がほとんどな気がします。　　　（B医師）

　僕の場合は、先程もお話した通りで、MCIの方だと割に自分から勧めることもあります。ですが、これまで家族さんが処方を拒否されたことはなかったと思います。ご本人が嫌という場合には、3か月程度の経過観察を行いますが、ご本人だけでなく、普段見ている家族さんから見ても変化が「ない」と確信できる場合以外は、結局、家族の方が後から希望されているケースが多いと思います。　　　　　　　　　　　　　（C医師）

　また、今回インタビューした医師の全員の口から「正確な診断のため」という言葉が出た。彼らは、現在の診療状況において可能な範囲で、医学的エビデンスに基づき様々な検査・診察を行い、「正確な診断」を目指している。しかし、「正確に」診断するためのエビデンスが未確立であったり、検査が常時できなかったりということが背景にあるようである。
　しかし、一方で患者自身が不安から家族に判断を任せる場面、その家族の考えや内科医としての自身の考えに基づいて、アルツハイマー病の可能性を加味して処方する場合が多いという。
　さらに、大阪大学老年内科で「もの忘れ」外来をしている医師のうち、里准教授以外は元々の専攻が認知症とは異なる。インタビュー中に、内科であれば生活習慣病による認知症リスクをどのように捉えるかという話になり、A医師は自身の循環器内科医としての考え方からの転換をすることになったとまどいも踏まえ、次のように述べている。

　その点（認知症のリスク評価）に関してはメタ解析なんかもあるんですけど、イマイチ分からないんです。例えば血圧のレベルによっても色々あるでしょうし、例えば観察研究だけだと1.8倍とか、でもそれも血圧の状況ってまちまちじゃないですか。コントロール状況も分からなければ。その間で脳卒中になった人を除外したのかしていないのかとか、色々あるん

第4章 地域・診療科の違いによる認知症診療のプロセス

で。

　ガイドラインには4つ位メタ解析の結果が載ってるんですけど，それもまちまちです。例えばハイベット（HYVET-COG[10]）だと1.2倍，あれは物凄く信頼できる，有意差をもって1.2倍ですね。あれ，リスクの低い人達が母集団で，「比較的健康な高齢者」っていうことで。それでも2割増えるっていうことですので，あと認知症のガイドラインにいくつかの解析が載っているんですけれども，概ね1.5～1.6倍位じゃないですかね。でもそれ4つ全部載せているってことは「どの位か分かりません」という一方で「リスクファクターとしては間違いない」ってことなんだと思います。そこでは，VascularだとこのЍ，ADだとこの位のリスクである，と別々に解析されています。ですが，合併パターンはまだ名前もハッキリついていない位で，例えばMixed type，っていうのは物凄い古典的な言い方ですし，最近だとAD with CVD[11]，あるいはVCI（Vascular Cognity Impairment）と提唱するグループもいたりだとか，最終的にはpureなADとpureなCVDがあって，そこはアナログ的に繋がっているだけだと言う人もいれば，割合なんだという人もいれば，そういう事をいうと，ADはvascularの疾患なのか，内分泌疾患なのかというところまで行き着きますし，要は何も分かってなくって。そこが循環器出身の僕でも一番難しくって……。

　循環器って血圧139はセーフ，140はアウト，って，そういう世界なんですね。もう白黒決着がつく世界だったんですけど，だから認知症診療を始めて一番戸惑ったところはそこでした。グレーとか，何やよう分からん段階で薬を出さないといけないし，納得いく説明をせなあかんというのが，循環器をやっていた人間からすると，まず勝手が分からなくって，物凄い悩みましたね。でも，認知症っていうのは，そもそもグレーで，専門医ですら分かってなくて，ていうものに対して堂々と薬を出すかどうかの選択

〔注〕

10　HYVET-COG: Hypertension in the Very Elderly Trial cognitive function assessment の略。詳細は，Lancet Neurol. (2008) Aug, Vol.7, No.8, pp. 683-689. を参照のこと。
11　CVD: Cerebro Vascular Disease 脳血管病，つまり脳梗塞などのこと。

をしないといけないというのが，ありました。

　だから僕，初め薬出せなかったんです。「こんなグレーで出していいんだろうか」って。出せなかったんです。今はバンバン出したり出さなかったり，出来るようになりましたね。それは一つ，認知症というのはこういうグレーな疾患だ，というのを身体で知ってから出せるようになりました。循環器と違って，勉強して出来るものでもなくって，診断基準がグレーな訳ですから。

　だから，最初のうちは，ほとんど全員入院させて診てました。1泊2日，で，入院してもらって。次の外来まで時間があるので，勉強したり，皆で相談したりしてましたね。で，今は妙に自信もついてしまったので，中々入院させなかったり，明らかなADでっていうのは特に，あるいは，前は，明らかな生理的物忘れでも入院してもらっていたような感じでしたね。そりゃあ，僕，楽木先生から「認知症やれ」って言われた時，「えっ？」でしたもんね。Lewy小体型認知症ですら何か分かってなかったですから。

（A医師）

　僕も長く循環器内科をやっていましたから，ガイドラインが金科玉条の世界にいたわけで，認知症の曖昧さには戸惑いました。そもそも，MCIとか，ある程度軽症な患者さんだと，外来で僕の前では「普通の人」に見える人もいますから。それを認知症だと診断するのに，特定の認知機能検査や，家族の言葉だとか，限定された条件で決めてしまっていいのか，というジレンマはありました。

（B医師）

　循環器内科は，ガイドラインが金科玉条である診療科の代表でもあり，その考え方から，非常に曖昧模糊とした疾患診療への転換については，更に次のように付け加えている。

　本当にモヤモヤでしたね。以前に時々阪大で内科セミナーと題して，内科の先生にお話ししたことがあったんですけども，認知症を診るためには，まずモヤモヤした病気であることを理解して頂かないと，まずそこだと思

います,というようなことを言ったことがあります.

　実際自分が循環器をやっていたので,そこの壁を超えるのに時間がかかって,何をやっても「は?」って感じで,専門家に聞いても納得した答えが得られない,「あ,こういうモヤモヤした病気なんだ」って理解するのに時間がかかりましたね.そりゃ認知症の診断基準に,社会的もしくは職業的環境の中で「困っている」という基準があって,これを満たさないと認知症と診断できないんですけど,そんな「困っている」っていうのが診断基準に入る位ですから.だから,MMSE0点でも,本人が困ってなければ,認知症の診断には絶対にならないんですね.30点でも困っていると言ったら,そこはクリヤーですよね.なので,「困っている」ということが診断基準に入っている時点で,そういうものだということを理解してくださいというように話してますね.

　例えば介護力にもかかわるでしょうし,変な話,時代で変わるでしょうね.昔はメールが打てなくても困らなかったけど,今の時代メールが打てないと困るとすれば,20年前はそうでなくても今の時代なら認知症ですよね.ですから,この病気が社会的な病気であることを理解するのに,僕は時間がかかったということですね.

　例えば,昔の田舎だと,周りの人が徘徊を見つけてくれたり,親子3代で住んでいて子供が見てくれたりして,「困っている」ところがクリヤー出来たのかもしれないですね.これが都会だと,徘徊しても放ったらかし,親子3代で住んでいる訳でもなく,下手すれば独居.

　ですから,「困っている」ということに対しての介護力の観点からは,都会のほうが,認知症の診断基準を満たしやすい気がしますね.社会がサポートしてくれて,田舎だったら「おばあちゃん,そこに居たから連れてきたよ」って言ってくれるかもしれないし,孫が面倒見て,孫も認知機能が同じ位だと,仲良くやれるじゃないですか.そういう社会が,都会は真逆で,独居で周りは無関心,てことで,徘徊したら誰も見ないし,見つからないし,誰も相手にしないということもあるでしょう.　　（A医師）

そして以下のように続けている.

そう考えると，社会的病気ですね，認知症は。100年前だと認知症にならない人が，ここへ来ると「認知症」と診断されてしまうとか。例えば僕らが100年後になったら認知症になってしまうかもしれませんしね。「こんなこともできていない，社会的に生きていけない」って。社会の（要求する）認知機能についていけない，っていう。それを人間的に扱おうって，2000年頃から変わって来ましたよね。
　とは言っても，家族は色々ですね。まあ阪大に来られたり，あと僕は市立伊丹にも行ってるじゃないですか。あそこも市立病院なので，実際に割と熱心ですよね。離れていた家族がLINE[12]を作って，お母さんのことを報告し合ったりとか。逆に埼玉の娘さんが，この外来の時だけは必ず来るだとか。母集団はそういう感じだと思います。阪大病院の母集団は。逆に熱心過ぎて困ることもありますけど。「お金に糸目はつけない，良くしたい，やれることは全部したい」という感じは，しばしば見えますね。

（A医師）

　ここからは，大阪大学医学部附属病院老年内科に来る家族の態様が分かる。自分達で調べられることは調べ，病院に頼めることは頼み，可能なことは何でもして欲しい，そういったことを何らかの形で表現する家族が多いということである。
　そして，BPSDなどが出現して，家族が「どうにかしてくれ」と言いだして，諦めの状態になるような状況になった時には，「良くして欲しい」ということに応えられる疾患ではないことを踏まえ，認知症が進行した際の対応を聞いたところ，以下のように述べている。

　それが我々のいいところで，一番軽い段階で患者さんを診れるので，予後の話なんかもいい段階でできるんですね。悪くなってからするんでなくて。そもそもMMSEが26点なんかの段階で，今後のことをゆっくりと話ができるので，18点になってからとかと違って，今後の覚悟を促しながら

〔注〕
12　ソーシャル・ネットワーキングサービスの1つである。

出来るので，だから僕は認知症は早期に診るべきだと思うんですね。「これは残念ながら進行性で，5年後にはあなたの名前も分からなくなるかもしれません」，って，そういうことを全部説明出来るので，僕は認知症はMCIのうちから診れるのが一番いいと思うんです。生活習慣病の介入もできますし，と思ってるんですね。時間をかけて説明します。で，対応の仕方とかも説明しないといけないので……。　　　　　　　　　　　　（A医師）

　早期介入の有用性は，予防処置や治療の開始だけでなく，家族の「心構え」の形成にも役に立つということである。
　家族の「心構え」に関係することの1つとして，メディアで認知症患者の報道や，認知症の特集番組があった後の様子について，次のように語っている。

　　質問は増えますね。例えばシロスタゾール[13]がどうかとか。あと僕が凄いなって思ったのは，僕以前にある週刊誌でインタビュー受けたんですね。そのことをすっかり忘れていたのですが，ある時，急に電話がえらい鳴ったんですね。「受けられますか？」とか。だから，ああいう週刊誌でも医療の頁が4頁位あるんですね。それも長寿[14]の先生とか，何人もの先生が記事になっているうちの一人なのに，何十件も問い合わせが来るんですね。たかが，と言っては失礼ですが，テレビではなくて，週刊誌でですよ。だからビックリして。で，こういう一般のマスコミって凄いなって。うちのホームページにも載せているんですよ。「物忘れ外来始めました」的に。でも，そちらより効果が明らかに凄い。　　　　　　　　　　　　（A医師）

　　どういう訳か，僕の外来は元々話の長い家族さんが多いのですが，そこに輪をかけて質問が増えるので，正直大変です。時々，番組自体の伝え方が悪かったり，間違った解釈をしておられたりするので，それは修正しておかないと，今後の治療に差支えますし。正直言うと，止めて欲しいです。
　　　　　　　　　　　　　　　　　　　　　　　　　　　　　　（B医師）

〔注〕
13　抗血小板薬の1つで，脳梗塞などに適応を有する。
14　国立長寿医療研究センターのことを指している。

個人差はありますけど，再診の患者さんの家族も色々と質問が増えますし，何よりその後2週間位は初診申込みの患者さんが増えます。その間は，輪をかけて忙しくなり，他の業務に影響が出ないようにするのに必死な時もあります。　　　　　　　　　　　　　　　　　　　　　　　　　（C医師）

　このように，マスコミ側から取材される対象にもなる一方で，その影響も受けているのが大阪大学老年内科である。
　組織としては，従来以上に認知症に特化した診療を強化する動きがあり，それは老年内科としての生き残り（存在意義）をかけているという側面もありそうである。一方で，今回の調査の対象の中で，認知症患者のみを診療する外来枠を設けているのは，大阪大学老年内科だけである。
　診療に関しては権限委譲がほぼ完全であり，他の診療科との連携も含めて一任されているようである。その結果として，制度化されない「棲み分け」が成立している。
　また，認知症診療に特化した外来であり診療時間枠は相応に確保してあるとはいえ，報道などから家族が受けた過剰な印象や誤解を，1つひとつ解くために，より時間的な負荷がかかっている。この点は，先述の，循環器内科のように「白黒」つけにくいという疾患特性がより一層拍車をかけているものと推察される。
　そのなかで，診療のターゲットをMCIから初期認知症のあたりの進行度の患者に定めている。したがって，おそらく多くの患者は，ガイドラインを参照しても「正確に」診断できる確証はなく，疾患の進行度ゆえに症候からも判断し難い。その中で，アルツハイマー病の可能性を考慮し，熱心で医療費さえ度外視するような家族の意向を汲み，「処方」を行う場面が多い，と考えられる。

4-1-2　長い歴史を有する精神科

4-1-2-1　沿革[15]と武田雅俊教授
　精神科は，1889年に初代教授により大阪医学校で精神科学の講義が始まった

〔注〕
15　参照：http://www.med.osaka-u.ac.jp/pub/psy/www/jp/history.html

時, および, 1894年に精神科としての診療科と教室が独立した時に始まり, 日本の精神医学教室としては第二番目の長い歴史を有している。その後, 明治30年代からは脳器質性精神疾患, 昭和に入り, 症候性精神病などの心身相関・心身医学へと範囲を広げている。さらに, 昭和40年代には, 既に老年精神医学の領域, とりわけアルツハイマー病の生化学的研究に先鞭をつけ, 診断, 治療の研究が, 現在も脈々と続けられている。いわば, 伝統的に認知症の研究・診療を行ってきた教室であるといえるであろう。

外来担当医へのインタビューを行うにあたり, 武田雅俊教授（以下, 武田教授）は精神科としての認知症への対応が変化してきた流れの概観と, 今後について, 以下のように述べている。

「自分の意思表示をできない人」への医療サービスをどう決めるか, 精神科は悩んで来ました。昔の精神科診療というものは, ざっくりと医師が「父親」として（意思表示を出来ない人の意思を）推し測り, サイエンスに準じた「パターナリズム[16]」で医療を進めてきた経緯がありました。

それが時代の変化と共に, 患者が治療の中の重要なステークホルダーとなってきました。ある面では, 患者が「嫌」と言えば, 科学的に正しくても, そういった治療は行わないという方向になってきていると思います。

精神科は専門家としての背景を, 経験, 教育のどちらが上という観点では捉えていません。ただ昔のアプローチだと, 行動異常や他人への迷惑行動について,「本人」「他人（周囲の人）」の両方にアプローチをとっていましたが, 近年は, 本人がどう考えているかという主観的な意思をどのように評価するかという観点からの治療方針へと変化してきています。

その立場から考えると, 認知症の患者さんに対して, 精神科医は, 本人の「満足」「意思」へとアプローチする素養はあるかと思います。実際, 統合失調症など, 他の意思表示ができない疾患でも, 患者の主観的体験をScienceに乗せるという動きになりつつあります。もちろん, 主観的体験というものは, そういう患者の場合, 非常に分かりにくいのですが。

〔注〕
16 パターナリズムを提唱したのは本書でも文献引用をしているFreidsonである。

戻りますと、認知症の人の意思表示能力がないとすると、なんとも言えないアイロニーに入ってしまいます。例えば、認知症の人の財産管理だと、成年後見人法の施行後はだいぶん良くなっていますが、それまでは認知症を発症すると管理能力がなくなるから、認知症になる「前に」弁護士とか他人に委託するしかなかった。これ自体はおかしいともおかしくないとも言えない結論ですね。違う例だと胃瘻の話も、いつの間にか不必要な場合にはしないという方向に落ち着いてきましたよね。

　昔と比べて、遥かに認知症の患者を取り巻く状況は良いですよね。20～30年前は写真に目線を入れていたしね。昔に比べると「社会」で診るというコンセンサスが定着していると思います。レーガン大統領のような有名人、地位の高い人が、年を取った後で認知症を発症しているといったことが明らかになっていることもあるだろうし、多くの精神疾患が若年で発症し偏見を向けられるstigmaに比べると、認知症は「長生きしたら認知症になる」ということで社会的に取り組めるようになってきているのではないかな。

　Freidson（1970）が述べている「パターナリズム」によって進められてきたのが、意思表示できない患者への昔の治療だとすれば、現在は患者を主体として捉え、周囲で診ていこうという動きになっており、自教室にも浸透させているということである。この「周囲で診る」という考え方は、以下に登場する、精神科医師の全てに共通して認められる。

4-1-2-2　個々に研究の専門領域を持つ外来担当医

　インタビュー対象のD医師、E医師は、研究面では、生化学的手法を用いての診断、治療などの研究を行っており、F医師は認知行動療法関連の研究を行っている。この点を、大阪大学の精神科では最初に説明を受けた。また、E医師が数年の認知症外来経験である他、D医師、F医師は、10年前後の経験を有する。

　また外来の体制として、認知症外来の担当医の枠には、認知症の初診患者枠が基本的に1枠設定されている。そして、残りの枠は認知症だけでなく統合失

調症や鬱病など，他の精神疾患も含めて診療をしているという体制である。つまり，各曜日の個々の医師の予約枠は，他の疾患と混ざっている状態である。

まず初めに，初診患者に対して行う，ルーチン化している検査については，次のように述べている（特に診療科全体でのルーチン検査はないとのことである）。

> まず最初に大切なことは，何で来たか。誰に言われて何で来たか，ですよね。で，その人は必ずいる訳ですよね。患者さんが来たくなくても誰かが連れてきた。で，まず初めに内因性変化か認知機能低下かどうかということを診ますよね。それである程度アタリをつけるけれども，今の日本の制度だったら検査せん訳にいかんですよね。だから，明らかにこれ鬱病だなと思ったとしても，鬱病だとしても，アルツハイマー病の前駆症状としての鬱かもしれませんからね。だから鬱病の可能性のほうが高いと思ったら2週間に1回の診察で様子見ようかという場合もあるけど，まあ多くの場合は患者が強く望んだら検査せざるを得ないですね。
> まず普通の質問紙の検査，質問紙の検査は，患者が嫌がっている時はその日にしない時もあります。MMSEとか，嫌がる人もいるんで，関係が悪くなったらまずいから，後回しにすることもありますが，まあ血液検査ですよね。血液検査は基本的には身体疾患の除外，それから脳の機能の検査と，脳の形態の検査。脳機能の検査としては，僕は脳波とSPECT，それからADAS（Alzheimer Disease Assessment Scaleの略）[17]の予約を取りますね。それで形態の検査はMRIをする，と。まあ本当はPETしたい人もいるけど，阪大って（予約が中々）出来ないんですよ。で，その予約を全部入れて，全部取り揃ったら，その頃に来て頂いて，改めて30分位かけて説明をする，っていうのが最初の診察ですね。　　　（D医師）

まず問診しますよね，で家族歴をしっかり聞いてですね，神経学的所見

〔注〕
17　認知症の状態をより詳しく知る必要があるときに実施され，見当識，記憶などを中心に11項目からなる検査で，アルツハイマー型認知症の進行の様子を評価するのに適するとされる。検査に40分〜1時間30分かかる。他の医師の発言内容にも含まれる。

は中々詳細に取れないので，まあパーキンソニズムがあるかないか，くらいですかね。それから，自分でMMSEをして，それが一通りの流れですね。
　あと，画像検査をします。初診で来られた当日に採血はして帰ってもらってますね。それは一般の採血を紹介元でしている時はしなくて，大体抜けているのはビタミン類ですね。ビタミンB1, B2, B12, それと葉酸，それとTSH, FT3, FT4[18]位はしますね。それで中々遠方から来られている方，高齢の方も多いので，次の外来日に重ねるのは苦労しますが，頭部MRI検査，それは大学の中では中々予約が取れないので，近くのクリニックでMRIを，できるだけ当日にセットで脳血流シンチを，可能な限り。それとできるだけADASも入れるようにしています。当日大変なんですけど，2つないし3つ検査を受けてもらって，その後に再診にしますね。
　その時に家族さん，パートナーだけでなくって出来るだけ子供さんにも来てもらって，説明する。そんな流れですね。　　　　　(E医師)

　MMSE，頭部MRIか人によってはCTですよね。後は血液検査，それとADASもほぼルーチンになりますかね。あとはMRIで特異的所見がなければ，SPECTをオーダーします。　　　　　　　　　　　(F医師)

　精神科であるからか，認知機能検査については老年内科より詳細であるが，他には大きな違いはないようである。
　武田教授が述べていた，「もの言わぬ患者」への意識については

　それと直接関係があるかは分かりませんけど，僕は「家族も患者」と思って接しています。　　　　　　　　　　　　　　　　　　　　(F医師)

　僕らが若い頃から，ずっとそういう風に教えられてきたし，考えてもきたから，別に特別なことだとは思わないですけどね。　　　　　　(D医師)

〔注〕
18　TSH, FT3, FT4は甲状腺機能の検査項目である。

武田教授の言葉は，単に言葉としてではなく，個々の医師の態様として，身に沁みついているようである。さらにD医師は付け加える。

　僕が研修をしたのは，2000年以前の昔の制度の頃でしたけど，既に「痴呆症」ではなく「認知症」と言ってました。　　　　　　　　（D医師）

1990年代半ばは，医療現場では「痴呆症」という病名が使われていた事実がある。このことから考えると，当時から，現在の「社会で診る」ことへとつながる動きが，既に大阪大学精神科では「普通」のことになっていた可能性がある。
　次に，初診時の家族の付き添いと，その際の対応については，以下のように述べている。

　概ね配偶者の方が多いですかね。初診では家族さんの話は，そんなに話は聞かないですけど。　　　　　　　　　　　　　　　　　　（F医師）

　配偶者の方が付き添われる場合が多いですが，娘さんの場合もあります。娘さんが来られた場合には，2回目の診察の時には配偶者の方にも来てもらうように説明します。　　　　　　　　　　　　　　　　　　（E医師）

　現実問題としてこんな人がいます。「デイサービス行こう」って家族が言っても本人は行かない。でも，その家族が何で行かせないかっていったら，近くに住んでるけど引き取りもしないし，一緒に住みもしないんですよ。そりゃあできないですよね。で，親子関係って様々だから，例えば，お母さんが認知症だから家に引き取りなさい，なんて一概には言えないし，そこのところは家族の親子関係が見えてきますね。
　そのことが分かっているから，僕は，最初に検査が一通り終わった時に，出来るだけ親戚も含めて全員来てくれって言うんですよ。その時に言うことは，「今のお父さん，お母さんは，あなた方の思っているお父さん，お母さんとは違う」と。どちらかと言ったら自分たちの子供に近くなっていると。そういう認識を皆持ってもらわないと，近くに住んでるキーパーソ

ンが施設に入れるとなった時に,「何でそんなん入れるねん」って話になってくる訳ですよ。だから,皆来てくれって。で,「来なかった人は,聞いてないんだし,あんまり口出しできませんよね」という雰囲気にしている。
　写真とか客観的データを出していって,「現状はこうです」と。それで急に亡くなる病気ではないけど,徐々に確実に進んでいく病気だから,どういう状況になったら誰が見るとか,どういう状況になったら施設に入れるとか,考えないとあかんし,最初のステップとして介護保険の申請をしておくように,と。
　僕は検査させてもらったら申請(書)を書けるし,住んでる地域のソーシャルワーカーに来てもらったら,そこで何ができるかって分かるし,実際に何が出来るか分かるから,申請はしてくれって,最初に言います。だから最初の時だけは(全員)来てもらうんですよ。そんなら後々スムーズに行きますね。例えば「東京の家族も呼んで」って一応言うんです。一応電話して,来なかったのは仕方ない,と。　　　　　　　(D医師)

　3人の中で最も診療経験年数が長いのがD医師である。実際のところ,認知症が進行した際に,後々家族間で揉め事が起きることもあるため,介護保険の申請などを含め,できる限り家族全員に共通認識を持たせるのだという。またF医師の述べている,「初診の時には家族さんの話は,そんなに聞かない」の真意は,できる限り患者自身の情報を深く取ることに集中している結果であると考えられ,この点は老年内科のA医師と見解が同じであると考えられる。また,こういった医師の態様の極端な例が,老年内科のB医師が述べていた「紹介元の精神科医」なのであろう。
　次に,診療した認知症患者のうち,アルツハイマー病などの疾患比率が,どのくらいの割合かを,次のように述べている。

　　　大体,アルツハイマー病が6割位ですね。　　　　　　(F医師)

　　　アルツハイマー病が多いんですけれども,7割位はADじゃないかな。

それであと，純粋に脳血管性（認知症）って人，最近減ってると思うんですよね。で，混合型と思われる人が1割位ですかね。残りをLewy小体型（認知症）と前頭側頭型（認知症）で分けてるって感じですね。あと，Lewyの方は1割未満，ですね。見落としてるだけかもしれませんけど。実際，後になってから実は，という症例があったりもしますので。

(E医師)

僕ね，自分で思ってるよりも，後から研究の事とかでカルテを見返すことがあるんですよ。思っているよりも，アルツハイマー，少ないですね。パッと聞いていると，アルツハイマーが7割か，8割かって思いますけど，実際にカルテに戻って見てみると，そんなことないな，って。5，6割くらいかな。

(D医師)

アルツハイマー病が6割強という印象がある一方で，Lewy小体型認知症の診断については迷いがあることもうかがえる。Lewy小体型認知症は，初期にはアルツハイマー病との鑑別が困難である例も多いため，精神科でも「早期受診」する患者が多くなっている可能性を示唆する。精神科を受診する認知症患者の場合，症状が多様であることも考えられるため，診断に苦慮した場合の対応，苦慮した症例について聞いてみたところ，以下のように述べている。

それは経過を診ていくしかないので，「もう，分かりません」という訳にもいかないので，まあ「もう分かりません」ではなく，現時点で分からないから通院して頂くというケースですよね。人にもよりますけど，本当に軽度の段階だと年1回の通院になりますし，何らかの形でBPSDなんかの治療が必要になると，そのBPSDの程度に応じてになるし，まあMCIレベルだったら半年に1回位になる場合もありますね。

(F医師)

ある患者さんがおられまして，その方は糖尿病の方でですね，比較的若かったんですよ。50代後半で発症されて，そうだけど，孤発性アルツハイマー病の家族歴がないんですね。で，認知機能低下も穏やかだし，他院か

らアルツハイマー病の疑いってことで紹介されて来たんですけれども，前頭側頭型かADか分からん，みたいな感じで随分迷ったことがありますね。
　で，大阪市大にお願いしてアミロイドPETを撮ってもらって，陰性でした。だから多分前頭側頭型なんじゃないかな，と。でもそれ，かなり（時間が）かかりました。2，3年分からんままずっと来て，年に1回はADASをするようにしているんですが，それで全然落ちない，かと言って。反社会的行為とか逸脱行動とか，脱抑制とかも目立たないんですよ。進行も非常に穏やかで。ただ，家族さんは「どっちなんですか？」とか，「何とかなりませんか？」とか，焦られましてね。まあ，どっちであっても何とかはなりにくいんですけどね。まあ予後の問題が，若年でADだったら早いですから，前頭側頭型やったら比較的穏やかな人も居られると思うんですけれども，だから，それで，まあ家族の方に押し切られて市大の方にお願いしたような感じでしたね。で，僕は「こういう方法がある」って言うたんですね。ここではできないけど，ってことで。「お願いします」ってことで頼まれて，で，保険診療じゃないですからね，中々その辺もやりにくいところがありますね。
　　　　　　　　　　　　　　　　　　　　　　　　　　　　（E医師）

F医師は，MCIの患者の場合，ある程度経過を追うことを述べている。
E医師が対峙した家族の像は，老年内科のA医師が述べていた，「可能性があって，やれることは何でもやってみたい」家族の像と重なる。
D医師は，個別の症例というよりは，診断に苦慮した時の考え方を次のように述べている。

　僕は思うんですよ，認知症なんかは特にね，病期が長いじゃないですか。だから横断で診断せずに，縦断的に診ていけばいいと思うんですよ。横断面で1つの側面が見えたら，それで診療をすればいいし，心配だったら1週間か2週間に1度診ればいいと思うんです。今の診断基準で，診断出来ない病気もあると思いますよ。だからそういう場合は，脳の中の病理にアルツハイマーがあるのかな，ないのかな，と思いながら縦断的に診ていきますね。で，髄液[19]とか調べても分からない人，いますよね。調べても

第4章 地域・診療科の違いによる認知症診療のプロセス　133

　どっちか分からへん，っていうの，結構あるんですよ。そんなに，今の診断学とか症候学とか，根本の病理も含めて，そんな100%は分かってないと思いますよ。色んな診療技術は増えてきてるけど，病理解剖は減ってますよね。それを，「こういう人がこういう病理だった」と結びつけて，本来ならもっと出来てる筈なんだけど，それをやりにくい世の中になって来てるから。だから僕は全部分かるとは思わないし，それをその場の状況で右とか左とか決めるのがいかんと思います。決めずに現実的対応で，例えばこの人やったら2週間毎とか，っていう形で診てますけどね。(D医師)

　認知症疾患は，アルツハイマー病であれ，Lewy小体型認知症であれ，病理(剖検例からのフィードバックデータ)が元になって病型分類されている。一方で，症候は，病理だけに直結する訳ではなく，現段階では患者の日常環境の他，生活習慣病などの種々のリスクファクターがあるといわれている。つまるところ，脳の変化を検査(MRIなど)で代用して診断するとしても，病理所見を100%反映できる検査は，現在のところ存在しないということの裏返しともいえる。したがって，現実的な対応方法も千差万別にならざるをえないのである。
　また精神科では比較的少ない可能性があるが，MCIを含めた軽症認知症の患者への対応については，以下のように述べている。

　　MCIの方でも脳血流SPECTでアルツハイマーに近い，あるいはアルツハイマーに進行することが強く疑われる時には「早期介入がいい」点を説明して，投薬，ですよね。ただMCIでもアルツハイマーになる兆しがないのであれば，あまり使うのを勧める訳ではないですね。まあ(確定診断の検査としては)，アミロイドPETがいいのでしょうけど，あまりすぐ使えませんから，SPECT，形態上アルツハイマーになりそうだけれど症状が軽ければMCIになってしまいますから，そういう場合ですね。でも形(脳

〔注〕
19　脳脊髄液のこと。脳と脊髄の周囲に存在する液体成分で，アルツハイマー病の診断に用いられることがある(ただし保険適用外)。

の形態）よりかはSPECT（血流）を重視しますかね，今のところ。（F医師）

　MCIもしくはSCI（主観的認知機能障害）の方，自分で気になったからって来られる方，それが結構少なくないんですよ。MMSE満点とか，ですね。少なくないです。本当に。凄い気にされて。でも，確かによく聞くと家族歴があったりとかですね。だからそこそこ皆さん，勉強されつつあるんじゃないですかね。それ（家族歴）が心配だから来る，とか。それは必ずフォローするようにしてますね。1年に1回，次のADASとかは取れますから。地域にもよると思いますけどね。　　　　　（E医師）

　法的にはそういうのがあるのかな。でも，僕ら精神科で統合失調症の人とかも診てるじゃないですか。そういう人とかと比べたら，どうなんだろう，認知症になってて，意思決定能力がないっていうのは，あまりある先生が「この人は意思決定能力がある」，別の先生は「この人は意思決定能力がない」とかってぶつからないんじゃないですか。

　だから診療で，認知症だから家族の人に薬を飲んだか確かめてもらうとか，場合によっては入院するだとかで困ることは，精神科の病院では少ないんじゃないですかね。例えば躁状態の人とか，本人に意思決定能力はないけど，「俺は何ともない，大丈夫だ」とか言ってますよね。そしたら患者は「家族と病院が結託して自分を入院させている」と訴えたりするんですけど，そしたら係の人がきて，「適正である」って言ってくれたりするんですけどね。

　まあそんなことを普段やっているから，患者の意思決定能力が問題になって云々っていうことは，僕はあんまりないですけどね。初診の時に（家族に）連れられて来て，色んな検査をして，薬飲んで下さいねって言って飲んでくれなかったら，家族は多分飲んでねって言ってくれてると思います。だから，患者さんが何か言って，本来しないといけない治療が出来なくなることって，そんなないかなあ。僕は，よく患者さん達と話をするんですけどね，やっぱり，自分の母親が認知症になりかけたら，早く使うと思います。「その時期を延ばそう，後は諦めるけど」，って。僕がよ

く言うのは，「あなたはまだアルツハイマーじゃないですよ。まだ診断基準も当てはまっていません。でも色々な意味で老化は人より早いであろうと思います。うちの母親だったら薬飲ませます。」と言ったら9割以上の人が薬出して下さい，と言います。　　　　　　　　　　　　　　　（D医師）

　老年内科に比して，診断におけるSPECTの使い方，更には認知機能をMMSEより手間のかかるADASで行うなど，診療科のカラーの違いが前面に出ている。D医師は少し異なる角度で，経験を元にした見解を述べている。さらに，薬剤の勧め方については，老年内科のC医師とは異なり，「家族の立場」から見ている面もある。
　このような過程を経たうえでの，治療上の意思決定において，老年内科で耳にしたような，報道などの影響がないのであろうか。その点については，次のように述べている。

　　家族の方から，「アルツハイマーですか？」と聞かれる場合，まあそれは薬ということですね。それとマスコミ（による周知）ですか，まあ早期介入がいいということになってますしね。ただ，テレビのドラマや報道の後で患者が増えるという印象はないですね。　　　　　　（F医師）

　　やっぱりよく受ける質問としてですね，最近「治るんですか？」という質問は減ってきましたよね。よくテレビとかでもやっているからかもしれないんですけど。後は進行を完全に止めることはできないんですね？，とご家族の方から言われることが増えていますね。でもまあ，そんなもんですかね。要望として，後は治験をお願いします，っていうのがありますね。
　　　　　　　　　　　　　　　　　　　　　　　　　　　　　　（E医師）

　　アリセプトが出てしばらくしてから変わりましたね。「早期発見」とか言うようになって。早期発見しても別に変わらないんだけど，でもやっぱり最初の頃はね，出た頃はね，今まで認知症になっても薬がなかったのが，病院へ行ったら薬もらえる，ってなってきましたね。で，まあ，（認知症が）早期か中期か，で遅くなったら，飲む薬ないんや，と。

それからメマリーが出てきた。その前後から，何で認知症が酷くなってから，薬増やしたりせんとあかんのかという雰囲気が出てきた。中期よりさらに高度（の認知症）になって，寝たきりなるまでの時間増やしても家族が困るだけじゃないか，って。

　それよりは今ある薬を早く，いい状態の時に使って，いい状態の時を延ばそうという雰囲気が社会全体に出て来て，それと早期発見って，皆言いだして，何でなんかな？って。こないだも箕面市で早期発見の何かをする，と。早期発見をしても，別にいいっていう理由はいまのところないわけですよね。Disease course modify薬みたいなのがあったらいいけど，早期発見って皆言ってはる訳ですよね。「早期発見」ていうのが，割と社会にスーッと入った感じがしますね。で，どんどん早期の人が来るようになった。あるいはSCI（主観的認知機能障害）のような人が来るようになった。

　あと，基本的にね，認知症っていうのがあるというのは，皆知ってると思います。「恍惚の人」とかもあって，知っているのは知っているだろうと思います。で，皆さんが，色々な精神病を含めた知識がついたなと思ったのは，ネットが出てからですね。ネットが出てからは，完全に調べて来てますね。何で皆こんなに知ってるんや，と思った時は既にネットが出て，後はテレビ，今もテレビで放送があった後は，翌日皆その事言いますよね。来た人は必ず言ってはりますし，でもネットかな……どうかな？

(D医師)

　老年内科と異なり，テレビ放送の影響で，ダイレクトに紹介患者が増えるという実感はないようであるが，多くの家族が何らかの形で情報を把握しており，外来で医師とのやり取りをしている様子がうかがえる。また，アリセプトが発売されたのが1999年で，まず「認知症になっても薬がもらえる」という認識が生まれ，その後から「早期発見」の機運が社会に浸透してきたという臨床実感をD医師は述べており，この点は早くから「認知症」の診療・研究に取り組んだ組織で，長く外来診療にあたっていなければ得られない実感であろう。そして次のように付け加えている。

最初からBPSDが，何てことはあまりないですよね。今や中期で見つかるってほとんどないんで，そこまで問題が複雑化していないですね。

(D医師)

　この内容は，大阪大学医学部附属病院の精神科外来における，初診の認知症患者の病状の進行の度合いが，以前に比べて軽症化，即ち早期発見される傾向があることを強く示唆していると考えられる。背景には，厚生労働省が進める，啓蒙の存在も考えられる。ただし，患者が早期受診をするようになれば，MCIあるいはアルツハイマー病とLewy小体型認知症の鑑別を含めて病型診断が難しいこともあるのではないかと思われる。そういった領域での対応や臨床実感については，次のように述べている。

　MCI位からかかっておられる方は，大体アルツハイマーっぽい人が多い気がしますけど。それと，Lewy小体型認知症の場合，まあ基本的には，認知症は認知症ですけれども，例えば介護の書類でしたら普通にLewy小体型認知症と書きますし，まあ心筋シンチとか（の保険病名）でしたらパーキンソニズムになる場合もありますけどね。アリセプトは使うとしたらアルツハイマーしか通らないですよね。アリセプト使いたければ，建前上「アルツハイマーと診断しました」としなければしょうがないですよね。使う時は家族の希望で決めています。

(F医師)

　Lewyの方は1割未満，ですね。見落としてるだけかもしれませんけど。後になってから実は，という症例が。それと，あと早期受診といえば，自分で気になって，という方が北摂（大阪府北部）は特におられる感じですね。だから自分でかかりつけの先生に言って，紹介状書いてもらって（受診する）。

(E医師)

　僕はLewy，抗精神病薬を使いにくい，アルツハイマーの亜型で，特徴的な幻覚症状とかが出る亜型だと思うんですけどね。まあ，でも今のアルツハイマーの診断基準は，「これを満たしたら全部持って行ってくれ」っていう診断基準ですよね。だから純粋なアルツハイマーが5, 6割入って

来て，Lewyは，認知機能の落ち方がアルツハイマーと違うようなところがあって，症状に割と波がある，という人をLewyタイプと考えるとしたら，どの位だろ，1割位じゃないですかね。で，Lewy小体病は何で重要かっていったら，対応が違うからですよ。対応が，抗精神病薬使うとか。だから疾患単位として分けるのは僕は問題があると思う。100歳位の人で（脳を）開けたら，Lewyの変化も（アルツハイマー）神経原線維変化もあるっていいますし，僕はあくまで加齢性疾患として捉えてます。

(D医師)

　まず，F医師が述べるように，Lewy小体型認知症にアリセプトなどのコリンエステラーゼ阻害薬を使用する場合，保険病名上は「アルツハイマー病」とせざるをえない事実がある[20]。しかも，そのLewy小体型認知症は，初期段階では診断基準にあるような比較的特異的な症状を呈さない場合もあり，比較的特異的といわれる幻視という症状もアルツハイマー病患者の2，3割に認められることから，軽症段階では診断が非常に難しく，「アルツハイマー病」として治療を開始してしまう可能性を示唆しており，このことをE医師は述べている。このことは，D医師も，「今のアルツハイマーの診断基準は，「これを満たしたら全部持って行ってくれ」っていう診断基準ですよね」と述べており，初期あるいは軽症段階では症候の曖昧さに加えて，診断基準の曖昧さが背景にあることを示していると考えられる。

　また，外来で医療者側が，医学的内容以外で困ったような経験がないかを聞いてみたところ，自身の専門性を前面に出さないものの，以下のように述べている。

　　何か精神科（の患者の）家族っていったら，結構医者の前では静かっていうか，すごい態度が良くて，医療スタッフの前とか外では暴れてて，「この方ちょっとクレーマーだから」なんて看護師さんが困ってても，い

〔注〕

20　2014年8月以前は，薬剤のLewy小体型認知症に対しての適応がなかったが，9月以降コリンエステラーゼ阻害薬のアリセプトが適応となった。

ざ診察の場となると静かな人が多いですね。何故か分かんないですね，ただその場では色々クレーマーになってるけど，精神科医だからか，やり方がいいのか，分からないですけれど，あまり少ない気がしますね。看護師さん達が，戦々恐々としてて「警備員呼んだほうがいいかしら」と，そんな状態で，毒づく患者さんも家族も，診察の場では結構しおらしくっていうか，普通にされてますね。もしかしたら慣れているからかもしれないですけど，精神科は患者さんに対してある程度時間取りますから，そういう患者さんの話聞いてナンボっていうのがありますけど，内科はデータ，客観データで見て，評価していきますから，患者さんの話聞くっていう時間が少なめなのかもしれませんね。　　　　　　　　　　　　　（F医師）

そこで，筆者が老年内科でも30分は時間を取っていると，聞いた話を伝えると。

　　もっと取ってますね，初診の人は。あと認知症の人は，家族も治療しないとダメと思ってますから，家族の意見もちゃんと聞いて，家族の顔，患者さんの顔をちゃんと見て診察しますから，家族も治療に乗せないと，っていうので話も普通に聞きますから，家族の。そういうとこ，内科の先生はあんまり時間を割けないのかもしれませんね。血液データとか客観データとかでススっと処理していくってことをするでしょうから。　　（F医師）

そのことを聞いて，更に筆者から，「一塊」という感じで診療されていますね，と問いかけたところ，

　　まあ，そうですね，普通は。他の精神科の先生は分からないですが，僕はそうしてますけど。例えばBPSDの治療，ファーストチョイスはまず非薬物療法ですから，まず環境を見て頭の中で大体のことを考えて，どうするかっていう対処法を色々考えて，それでもダメなら「薬使いましょうか」になりますからね。BPSDというと，それが何故出来ているかっていうところを，色々家族に状況とか聞いて把握したうえで，っていうことに

なりますよね。むしろ家族がいないと治療が成り立たないですよね。

(F医師)

E医師は話の中で、次のように、早期に介入するなら、もう少し介入方法があればという願望を述べている。

いつも思うことは、発症前に、何とか発症前診断をして、(海外で治験が行われている)根本治療薬、どれが効くかは分かりませんけど、5年くらいでも何とか遅らせることが出来ればと思うことはありますけどね。ちょっと、その辺りの治験っていうのは日本では中々難しいですよね。倫理という問題とかもあるとは思うんですけど、ApoE4[21]とかでもいいと思うんですよね、採血で。で、ApoE4持っている人は50歳代で予防薬飲み始めるとか。そんな試みって。

(E医師)

E医師も何か、そういった研究に携わっているのかを聞いたところ、

バイオマーカーの開発の研究とかはしてます。基礎的で、プレセニリンγセクレターゼ、Aβ42[22]を切り出すセクレターゼの解析をやっているんですね。具体的にはセクレターゼがAβ42をどうやって切り出すか、根源的な問題なんですけれども、それとかγセクレターゼ阻害剤がどのように効くのか？アミロイドβのサロゲートマーカーの開発とか、ですね。CSF（脳脊髄液）中ではAβ42は下がってしまいますし、血中はちゃんと測れているかどうか微妙じゃないですか。だから、それに代わるようなものを開発する、Aβ様ペプチドの測定、それはCSF中では出来たんですよ。

〔注〕

21　アポリポタンパクE4のこと。アルツハイマー病のリスクを示すという学説がある。

22　Aβ42：アミロイドβ42と呼ばれる、42個のペプチドから構成され、アルツハイマー病患者の脳に蓄積することが知られている。また、プレセニリンγセクレターゼは、Aβの前駆体である、1回膜貫通型蛋白アミロイド前駆体から、Aβを切り出す酵素の1つである。この活性が高いと、Aβ42の産生が増加するとされ、アルツハイマー病の発症との関連があるとされている。

それが末梢血中では難しくてですね，それを医薬基盤研究所と共同で，やっと測れるようになったんですよ，ELISA[23]とかではなくって。脳プロジェクトというものがありまして，その目玉の1つにもなっているんですが，今患者さん，症候的にアルツハイマーの疑いが強い方と，そのご家族さんなんかに採血をお願いしているところなんですよ。いや，本当に採血は頼みやすいですね。CSFはちょっと，ですので，それは大きな進歩ですね。1年くらい前に同定できるようになったんですけれども。（E医師）

このように，自身の研究関心を背景に置きつつ，日々の診療にあたっている。そのどちらもが，組織にとって重要な「成果」であり，またこういった姿勢は，老年内科の楽木教授が述べていた，「実学」の一端であると考えられる。
　またD医師は，別の観点から，次のように話を展開している。

　　僕の頭の中では，アルツハイマーって老化だと思ってるんですよ。となると，誰でも90, 95になると，認知症になっていく訳じゃないですか。で，不幸にも70で落ちる人がいたら，今の薬で70が72歳になるだけだとしても，それはいいことじゃないか，って。それは立派な治療じゃないか，って。そんな風に考えて早めに（薬を）投与する。そんな風なことを自然に思います。　　　　　　　　　　　　　　　　　　　　　　　　　　　（D医師）

過程は違えど，早期に処方するという状況は，筆者の調査範囲では同じであることを伝えたところ，

　　問題はいつ止めるかが問題だと，僕は思います。止めるのはやっぱり難しい。効いてるか，僕も分かっていないし，家族も分かっていないもん。でも僕のほうから止めるっていうのは，向こうに治療を放棄するような印象を与えないかが心配で，中々言いだせない。中には家族の中から「止めて下さい」と言われて，止める例が，1割位あります。家庭の中で。「も

〔注〕
23　ELISA: Enzyme Linked Immuno-Sorbent Assay。抗原あるいは抗体の検出法の1つ。

う先生，効いてないんでしょ？」って，言われたら……止めることで症状の一時的な悪化があるかもしれないけど，まあ止めても，家族も良くならないことは分かってはるんですよね。で，僕も最初に，これは歳をとると腰が曲がるように，徐々に下がって行くもんだから，良くなることを期待しないでくれとは言ってるし，向こうもそれを理解しているから，下がって行ったものを維持していても仕方ないやないか，って思うてはるみたい。

(D医師)

この「最後」に近い状況については，F医師も次のように述べている。

　理屈上では止めれば「ガタっ」と下がりますよね。コリンエステラーゼ阻害薬が作用しなくなって，コリンエステラーゼが元に戻れば，アセチルコリンはどっと下がりますからね。で，まあ落ちるだろうってことになって，患者さんにとっては余り良いことではないけど，施設側は落ちても，想定，あるいはそれも込みで見ますよってことになったら，どうかな，患者さんが……尊厳っていうか，患者さんが認知機能悪いからどうせ分かってないでしょ，って言われたらそれまでかもしれませんけど，倫理上，一応日常生活強度（日常生活の自立度）が改善してるところで止めていいのって，ひっかかるんでしょうけどもね。でもまあ，全くの寝たきりで変わらないっていうのであれば，そういう判断もあるのかもしれないですけれどもね。

(F医師)

大阪大学医学部精神科は，今回の調査対象の中で，組織としての歴史が最も古い。加えて，認知症の研究・診療についても，50年近い歴史を有している。そのためか，認知症に対しての意識が，「一足早い」印象を受ける。例えば，D医師の言葉の中にある，1990年代から「認知症」という呼び方だったことであったり，詳細は本書には直接関係がないため書かないが，研究グループ毎に歴史があり，そこから個々の医師が「疾患背景」にアプローチをしていることが言葉に表れている。つまり，臨床と研究が「染み込みあう」状況であり，それは単に個々の医師の時間的な経験のみに由来する話ではないことが，強く描

出されている。

4-2 愛媛大学医学部の創立理念

愛媛大学大学院医学系研究科・医学部のホームページ[24]を閲覧すると，研究科長の挨拶の中に次のような一文がある。

> 創設以来の基本理念は，「患者から学び，患者に還元する教育・研究・医療」に表されています。この理念には，医療人は単に病気だけに目を向けるのではなく，生涯にわたって病気になった人の身になって，全人的視点から最善を尽くす姿勢を大切にしなければならないという考えを含んでいます。
>
> このような基本理念のもと，教育の面では，医学・看護学の知識・技術を身に付けるだけでなく，感性豊かな人間性，幅広い教養，生命倫理や生命の尊厳に対する深い認識を備え，患者の背景にある社会的な問題にも目を向け，先端的な医療・看護・福祉に貢献できる医療人の育成に努めています。
>
> 平成17年度には教育の一層の充実を図るため，総合医学教育センターを設置し，また，社会のニーズに対応するため，地元愛媛の医療を担う医師となる高い志を持つ学生に対し，地域特別枠自己推薦入試を実施しています。教員に対するFD活動（教員の授業内容等を改善するための組織的活動）により教育の質的向上を図り，学生には自己研鑽，自己学習の大切さを自覚してもらうことを目的として，学生主体の少人数による問題解決型教育を実践しています。

つまり，骨子となる臨床，教育，研究面についての考え方については大阪大学に近しいのであるが，「地域特別枠」での学生募集をしている状況は，愛媛県における医師の確保を企図しているものと考えられ，その背景には何らかの

〔注〕

[24] 参照：http://www.m.ehime-u.ac.jp/graduate.php

医師不足（絶対的なものか相対的なものかは不明）が存在するものと推察される。

なお老年内科は，正式な教室名称を老年・神経・総合診療内科学，精神科は精神神経科学であるが，それぞれ老年内科，精神科と表記する。

4-2-1　地域への対応を期待される老年内科

4-2-1-1　沿革と三木哲郎前教授

愛媛大学老年内科は，1997年に開講し，1998年から診療を開始したという。当時の愛媛新聞紙上にも，地域の期待を担った老年内科が誕生したという論調で掲載されている。また当初から，老年内科の他に総合診療，神経内科といった，当時の愛媛大学医学部になかった診療・研究を立ち上げることを期待されたとのことで，地方紙にも掲載されている[25]。

初代の三木哲郎前教授（以下，三木教授）が，2014年3月末で退官したところであり，退官後，時間も多くは経っていないため，これまでの経緯と現状について，話をうかがうことができた。

冒頭で，愛媛大学に老年内科が発足した時の様子と，周囲からの要請については次のように語っている。

> 当時から愛媛は高齢者人口の増加があったし，その後の伸びも懸念されていたから，それに初めに対応する診療科としての老年内科ということと，老年というのは臓器別のいわゆる「縦割り」診療ではないから総合診療の部分と，それと当時は神経内科がなかったから，その機能も持つように言われたね。と言っても，僕は神経内科医ではないから，九州大学の神経内科に頼んで，指導できるクラスの先生，具体的には講師クラスの先生をこちらに派遣してもらっていたんだよ。でも最初は本当に手さぐりだったね。

そして認知症診療の開始については次のように述べている。

〔注〕

25　愛媛大学老年・神経・総合診療内科開講15周年記念誌より

勿論，高齢者診療をする訳だから，認知症は避けられないよね。でも，当時は医員の数も少なかった[26]から，外来の総合診療だとか，病棟を運営することを考えたら，診療に時間のかかる認知症のことは若い人にはさせる訳にいかなかったから，自分一人で始めた。

　そのような手探りの中で，手がかりを掴むプロセスについてはつぎのように述べている。

　　診療を始めたはいいが，認知症の患者さんがどの位いるのかも皆目見当がつかない。全国統計は参考にはなるけど，地域地域の実態は把握する必要があるでしょう。というのも，認知症の発症あるいは進行と，患者さんの周囲の環境との関係は無視できない訳だからね。
　　そこで，中山（現在の伊予市中山町）とか関前（現在の今治市関前村），あとは野村（現在の西予市野村町）なんかで調査をすることにした。特に中山なんかは，田辺先生（愛媛大学医学部精神科前教授，故人）にもお願いして，一緒にやらせてもらったよ。でも，そうやって県内の地域地域を見ているうちに，認知症の患者さんはこのくらい，だとか，地域性があるとはいえ，家族の誰かが認知症になった時の家族内での捉え方だとか，というものがそれとなく見えてきた。

　そして，認知症診療における，患者家族のもたらす影響などについて，一言，次のように結んだ。

　　まあ，認知症診療というのは，誤解のないように解釈してほしいけれども，「家族の言いなり」やな。

　その真意については，全部を言語化するのが難しいとしながらも次のように

〔注〕
26　愛媛大学老年・神経・総合診療内科開講15周年記念誌によると，三木前教授を含め5名の医員数であった

述べている。

> そもそも病院に「お祖父さんあるいはお祖母さんがおかしい」と言って連れて来るのは家族だし，その後の介護で走り回るのも家族だからね。その希望は余程非常識なもの以外は尊重されるべきだと思うしね。その点で，愛媛は，早く施設に入れたいとか，自分の要求ばかり言う家族は少ない印象なので良かったけど，逆に自分たちで介護するということの負担があるから，そちらをどういう形で続けてもらうかというところを考えるのはケースバイケースで非常に難しかったと思うし，多分これからも難しい。

そういった認知症を含めた診療を続けるために，若い医師に，どういう研修を受けさせるように考えたかを次のように述べている。

> そりゃまあ，個人の希望を優先しながらも，老年内科に多い生活習慣病やら，心血管系の合併症やら，さらには認知症もあるし，人によっては神経内科とかで研修してもらった人もいるよ。

今回の調査の中で，認知症の診療開始からの年数が，個人では最も長いのが，三木教授である。一方で，自身が初代教授ということもあり，言葉短かではあるが，手さぐりで診療を開始した様子，複数の診療科が診療にあたる認知症という疾患と地域性を踏まえて，フィールドワークを共同で行ったことなどを述べられている。また，診療科を自律的な1つの専門職組織と考えた時には，他組織と協働を行っていたことも述べられている。別の角度からは，認知症診療を中心とした老年内科としての診療を当初から期待されていた経緯も認められる。

そして，愛媛における認知症診療を通じて，家族が「自分達でみる」という姿勢が強いことを述べており，この点は大阪とは異なると考えられる[27]。

また，「自ら」認知症臨床を切り拓いて実践してきたという経緯が，三木教

〔注〕――――――
27 三木教授は，愛媛大学に赴任する前は，大阪で診療を行っていた。

授にとっては，比較的最近のことでもある．さらに，退官まで認知症の外来診療を続けてきた．この点を踏まえ，次節以降には，三木教授のインタビュー内容も記載することとする．

4-2-1-2 人を紡ぐ外来担当医

インタビュー対象の，小原准教授は，元々は循環器内科に所属，ａ医師は卒業後，老年内科に入り，一般的な内科の他に神経内科の研修を受けてきたという．また外来の体制としては，２年前より認知症疾患医療センターとしての公式な院内体制ができるまでは，紹介患者だけでなく任意の患者も受け付けていたとのことである．センターの体制については，周辺症状のある患者への対応をふまえながら，ａ医師が紹介してくれた．

> 周辺症状[28]を伴っている方は，内科で手に負えるものはこちらでカバーしますが，ちょっとこれは周辺症状がメインだな，ということになると，精神科の先生にご相談したりということになりますね．幸い，物忘れ外来は認知症疾患センターの業務と重なるところがありまして，昨年から愛媛大学でも認知症疾患医療センターの制度が始まっていますので，精神科と脳外科と，私共のところと，もう１つの神経内科のセクションで業務を分担しています．そこは正確にはセクションというよりは，「枠」を分担して使っているということになりますね．各先生の外来枠に，認知症疾患センター宛の患者を割り振って頂いている形になりますから，実際は形として集まっているというよりは，時々会議とかで集まっているというのはありますけど．他に，院内講習会とか，あと事例検討会とかがあったりですね．あと運営会議もありますし．それは精神科の先生がメインで会議を進めて下さったりで．今度は高島屋で啓蒙活動の講演会が９月にあるんです．
> 実際の診療の中では，水頭症の方は脳外科とか，慢性硬膜下血腫とかそういう外科的手技の必要な方もノウハウがありますし，こちらとしては老

〔注〕────────
28 記憶障害，認知機能障害（失行，失認，失語，実行障害）などを「中核症状」と定義した場合の，妄想や幻覚を含む，多様な症候を指す．

年期の認知症や神経疾患の関連とかとの鑑別ですね．特に神経内科疾患との鑑別が大事ですし，精神科の方はBPSDの絡んだものがダイレクトに紹介が行きますから，どうしても敷居が高いという時に「老年科お願いします」というか，患者さんやご家族の心理的な抵抗もあるようです．受診するのに精神科という響きが，割としっかりした患者さんだとやはり．紹介状の内容を読むと，たまに「最初から精神科のほうがいいんじゃないの」っていうのもありますけど，まずお話を聞いて，内科でカバーできるかどうかっていうのを考えます．BPSDが前面に出ている人は，そうして頂けると有難いですが，たまに回ってきますね．まあBPSDかと思ったらせん妄でしたっていうことも多いですけど．例えば，他院に肺炎で入院して認知症が悪くなったんでって紹介が来て，診てみたら昼間は普通なんですよ．せん妄ですね，ということで，そういうのはリスパダールを使ったりとか，抑肝散[29]を使ったりとかで十分対応が可能です． （a医師）

愛媛大学における，精神科に対する，初診患者の心理的なハードルに触れられている．また，大学の認知症診療体制のなかでの，自身の立ち位置を意識しながら語られている．ここからは，認知症疾患医療センターというものが，紹介患者を集約して，各診療科に割り振る機能であることが理解可能である．つまり，組織構造を変化させたのではなく，機能面での追加を行った，と解釈可能である．

また，そういった，せん妄などについての知識を意識するようのなった誘因があるのかを聞いてみたところ，次のように述べている．

　　　　私たちの医局では，三木教授のところに認知症の患者がかなりおられましたので，外来などを診たりする中でかなり経験をさせて頂いたので，こういう時にはこういった処方をするとか，外来の先生の知識から使っていけています．初期研修医のうちからしっかりと経験することが大事だなと思います． （a医師）

〔注〕
29　リスパダール，抑肝散とも，精神症状などに用いられる薬剤である．

第4章　地域・診療科の違いによる認知症診療のプロセス　　149

　人材育成機関としての役割も，大学は担っている。大学卒業後，早い時期からOJT（On the Job Training）を行ってきた成果ともとれる。組織として，早期に主たる業務に関わる機会を作ることは，業種を問わず有効な側面があるだろう。このように，経験を積みながら知見と患者を「紡ぐ」ような動きが，筆者のような外部者の目にも明らかな点は，非常に印象的である。

　次に，初めに，初診患者に対して行う，ルーチン化している検査については，次のように述べている（特に診療科全体での，ルーチン検査はないとのことである）。また，初診の際に注意を払う点や初診時の状況も併せて述べている。

　僕は，認知機能検査で，ずっと続けているのは長谷川式だけかな。状況によって他を追加することもあるけど，基本は長谷川。あとはMRIは，まあ撮るけど，他はケースバイケースやな。　　　　　　　　（三木教授）

　認知症疾患センターの臨床心理士の方に問診のほうを最初して頂いて，データがなければCTを撮ってもらったり，採血をしてもらったり，最初ちょっとは診察します，10分か15分程。で，そういう検査を間に挟み他の患者さんを診ておいて，最後の最後にまとめて話をするようにします。そういう風にすると，大体のところは分かってくれる。
　あと僕は，検査も全部自分でするんですよ。HDS-Rとかも全部自分でします。場合によったらMCIとか程度が軽いかな，という場合はMCI用のスクリーナーでやりますので，少し時間はマシですね。
　でも最初から（認知機能の）検査をしましょうか，っていうのは中々難しいですよね。ご本人が中々「はい」とは言ってくれない。僕の経験では，嫌々だけどやってやろうかな，という感じがほとんどのように思えます。だから勿論，無理矢理ね，心理士の人がやるとか可能だとは思うけど良くないと思う。
　最初お話を聞いて，検査の結果を説明して，気がほぐれて来て，じゃあ今日，そういう（認知機能）検査をしてみますか？と聞いたら，「いやあ，今日は」とそれでも断られるケースがあります。だって，本人にとっては来たくて来ている人っていないんです。自分が心配で来ている人はいます

よ。それは別として，無理矢理連れて来られている，何でこんなところに来たのか分からないっていう人が大部分なので，そういう状況で検査をやってくれたとしても，それは何ていうのか，協力的なものではないと思う。そこまでで30分位はかかるんじゃないかなと思います。「検査やってもいいですか？」と聞けるまでで。

で，今は病名がレセプトで出ますよね。だから「認知症」っていう病名が付くという話をします。「こういう検査をすれば認知症という病名を付けざるをえないのですが，それ，構いませんか？」という話もします。そうして少しずつ仲良くなって，それで検査をします。　　　（小原准教授）

紹介制にしてからは大体ご家族と来られますし，お薬手帳に投薬中の薬も書いてありますし，紹介状も持って来て頂きますので，その辺はスムーズですね。最初から初期情報が全部揃うという感じで。以前は，最近急に調子悪くなって困ってます，っているのが飛び込みでありましたね。初期研修医の先生や，後期研修医・レジデントの先生が問診の係をやってくれていて，長谷川式なんかをやって，外来に回ってくるというのがありましたね。

ただ現在の予約制の場合は，問診から全部自分でしています。なので，その方の印象が，（問診や検査を）やっている時の印象が大事ですね。最初の段階で，最低限と思っていますのは，長谷川式とMMSE，注意障害があったりとかの場合はFAB[30]を追加しています。画像検査は，ほぼ脳のMRIはやっていますし，撮れない場合とか急ぎでその日のうちに見ておきたい場合はCTになります。それで余裕があれば，シンチの方も行います。非典型な方の場合に，シンチを撮りたいのですが，MRIとシンチの予約が微妙にかみ合わないこともありまして……曜日が限られているのと，外来との予約日が噛み合わなかったり，MRIが1か月近く待ちになってしまいますので。　　　　　　　　　　　　　　　　　　　　　　（a医師）

〔注〕
30　Frontal Assessment Battery at bedside（前頭葉機能検査）のこと。言語などにかかわる機能検査の1つである。

初診時に行う，診察や検査の内容については，今回の調査対象者のほぼ全員に，ほぼ同じ聞き方で筆者は行った。しかし，愛媛大学老年内科だけは，これだけ「ばらつき」が認められた。三木教授は「同じ認知機能検査で長く経過を診る」点に注力している様子であるし，小原准教授は検査内容も去ることながら，初診時の「対応」に注意を払っている様子である。またa医師は，認知機能検査について「自分で行った時の印象」を大切にしている点を述べるなど，各人が注視しているポイントがそれぞれ異なっている。背景に，元々の診療上の専門性の違いがあるように思われる。

また，初診時の家族の付き添いと，その際の対応については，以下のように述べている。

> 僕の場合，患者が多過ぎたこともあって，基本的に患者さんと家族は同時対応のことが多かったね。大抵，誰かが連れてきていて，1人ってことはなかったな。BPSDの時は家族に先に話を聞く。それ以外は一緒だから，特に家族は何がということは言わない。まあ，昔は全員告知してたな。でも田辺先生（愛媛大学医学部精神科前教授）に「それは三木先生だから出来るんです」と言われて，長谷川式20点以上の人には慎重になった。家族には，ちゃんと別に説明するようにしている。　　　　（三木教授）

> 認知機能検査については，ご家族さんに，「折角来たんだから，やってもらったら」と，助け舟を出してもらう場合もあるし，まあ2人だけでやりましょうか，という場合もあります。その位，気を遣います。でも，家族さんとご本人が喧嘩をされる場合もあって，難しいんですけど，ここに来るまで色々紆余曲折がある訳なんで，ただまあ，スタンスは患者さんの味方です。必ず。

> 家族に，絶対に言ってはいけないことは伝えます。説明の時にね。患者さん少し出ていってもらって，これだけでは絶対言ってはいけないことを説明します。例えば，まず怒ってはいけない。「何回も同じことを言って」，とか，そういうのもいけない。周りも，何回も同じ話を聞いて怒っている人が，来る訳ですからね。なんぼ怒っても病気が良くならないということ

が，分からないんですよ。特に配偶者が，凄く冷たいというか，怒るんですよね。そこをまず，何とかしないと。本当に初期の人ほど，その状況は深刻になるから，これから先，そういう状況に付き合っていかないといけないことを理解してもらう。

　自分で心配だから来たという人よりは，そういう場面があるということですね。我慢して言わないだけで。間違いなく，皆，嫌でしょう。「ボケてるかもしれないから調べてもらおう」なんて。しかも自覚（症状）がなかったら。だから下手したら，2回目来てくれない。実際そういうケースもあります。

　ただまあ，家族の話も分かるんですよ。同じことを何回も言われたらイライラするし。でも，そこを分かってもらわないと，これから先絶対に上手くいかない。それも啓蒙が必要なところですね。常々思います。そういう風に家族も怒ってしまって，認知症の患者さんに辛く当たるようになると，生活が上手くいかなくなるし，認知症の患者さんが何て言うんだろう，心閉ざすというか，引きこもっちゃうんですよね。そうするとどこにも行かなくなるし，デイ（サービス）にも行かなくなるし。しかもまあ，家族もフラストレーション溜まりますでしょう？　だから，こうこうこういう理由で言ってはダメなんだ，という理屈が分かれば，「理屈では分かってるんですけどね」とか言いますけど，ちょっとは違うと思います。「お母さんは，わざと（繰り返し同じ事を）聞いている訳ではないんですよ」，というのを言います。そういう病気なんですけどね，というところの理解は，中々難しいですね。
　　　　　　　　　　　　　　　　　　　　　　　　　　　　（小原准教授）

　お子さんが連れてくることが多いですね。FAX紹介の時のパターンだったり，院内紹介の時は，相方が付いてきていることが多いですけど。40代から60代位という感じで，割と広いですよね。年代的に，やり取りは全然問題ないと思います。ただ「普段一緒に住んでないから分かりません」と言われてしまうと，「うーん，来た意味がない」と思ってしまいますけれど。
　　　　　　　　　　　　　　　　　　　　　　　　　　　　　　（a医師）

三木教授は病名告知を振り返り，田辺前教授から指摘されて，自分が改めたことを回想している。また，認知機能検査の途中で怒り出す患者の多くが，アルツハイマー病であることも指摘している。小原准教授は，家族のバリエーションに触れ，家族のイライラをいかに軽減するか，という点を，病態を理論的に理解してもらうことに求めている。また「言ってはならないこと」を述べている点は，大阪大学のA医師に近い印象である。更に，a医師は付き添いの家族が案外，「子供」が多いことを述べ，同居していないことが，そういった外来経験の積み重ねから，多いと認識するに至っている。

ここで推察できることは，小原准教授の述べている「家族」は同居，ないしは日常的に介護を行っている家族であり，a医師の述べている「家族」は日常的には同居しておらず，恐らく介護などを行っていない家族であろう，ということである。外来の患者の年齢層が異なる可能性も考えられる。

また初診から診断をつけた患者の疾患比率については，それぞれ次のように述べている。

> 僕の外来の全患者を数えてくれた人がいて，アルツハイマーが7割，血管性が少ない。でも血管性は定義が分かりにくい。発症してから3ヵ月以内とか。血管性の定義が分からん。片麻痺が出て3ヵ月経って認知機能が落ちれば分かりやすいけど，大抵の人は歩いて来るからね。分からへん。池田先生（現，熊本大学教授）が，確か中山町で調べたデータを論文にした時，血管性認知症が多すぎると国際的にクレームをつけられた。でも，障害後3ヵ月以内に認知機能低下って，その障害は有症状ないしは有所見レベルなのか，ラクナ梗塞[31]も含めて取るのかって分からんし，そもそも無症状のラクナ梗塞の場合，何ヵ月前のものかも，分からんしね。
>
> （三木教授）

> ほとんどADですね。たまにLewy。で，脳血管障害は絡んではいて，AD with CVDみたいなのはあるんでしょうけど，純粋なのは，ほとん

〔注〕
31 微小脳梗塞のこと。無症候で経過する場合も多々認められる。

ど紹介はないですね。あと，前頭側頭型（認知症）はほとんどないですね。そっちは，精神科のほうに行かれるのかもしれないですね。ADを持たれている方は，もう8割くらいではないでしょうか。以前との変化は，まあ，以前も紹介状を持って来られる方がほとんどではあったので，前に1回集計をとったことがありましたけど，うちの認知症の初診患者さん，ほとんどADですね。ちょっと一般の頻度とは全然違いますね。ADが圧倒的ですね。Lewyとか，1割もいないと思いますね。　　　　（小原准教授）

　アルツハイマーの方は，多いですね。半分から4分の3というところではないでしょうか。　　　　　　　　　　　　　　　　　　　　　（a医師）

　アルツハイマー病が圧倒的に多いという点が共通の見解である。加えて，血管性認知症の要素の評価に苦慮している様子である。高齢者でも，年齢層が高いほうに偏っていれば，加齢リスクによる動脈硬化進行が起きる。そういった要素を背景においた，無症状の脳梗塞（ラクナ梗塞）をどのように評価するかという点が焦点となっている。実際，ガイドラインも，三木教授が述べているように「曖昧」である。
　また老年内科では，割合が多いと思われる，MCIを含めた軽症認知症の患者への対応については，以下のように述べている。

　僕はMCIの人も全部追っかけている。MCIの人だと，特に男性で，認知機能検査の途中で怒り出す人がいる。来る時に夫婦で来るとか，わざと夫婦で受けてもらう例もある。　　　　　　　　　　　　　　　（三木教授）

　MCIから少し足が出た位の方への早期介入は，エビデンスはないですよね。だから，生活習慣とか認知トレーニングとかを紹介します。そのうえで薬を紹介します。一応副作用もありますし，認知症に「ならない」という成績はないので，絶対的なものではないです，と。ただ2年位抑えたという成績もあるので，試してもいいかもしれませんね，という程度で，そんなに強くは勧めませんね。海外有名ジャーナルに出ていましたけど，一

応エビデンスを伝える，と。で，そのうえで治験への参加を促す，とその論文には書かれていたんですけど，治験の代わりに，薬は試してもいいと思います。あくまで，そこは患者さん・家族さんに決めてもらいます。ただ，他に何も手立てがない，ということではないので，そこも含めて決めてもらいます。 （小原准教授）

MCIレベルの方ですと半年後に来て下さい，というのがありますけど，どれかのカテゴリーに入ってしまいますので，そうですね，長くて半年位ですかね。投薬なしに6ヵ月毎に診させて頂いているMCIの方はいます。投薬したほうがいいかな，って思っていたんですけど，ご家族の方が変わりないからいいですって。まあ，実際スコア変わらないんですよね。「どうなって行くんだろう」って，僕も興味があってですね，3年位全然変わらないんですけどね。ただ，忘れているところがあるんですよ，ほんの少しなんですけど忘れていて。24，5点位（MMSE）からずっと変わらないなあ，と。ただ，何年か経って落ちて来るのかなと思って注意深く診ていきたいと思っているんですけどね。そんなに手間でもないですし。もしかしたら「これ，病気じゃないのかな」って。でも，何パターンかありましたね。変わりないな，この人，っていうのは。ただ3年くらいして落ちてくるような人もいるようですし，ちょっとその辺が何とも……アルツハイマーの人でも最初ちょっと落ちて，その後何年も変わらないような人もいますので，これは何かな，と。まあ（後者は）薬で介入しているからそう見えているだけかもしれません。 （a医師）

ここでは三者三様の回答となった。三木教授は診療科開設から，地域のデータを確立することも含め企図したうえで，基本的に全患者を継続診療してきたという。a医師は診断カテゴリーに入らない患者のみを継続診療し，診断がついた患者は紹介元へ逆紹介しているようである。小原准教授はMCIレベルの患者への薬剤介入のエビデンスの未確立を前提として，生活面での改善を促すトレーニングの重要性を説いていながらも，海外では「治験」を勧めるところで，それに代わるものとして「投薬」の可能性を述べている。そして薬剤使用も含

めて，それらの選択を家族に委ねているという。さらに，a医師は，MCIの患者が，そこから半年位の間に，認知症カテゴリーのいずれかの診断となることが多い点を述べている。加えて，小原准教授は，次のように述べている。

> MCIとかは，内科系の医師というか，かかりつけ医，実地医家の先生方が診ないとダメなんです。それは特別な疾患ではないので，例えば高血圧とか糖尿病とか骨粗鬆症とか，いわゆる加齢に伴って起こってくるCommon Diseaseでしょう。Common Diseaseであるということを認識して頂いて，地域で診るという風にならないと，その家族の方もですね，パニックになってしまって，うろたえてしまって，そういう不安がかかりつけ医の先生のほうに行ってしまうので，「こりゃ，一度専門の先生にしっかり検査してもらわなあかん」，となるわけですよ。
>
> 例えば，80歳代後半，あるいは90歳代の人を，送ってこられるわけですよ，「認知症ではありませんか？」で。認知症であるかないかの段階ですね，「家族が診察を希望しています」とかね。気持ちは分かりますよ。でもそこは診ないといけない，実地医家の先生が。だから，それをしないと，認知症診療が成り立たないと思います。だから，「慣れてない」ということですよね。経験がないという，ね。（認知症が）特殊な疾患というイメージがあるんじゃないですか。　　　　　　　　　　　（小原准教授）

この状況は，医療組織としてのバラバラの状態を表すものではない。時間の流れに従えば，当初，三木教授が認知症診療，小原准教授が高齢者の生活習慣病などの診療を行い，神経内科の要素は九州大学より人的資源を補完するという体制であった。その後，三木教授が退官，その分の患者を小原准教授やa医師が診療することとなるが，彼らにも従前から診ている患者がいるため，全数を外来で抱え込める状況ではないことを示している。その裏付けとして，a医師が，自身が認知症診療を開始した頃から，大学での診療継続を希望する患者への対応を含めて，次のように述べている。

> 一般診療枠の中でそれまで認知症診療をやっていたのですが，2012年か

第4章　地域・診療科の違いによる認知症診療のプロセス　　157

ら完全予約で物忘れ外来をしております．完全紹介制になってからは，原則的に診断がつけば，いったん紹介元にお返ししています．教授の外来とかの患者さんが多くて身動きが取れないというのもありますし，時々認知症以外の疾患で救急で運ばれてきたりということもありますし，地域の先生方に診て頂きながら，時々相談に乗らせて頂くようなやり方のほうが，より専門的な診療ができるのではないかと考えています．

　ご希望はやはりあるんですけど，他科を受診していて認知症もここで診ないといけないという人は診ないといけないんですけど，我々のところだけでかかっておられる方に関しては紹介元にまず帰って頂いて必要に応じて相談に乗りますよ，ということにしております．方針は相談できるけど，普段は診てもらってね，ということで．本当に患者さんがパンパンになっていたので，教授が退官される時に一度交通整理をしないといけないね，ということで．　　　　　　　　　　　　　　　　　　　（a医師）

　教授は診療科のトップであるが「プレイング・マネージャー」であることを大学病院組織からは望まれ，まず例外なく，どこの大学病院においても外来を行っている．だが診療科という組織にフォーカスした時に，内部の業務を疾患別に縦断化するか，それとも万遍なく横断化するかという点は，非常に難しいと思われる．本例は，少人数でスタートした診療科が，当初個々の専門に依って業務を縦割り化していた状態からの移行期の難しさを示すものと考えられる．事実，a医師は，複合的な研修を受けてから，現在の診療に従事しており，その点は今後別の業務形態に移行するものと考えられる．

　また，診断や治療上の意思決定において，報道などの影響がないのであろうか．その点については，次のように述べている．

　『週刊新潮』なんかが，僕の言った内容を断片的に書いて出したりしている．あれではウソになる．レーガン大統領が認知症になった時に，NHKから僕に電話がかかってきた．多くは多幸症的になるので，あまり薬を飲まない．レーガンさんは例外的やね．自分で日記つけて．それで誤解してる人も多い（という）印象はあるね．　　　　　　　（三木教授）

まず「薬で治らない」ということを理解してもらわないといけない。治す薬はないんですよ。進行を抑制する薬でも，3か月から6か月進行を抑制する効果しかないんですよ，て言うと，「ああ，そうなんですか」って。だからテレビが良くないんですよ。テレビの特集の翌週は患者さんが増えるとか，本当に困るんです。薬出せ，とかね。「シロスタゾールの薬を鼻から入れたらいいと聞いたのですが，先生，ないですか？」とか聞いてこられるんです。あれは良くないです。フライング（適応未承認）でしょう？シロスタゾール自体も認められていない。副作用もあるし，狭心症が悪くなったら誰が責任とるのかってことですよね。だからそういうところも踏まえて，認知症自体の認知が，一般の方々の認知がまだ不十分かなと思います。
　　　　　　　　　　　　　　　　　　　　　　　　　　　　　（小原准教授）

　NHKとかで特集がされた後に，紹介がばっと入ることがありますし，こうじゃないかと思うんですけど，というので来られたり，水頭症の時にありましたね，それは。正常圧水頭症の特集があった時に，けっこう紹介がありましたね。アルツハイマーの特集，正常圧水頭症の特集，Lewyの特集があった時にそれぞれ波があったような気がしますけど。（a医師）

　報道の影響については，いずれの医師も受けた実感を有している。一方で，報道自体が，保険診療で可能な医療から逸脱した内容であったり，その報道自体を誤解したりする場合の，医療組織としての対応の難しさや手間を小原准教授は述べている。また三木教授は，自身のコメントが歪曲された状態で伝えられた経験や，レーガン大統領の認知症が「非典型」なアルツハイマーであったことを例示して，メディア情報が断片的でセンセーショナルになることの危険性と，そのことが医療組織に影響を与える可能性について述べている。
　三木教授は更に，デイサービスを導入しても行く人，行かない人の差を，内服加療の効果を含め，推察している。

　　愛媛も同居家庭は少ないよ。娘さんでも敷地内で住んでるね。介護保険は皆に使うように言っている。家でじっとしていてもしょうがないからね。

特に男性はデイとか行きたがらない。まあ（認知機能テストの）点数にもよるけど。もしかしたら，薬を飲んで，ある意味元気になっているから余計に，「わしは要らん」となっているのかもしれんよね。もしかしたら，なかなか病院にも来れないだろうし，絶対違うという例以外はアルツハイマーの可能性のある患者さんには，家族の希望だったりとか，家族にも本人にとっても良かれと思って出すこともあるし，それが余計にそういう結果（アルツハイマー病患者数の増加）になるんかもしれないね。

(三木教授)

このことは認知症診療の難しさを，手短に体現していると考えられる。さらに三木教授は続ける。

愛媛やったら，山の上から軽4（軽自動車）で降りて来て，散髪して，帰りに軽4で来たの忘れて，歩いて帰ったら，途中で誰か近所の人が乗せてくれるとかね。それとか何処でトイレしてもいいやろ。だから，村とか町の中で，誰かが声をかけてたんや。そういう社会やったんやね。今は，町のほうだと，もう誰も呼びかけへんし，でも田舎はまだそういうのあるんやね。

ある意味，小児麻痺の人とか発達遅滞のある人とかと，同じように自分達で認知症の人を見ていたんやなあ。どこでトイレしても問題にならないし，食事をして元気にしてれば問題にならんかった。核家族が多い地域なら，そうはいかんわね。

アルツハイマーの多くは，ある意味酔っ払いと一緒なんや。多幸的になるでしょう。要するに，酔っ払ったら勝ちや。介抱するほうは大変や。それを家族が介抱する状態を考えたら，そりゃあ，家族の言いなりになるやろう。それが認知症かどうかを判断するのは，わしらやとしても。

(三木教授)

このように，三木教授は自身の在任中の愛媛での経験を元に，昔ながらの集落と，核家族化した町との違いを表現している。そして，アルツハイマー病患

者の家族の立場を,「酔っ払い」を例えに表現している。前者は,社会問題が観察者の立場によって変化するという意味を,後者は治療のステークホルダーと,介護のステークホルダーが,通常の疾患と異なり,乖離する印象であることを指していると考えられる。

さらに自身の,愛媛県の診療経験中で印象的だった,思いの強い家族の話を続けた。

> 家族も,長男と次男で解釈が違ったりとか。次男は母親の症状が悪いと思ってなくって後見人は要らないと主張していて,長男はとても財産分与できる状態でないと思っていて,兄弟喧嘩になって,僕が裁判所に「判断できる状態ではない」と書いたこともある。どっちかが怒ってきたんやろうな。こっちは認知機能検査の点数しかないからね。　　　（三木教授）

同じ家族内でも,患者の病状についての解釈が異なった極端な例であるが,裁判になる手前で家族内で喧嘩をするような状況は,ある程度起こっているものと考えられる。

また,小原准教授は,次のようなことを述べている。

> 例えばね,施設に入っていて,老健（老人保健施設）に入っていて,それでも大学病院に連れて来る人がいるんですよ。そういう特殊なケースもあります。こういう状態になると,最初が何なのか分からないわけですけど,でも連れて来る。こういうステージになれば,かかりつけの先生に診てもらわないと仕方ないので,という説明をすると家族が激昂したりとかね,「それは目を切るということですか？」と。
> そこは教育が悪いと思うんですよ,患者さんへの最初の教育が。まあ患者さんの家族への教育,と言ってもいいかもしれない。すごく特殊な病気と考えている,寝たきりになるプロセスの1つですよ,ということが中々分かって頂けない。だから色々なケースがあると思います。（小原准教授）

三木教授の事例と同様に,家族の思いが重過ぎた例であろう。そこまで態度

に出ていなくとも,「家族思い」な家族が,「そのまま」行動した結果が出ているものと捉えられる。さらに次のように続ける。

　　特殊なケースではあると思うんですけど,啓蒙が悪いんでしょうね。
　　　　　　　　　　　　　　　　　　　　　　　　　　　　（小原准教授）

　小原准教授が,特に日々実感する中に,初期診療医である,実地医家の機能が不足していることがある。特に,そこで行われる「はずの」患者・家族の啓蒙が足りていない状況があり,そのもっとも極端な事例として述べている。実際のところ,施設入所を余儀なくされる状態の患者は,日常生活強度(日常生活の自立度)などを含めて,考えるべき段階である。つまり,診断そのもの以上に,ケアの方針決定などが優先される状態である。
　そして,実地医家を含めて,次世代の認知症診療の担い手となる若い医師には,どのような研修を受けてもらうことが望ましいかを聞いたところ,次のように述べている。

　　身体科[32]的なアプローチと精神科的アプローチがありますよね。どちらがいいとか悪いということではなくって,両方分かっておいたほうがいいと思うんですよね。精神科的な症候的な経験というのは凄く大事だと思うんで,両方行ってもらうのがいいんじゃないかな,と。そのうえで,私個人としては,全身が診れる,高血圧も糖尿病も動脈硬化も診れる,高齢者の診療ができるような素地を,最初から認知症っていうのではなくって,老年内科とか神経内科とか,もう少し大きな勉強をしてもらって,それで精神科も学んでもらえたらいいですね。
　　　　　　　　　　　　　　　　　　　　　　　　　　　　（小原准教授）

　愛媛大学老年内科の聞き取りでは,今回調査した他の診療科にはない,大学

〔注〕────────────────────────────────
32　特定の身体の臓器の機能低下に起因する症状を有する疾患を診る診療科。つまり,精神科のように「こころ」という実体のないものに起因する症状を扱うわけではない。ただし,癌患者などの場合,身体科と共に,身体の機能低下に関連した心の症候が出現することも多く,身体科と精神科が連携する場面は,多いと考えられる。

病院を取り巻く，実地医家の状態が，強く反映されていた。実地医家がまず診て欲しい（小原准教授），内科の看板を挙げているのであればもう少し対応してもらいたい（a医師），という内容が出て来ていることが根拠である。その分だけ，初期診療の負荷が，大学病院に多くかかっている状態にあると推察される。

4-2-2 認知症診療と研究を並行し医師不足に対応する精神科

4-2-2-1 沿革と上野修一教授

愛媛大学精神科は1976年に附属病院の開院と同時に診療を開始している。入院・外来診療を行っており，現職の上野修一教授が３代目にあたる[33]。

調査時に，上野教授が愛媛県の精神科診療の状況について，次のように述べている。

> 開院は昭和50年，だから３年生が専門課程に上がってくる時に病院が始まっていたらいい，という考え方だったと聞いています。まあ僕も昭和60年卒だから，当時のことは知らないんだけど。卒業生が出て40年位で，その後平成16年の（臨床研修制度）改革の後からは，愛媛県内に残る医師数自体が少なくなっているんですよね。Ｕターン組は，全くいないわけではないです。ただそれまでだと，大学を介して帰ってくるということが主だったのが，それよりも，例えば精神科だったら，どこも民間が基本じゃないですか，だからそこに直接就職してしまう。

さらに，県内の病床を有する精神科病院の状況について，次のように述べている。

> 愛媛県内ですと，精神科病院協会に入っている病院が18あります。他に公的な病院で精神科の病床を持っている病院が，ここと四国中央病院というところだけなんですよ。２つだけなんです。それらを合計すると20病院

〔注〕────────────
33　参照：http://www.m.ehime-u.ac.jp/school/neuropsychiatry/?page_id=7

で，精神科病院協会に入っていない精神科病院が1つあるので，合計21，ベッドを持っている病院があるんですね。そのうち1施設を除いては，全部うちのOBがいます。ただ，とは言っても，県外から帰ってくる方は大学を介さずに，直接就職されてます。

そして認知症診療については次のように冒頭で述べている。

　　認知症診療は，まずファーストチョイスで精神科には来ないでしょう。症状が軽い時は総合病院を受診されますよね。総合病院に，私自身も外の病院のお手伝いに行っているんですけど，そこに神経内科や精神科があれば，認知症の初期診療や啓発ってやりやすいですけど，そうでなく「まあ認知症ならアリセプト出しといたら」みたいなところがあると，十分な活動ができないところはありますよね。

初期段階で近隣の開業医を受診してから大学に紹介される例があるのではないかと聞いてみたところ，次のように述べている。

　　時にそれもありますが，精神科だとBPSDが出て，という例が多いですので，どちらかというと地元の精神科病院に行く例が多いのではないでしょうかね。ですので，大学に来て，という例は少ないような気がします。先代の田辺先生の頃に，認知症をしっかり診て行こうとされていたので，その頃は2週間位入院して，しっかり診断して帰そう，ということをしていまして，それはそれで良かったのです。
　　しかし，そういうマスで抱えきれなくなってくると，大学にもあまり初診の方が来なくなったんですよ。それは，啓発活動が行き届いて，どの先生も多少なりとも認知症のことは知っているということになったのでしょう。そういうようないい形の部分はあったと思うんですけど，逆にいえば，認知症の患者さんを診ることが，自分の医療のチャンスを増やすっていうことで，多少の凸凹があったと思うんですよね。
　　啓蒙活動については，認知症グループが色々な所での勉強会を持ったり

とか，そういった継続的な形での活動はありますね。まあ国としたら，認知症疾患医療センター事業ってことでやってますけど，愛媛県の場合は，それも含めて，早くから啓発活動はやっていたと思います。愛媛県は少し早かったですし，先生も聞かれたと思いますけど，中山町（現在の伊予市中山町）なんかは，平成9年だから，スタートは早かったんじゃないですかね。疾患調査というのを始めて，15年目のまとめを，C先生が中心となってまとめていまして，その辺りは早くから体制が作れているんじゃないかなと思います。

一方で地域・コミュニティの特性については次のように述べている。

　　まあ，昔から住んでいる人が多いですからね。ただ難しいのは，高齢化率がだんだん高くなってきていますし，若者がいないんですよね。僕も愛媛県のある町の出身なんですが，若者は生活していけないし，町自体に魅力もないし，って言うと，どうしても若者が外に出て行ってしまうんですよね。で，人口が段々減ってきて，田舎に帰っても，周りの誰々さんのところの誰それはどこに行って，っていう感じですね。
　　こういう所は精神疾患だと「隠す」っていうところがあるんですけど，認知症はそれを超えていると思うんですね。BPSDがあろうとなかろうと，そこで絶対に抱えていかないとあかんということになるので，またその患者さんを大学まで来てもらって診断してもらって帰る，っていうのが，今はその町で抱える，っていう風になっているんではないですかね。

地域でBPSDがある認知症患者を抱えるとなると，相応に地域に対応できる医師の存在が望まれる。その観点に立てば，地域から大学への医師の派遣要請があるのではないかと推察し，その点を聞いてみたところ，次のように述べている。

　　少なくとも，公立のある程度の医療機関には，医師を非常勤では派遣してますね。大体そうですね。市があるところの市民病院とか，そういう所

には大体派遣出来ていると思います。本当はそういう病院には常勤で精神科医がいるべきなんですけどね……それはどこでも抱えている，難しい問題で。

愛媛県の精神科医師が足りないという現状が，ここで理解可能である。次に大学病院における診療状況について聞いたところ，次のように述べている。

　大学の外来の患者さんは，100％紹介ではないですね。昔，紹介率か何かで特定機能病院の評価がされていた時期がありましたよね，その時期でも4〜5割だったと思います。残りは通院の位置付けで。新患に限ってみると，紹介に関しては，7〜8割はあると思います。今は予約制になっていますので，7〜8割は他院からの紹介になりますね。また認知症の患者さんの比率は各先生の専門によって違うと思います。
　ただ愛媛ですと，専門領域の疾患だけ診ていればいい，という訳にはいきませんので，例えば精神科だったら，シルバークリニックっていう認知症の多い外来と，思春期専門の外来を立ち上げていますので，そういった外来を担当している人は，それぞれ認知症が半数くらい，思春期の患者さんが半数位というくらいだと思います。それ以外の患者さんも1診（初診）からの割り振りで当たることもありますし，以前の先生からの継続の患者さんもおられるので，本当にバラバラだと思います。
　例えば僕の外来だと，認知症の患者さんは1割から1割5分くらいじゃないですかね。それ以外は統合失調症と鬱病と神経症系統，それぞれ同じ位だと思います。僕のいう認知症には，神経変性疾患[34]も入っていますけどね。で，おそらく，それなら認知症を診ている数が少ないかというと，外の病院のお手伝いに行っていると，特に総合病院の精神科の外来だと，5割が認知症なんですよ。特にここ最近，啓発活動が進んでからは，紹介で来られる方はほとんど認知症ですね。それは精神科の病院と，総合病院の認知症外来とで多少の違いがあるとは思いますけど，総合病院の精神科

〔注〕
34　例えば，パーキンソン病などが該当する。

外来を受診される患者さんの5割以上は認知症だと思いますね。県内に結構ありますけど，多分半数以上，認知症の方を診ている割合が多いと思います。病床でいうと，100床から200床くらいの総合病院の外来を引き受けてる中で，半分位は認知症の方ですね。

大学病院においては，統合失調症や思春期の精神疾患など，他では観察・治療が困難な症例を診る必要があり，認知症の患者数の割合が少ない可能性があるが，市中病院では5割位が認知症であるとのことである。ここで概観的に理解可能であることは，認知症診療を地域で完結させることが，地域包括診療の目指すものであるとすれば，そのための医師の数が愛媛県では足りないため，大学病院組織がその一部を肩代わりしているという現状であるということである。

今回の調査対象の，2大学4診療科の教授のうち，自組織と該当都道府県内の医療状況との関係を，これだけ明言されたのは上野教授だけであった。医師数の話などにも言及しており，それだけ医療側の供給体制が逼迫した状況であることが推察される。

4-2-2-2 「どこでも」認知症診療を求められる外来担当医

愛媛大学医学部附属病院では，認知症診療については完全紹介制としたうえで，認知症疾患医療センターという体制をとり，そこで患者の病状に応じた振り分けを行っているという。今回，インタビュー調査に応じて頂けた，外来診療に従事する4名の医師の全員が，地域からの要請に応じて，大学から派遣され，地域の病院で認知症を含めた診療も行っているとのことである。

また，教室全体で取り組んでいる，伊予市中山町での調査もあり，彼らが医学部附属病院精神科の一員として行っている診療について聞くこととした。なお，派遣先の病院の話は，筆者が依頼したわけではなく，全ての医師から自発的に話されたものである。それだけ，医師達の意識が主たる勤務先である大学病院だけでなく，地域にまで及んでいることの証左と考えられる。

まず初めに，初診患者に対して行う，ルーチン化している検査については，次のように述べている。

改めて病歴の聴取，神経学的所見を取って，あとは認知機能ですね。原則的に検査するセットがありまして，MMSEとGDS，あとは時計描画，Verbal Fluency（言語の流暢性を診るテスト）と順唱・逆唱（知能検査の一種），をご本人にはします。あとは血液検査，大学ですと，大体の方に，MRIと脳血流シンチを撮って頂いていますね。外の病院だと，設備のこともあるので，血液検査とCTになります。　　　　　　　　　　（b医師）

 問診，短期記憶の検査，神経学的所見といったところでしょうか。あと画像検査としてMRIは，認知症が疑われればルーチンですね。（c医師）

 普通に問診を行いまして，そして簡単な認知機能の検査ですね，MMSEとか，うちは長谷川はやってないんで。私の場合は，他に血液検査とか，頭部の画像検査の予約とかを入れまして，2回目の時にADASであるとかレーヴン[35]であるとか，リバーミード[36]であるとか，他の認知機能検査を行います。そうやって検査を順々やっていくって形にしてます。
　　　　　　　　　　　　　　　　　　　　　　　　　　　　　（d医師）

 野村町[37]の病院で最近お願いしていますのは，心理士がいませんので，看護師さんにお願いして，1年前からHDS-RやMMSEをお願いしています。撮れる時にはMRIをお願いしています。CTもMRIもありますので，リエゾン[38]の場合は向こうの先生が気を遣って撮ってくださっていることがあります。あとは病歴であったり，血液検査であったり，神経診察であったりということをさせて頂いています。　　　　　　　（e医師）

 非常に検査の種類も多いため，大学病院，派遣先の病院を問わず，診察日当たりの認知症もしくは，その疑いのある初診患者の人数と，初診患者1人当た

〔注〕────────────
35 巻末資料7参照
36 巻末資料8参照
37 地域からの要請でe医師が派遣されている，西予市野村町のこと
38 リエゾン精神医学を意味する。リエゾンとはフランス語で「連携」「連絡」を意味し，様々な診療科と連携しながら行う，包括的な精神科医療サービスである。

りに要する診察時間について聞いたところ，次のように述べている。

> 大学病院ですと，月8回，9回の外来で，6,7人でしょうか。で，再診の方が，火曜日が20人，金曜日が5人程度でしょうか。外勤先では，初診の方はコンスタントにお2人くらいですね。外勤先は再診の方は，他の疾患も含めて30人くらいですね。初診の方にはだいたい，45分から1時間，かかりますね。　　　　　　　　　　　　　　　　　　　　　　（b医師）

> 初診の方は，2～3人くらいですね。再診の方は，最近は3～4人ですね。大学病院の曜日変え前までは10人くらいおられたのですが。（c医師）

> 大学の外来は，初診の方は，私の担当している木曜日には来られないですね。火曜日に認知症の看板を挙げていますので，私の外来の患者さんは，前の主治医が転勤になった後を引き継いでいるものが多いですね。
> 今行っている外勤先では，週に1回行っているんですけれど，初診は必ず2人はいます。で，再診の患者さんが大体30から40の間くらいですかね。初診の患者さんは，大体平均すると40分から1時間くらいかけます。
> 　　　　　　　　　　　　　　　　　　　　　　　　　　　　　　（d医師）

> 初診は，だいたい30分くらいで，長くても45分くらいで終わらせるようにしております。というのも次の患者さんの診察に差し支えるので，BPSDの強い方なんかですと，一部の検査を後回しにしたりして，それぞれの患者さんに応じて初回で必要なものだけに絞って行うようにしております。　　　　　　　　　　　　　　　　　　　　　　　　　　　（e医師）

ここで注意を引くことは，認知症患者の初診は時間がかかるということ，外勤先では更に人数も多くなることである。一般に，医療機関では診療時間は時間が，例えば半日9時から12時30分まで，といったように区切られており，その時間を目安として他の患者の診察も含めて行わなければならない。したがって，単に認知機能検査で手間がかかるというだけでなく，医療組織としてみた場合には，他の患者（顧客）への影響を考慮せざるをえない状態であるという

第4章 地域・診療科の違いによる認知症診療のプロセス

ことになる。

　また，要請により地域の外勤先で認知症疾患の診療を行っている状況は，大阪大学医学部精神科での聞き取りの範囲では見られず，この点は，上野教授が述べている「精神科医の足りない」環境を裏付ける要素として捉えられる。次に初診時の家族の付き添いなどについては，それぞれ次のように述べている。

　　（大学病院と外勤先を比較しながら）元々の，ご家族が知っていらっしゃる情報量はそんなに変わらないと思います。ですが，ムンテラ[39]の響き方と言いますか，話の伝わり方は違います。

　　大学病院だと，熱心に聞いて頂けますし，理解して頂いている感じがあります。外勤先ですと，多くの方が，とりあえずそういう病気と分かっていて，「薬を出してくれ」，というノリといいますか。物忘れに効く薬があるみたいだから，「とりあえず出してくれたらいいよ」，みたいな……。

　　大学病院に来られる方は，それなりの期待はお持ちであるような気がします。進行性の疾患でBPSDを伴っていても，それを何とかしてくれる，とかしっかり検査をしてくれる，とか。外勤先だと「とりあえず，薬ください」という感じがあって，その後のことについても，結局理解されない方もいらっしゃいますし，ある程度環境を整えて，ああこれがいいんだな，と実感して下さる方もいらっしゃいますし。　　　　　　　　（ｂ医師）

　　基本的に家族のどなたかが付き添って来られることがほとんどですね。大学はほぼ紹介の方だけですが，外勤先はほぼ飛び込みで来られます。外勤先[40]では，薬については「飲んだほうがいいんですかね？」って話になって，こういうお薬があってどうのこうのって説明をして，「処方は，かかりつけの先生に紹介状書きますから，もらって下さいね」って形にしてます。大体は服薬を希望されます。

　　初診で来られた患者さんの家族さんからは，田舎のほうの方だと「認知

〔注〕
39　医師による口頭説明のこと
40　ｃ医師の外勤先は病院，診療所ではなく，「認知症の相談」を受ける業務であるため，処方ができないため，近隣の医療機関を紹介する形を取っているとのこと

症ですか」とか「アルツハイマーですか」とか聞かれずに,「どうにかなりますか?」っていうような質問が多くて,「どうにかなりますか?」と言うよりも「どうなりますか?」っていう質問が多くて。比較的街中で情報をたくさんお持ちの場合は,ご家族の口から「アルツハイマーでしょうか,Lewyでしょうか,それとも水頭症でしょうか?」というところまで出てくることがありますね。 （c医師）

　初診の方は大体家族さんが付き添って来られていまして,ほとんど紹介で来られます。認知症の疑いとか,どの認知症かというところまではついてなくて,「認知症の疑い」とかで物忘れの精査お願いします,っていうような簡単な感じで,内科のクリニックから送られてくることが多いですね。 （d医師）

　外勤先だと,初診の方が毎回2,3人は来られてます。以前は違ったのですが,去年から完全予約制にして頂いていて,精神症状の強い場合はお受けするようにしております。脊髄小脳変性症だったり,パーキンソン（病）だったり,そういった疾患も,なかなかその地域は他に近い病院がありませんので,最初に来ることが結構あったりですね。基本的に心療内科を標榜しているので,その中で精神症状のある方を紹介して頂いているのですが,プラス認知症の方というのが大部分を占めますね。ですが,最近ようやく「調べて欲しい」という段階で来るようになったんですよ。元々高齢の方が多くて,物忘れの方も多い地域ですので,単に年取ったからだろうと思っておられたくらいだったのかもしれませんが,早い段階で来られるようになってきていますね。 （e医師）

　愛媛大学精神科では要請に応じて,多くの医師が地域でも認知症診療を行っていることに着目する。そのうえで愛媛において大学病院と地域の差をみると,受診時の認知症の進行度,家族の認識,服薬に対する考え方などに差が認められる。更に,b医師は,県内でも市街地と郊外との差があることについて言及していることに加え,次のように述べている。

第4章 地域・診療科の違いによる認知症診療のプロセス

　これは凄い地元の話なんですけど，愛媛県は東予，中予，南予と大きく分かれるんですよね。それぞれ地域性があると思うんですよね。東予は元々住友（金属鉱山）の方がおられるんですよね。で，関西，九州，色々な所からの方がおられるんですよね。それであの地域の特性なのか何なのか，少しせっかちというか，早く結果を求める，というような地域性があるような気がしますけど。だから，中予，南予の人は，おっとり，と言いますか，「〜なもし」[41]といった雰囲気の方が多いですね。ホンワリした感じの。東予の人は，違いますね。カチカチっとした特性があるんじゃないかなと思います。ある意味，向こうからアプローチされてきますね。

（b医師）

　このように，県内でも地域性があることを把握して述べている。つまり，広域にわたる患者の診療を行っていることだけでなく，患者が地域を移動して受診した場合でも対応できる状態を表している。
　次に，診療した認知症患者のうち，アルツハイマー病などの疾患比率が，どのくらいの割合かを，次のように述べている。

　初診から2回目または3回目までの間に8割，9割の方の診断がつきますね。その時，その時のブームがあると思うんですけど，大学病院ですと，アルツハイマーと脳血管とLewyが3割，3割，3割，くらいでしょうか。私の外来に来られる方は割とBPSDがこじれて来られる方がおられまして，調べてみるとLewyの方，結構多いです。最近はそんな感じになってますね。やっぱり初診の紹介がBPSDっていう方が，多いですね。外勤先だと半分はADの方ですね。脳血管性の方が3割くらいで，1割くらいがLewy，という感じですね。

（b医師）

　アルツハイマーの方が一番多いんですけれども，MCIあるいはMCI以前

〔注〕
41　愛媛県の方言である，伊予弁の表現の1つ。主として中予地域に多いとされる。「〜でございますね」という意味である。愛媛の人達の，おっとりとした気質を表現する際に，例えられることがある。

の方が増えて来ている印象があります。で，Lewyが増えてきています。これまで神経内科や脳外科なんかでおられた方で，Lewyの知名度が上がったからか何となく紹介されてくる方が増えて，うん，増えてますね。そうですね……アルツハイマーの方の半分，と言うと言いすぎでしょうか。2割，3割……4割は言いすぎかもしれませんけど。「アルツハイマーとしか言えない」という人を含めると，アルツハイマーが半分強だと思いますね。MCIも含めて，ですが。 (c医師)

大体5割から6割くらいはアルツハイマーじゃないかと思います。アルツハイマーと血管性認知症の合併例が2割から3割くらいいると思います。外勤先だと割と多いです。Lewyの方は，そうですね……2割，くらいはいると思います。 (d医師)

1年位前にチェックしたんですけど，アルツハイマーと脳血管性認知症で半分は超えてしまいますね，アルツハイマーの方が多いですけど，合併例も多いですね。脳血管障害は合併しているけれども認知機能には影響がない程度と考えられるので，そこまで影響はないだろうというような方もおられます。ラクナ梗塞のあるアルツハイマーという感じの方，それが7割か8割くらいおられて，あとはLewyの方が1割くらいおられて，中には全然違う疾患，稀な疾患でいえば脊髄小脳変性症とかですかね。あとはまあ，せん妄だったりとかで，紹介されて改善した，みたいなこともあります。 (e医師)

愛媛大学医学部精神科での特徴は，全ての医師が一様に，Lewy小体型認知症が多いことを述べていることである。加えてBPSDを伴う症例の割合も，大阪大学よりやや多い印象を有する。また，MCIは，アルツハイマー病に準じた対応をすることが多い可能性も，c医師の発言から示唆される。

それは地域よりも大学病院で更に顕著な傾向があるようである。更にそのなかで，d医師は次のように付け加えている。

どこでやるにしても「認知症専門外来」という風に出しておけば，

第4章　地域・診療科の違いによる認知症診療のプロセス　173

BPSDが出ることも多いですし，専門外来のほうに来られることは多いと思いますね。幻視であったりとか，幻視は一番特徴的な精神症状ですからね。神経内科や脳神経外科に比べると。「何かわけ分からんこと言ってる」というので精神科に来られる，というのがありますので。ですから他の診療科に比べると認知症の中でのLewyの方は多いかな，と。まあ私の予想ですけど。やっぱり，Lewyは精神症状が前面に出ますからね。

(d医師)

この内容からはLewy小体型認知症が多いという印象の背景に，一般の人には馴染みが薄い「幻視」という症状があり，それが出現した患者は周囲から「わけの分からない事を言ってる」として，精神科を紹介される可能性が高くなる可能性が示唆される。

また，精神科を受診する認知症患者の場合，症状が多彩であることも考えられるため，診断や家族対応に苦慮した場合の対応などについて聞いてみたところ，次のように述べている。

BPSDの方が多いですから，ある程度抗精神病薬を使わざるを得ないんですけど，どうしても副作用が出ることがありますから，「しんどそうだ」と，それを止められるご家族さんがおられるんですよね。それにもかかわらず，「興奮して困っている，何とかしてくれ」って，相矛盾した対応をとられる家族さんがいるのが困りますかね。

改めて説明して初回投与量より減らし気味に出したりだとか。でも，抵抗がある方は，精神科の薬に抵抗があるのか，飲まなくて，最終的にどうしたいんだろう？って困ることがありますね。精神科の薬は嫌で，でも興奮して困っている，何とかしてくれっていう方はおられますね。(b医師)

対応に苦慮した症例は多分にあるんです。「どうしてそんなことしたの？」，「こうしたほうがいいからやりました」っていうようなことを仰る方がおられますね。例えば，せん妄の方だったんですけどね，夜せん妄で徘徊していたおじいちゃんを，一緒に追っかけて徘徊していたおばあちゃ

んとかですね。夜中に，山の中なので，溝に落ちたらどうしよう，というより溝に落ちて誰にも気づかれなかったらどうしよう，というので付いて歩いていたみたいなんですね。周りの助けを呼べるような状況ではないのに。本当に周りが山間部の中にぽつんとあるようなお家で。ただ，そこは中山町という，うちの医局が疫学調査をしている地区の方で，そこは在宅支援センターを持っている老健が1軒どんとあって，そこが全住民の状態というのをほぼ把握しておりますので，介入は物凄くスムーズですね。ただ，もし，そういうのがなかったら事故でしょうね。絶対あると思います。追っかけている方が，こけて骨折するとかもあると思います。（c医師）

　私の診ていた一番若い人が，47歳発症のアルツハイマーの人ですね。その人は凄い，ラッシュで進んで行きましたね。発症してから，5年も生きてなかったですね。最後は自発性の低下が進んで誤嚥性肺炎で。その方，上司の方・同僚の方が「物忘れあるんじゃないか」って。単身赴任されていたんですけれどもね。家族の方に電話して，精査すると，アルツハイマー型認知症が考えられるということで。ご本人含めて物凄い悲壮感がありました。年齢が若いんで家族の方も中々受け入れられないですし，その現実を。で，その方一家の大黒柱でしたので，経済的損失っていうのもかなり大きいですから，家族の方はかなりショックを受けられてました。ただ現実には短期間の間で認知機能レベルがどんどん下がっていくし，本人さんの状態っていうのが凄く変わるんで，治療要望はありますけど，本人さんの状態に治療が追いつかない，状態になります。あとは年金を含めて，取れるものは全て取って，家族の経済的負担を軽減していくということをやっていきます。変性性の認知症は，若ければ若いほど（進行が）早いですね。　　　　　　　　　　　　　　　　　　　　　　　　　　（d医師）

　本人がイライラしていると，家族さんもそれに対してイライラしてしまう，と。それって家族だからある程度しょうがないところもあって，家族だからイライラするんでしょうね。だからアッサリ「こういう風に対応したらいいんだ」って言っても，そんな割り切れる人，いないですから。まあ結構，こんな感じなんですけど，共感しながらやらせてもらってて，家

族さんに気を遣うような話をさせてもらうことはありますね。

　おそらくBPSDが出るのは「家族さんだから」出るんだろう，という話をさせてもらうこともあります。つまり「一番身近にいるから，（BPSDが）出るんでしょう」，だから一緒に頑張って行きましょう，っていう話をしてみることもあります。という感じで，労（いたわ）ったりとかさせてもらっています。例えば，この病院で診察中は（症状が）出ないから，多分一番（患者さんに）近いから出るんでしょうね，って話をさせてもらっています。

　物盗られ妄想とかは，通常僕らとかには出ませんけど，入院とかされていると，たまに看護師さんに出ることがあるんですね。それは関わった証拠だと。関わり合いの強い人に出ますから。アルツハイマーの物盗られ妄想は，基本身近な人に出ますからね。身近な人しかいないからそう考えるのか，お金盗ったっていったら，余所の人が盗ったって考えるのが普通なんですけど，そう考えないのがアルツハイマーで，Lewyだと警察に電話するんで。

　僕が診たLewyの人は，警察に電話する上に，家に儀式のように窓際に包丁を並べてて，来た人が見えているからその時に（盗まれた），って言うんですけど，実は自分がどっか持ってっちゃったんですけど，「盗まれた」って言って，で役所に行ったんですね。役所に行ったら「包丁持ってる人が来ました」って電話かかってきて，「いえいえ，これはその人（泥棒）を撃退するために持っていたんだ」って。そこら辺が，同じ物盗られ妄想でも，アルツハイマーの人と違うのかなって思うんですけれども。アルツハイマーの人はやっぱり身近な人に出ますので，やっぱり「労い（ねぎらい）」っていうのはさせてもらっていますね。「よう頑張ってますよね」って話をして。

（e医師）

　これらの内容から見えることは，まず，「家族思い」が，医学的あるいは医療的に空回りするような家族が存在していることである。特に，b医師の述べている家族の例は，"Pivot"な立ち回りをしている状態と考えられる。「家族思い」であるがゆえに，医療者といえども中々それを止めにくい印象も受ける。そういった「家族」への対応や，高齢者の認知症に加え，「地域」という環境

の特性と医療・介護の適合性，さらには多く来院するBPSDを伴う患者の原疾患の鑑別など，非常に「幅広い」対応をしていることである。また，そういった中に，比較的少ない若年性認知症の患者が含まれるなど，対応の「幅」が多岐にわたっている。特に，「地域」の特性に応じた対応は，別の場面でも表出する。

　こういった対応を通じて，患者とは別に，家族との対応を続けている中での，地域の特性について，2人の医師が付け加えている。

　　　少ないんですけど，「聞きたいんやけどな」ってここまで（ジェスチャーで喉元まで）出ておられる方は何人かおられて……。ですが，大阪市大とかみたいなことはないと思います。というのは，以前学会でお話した大阪市大の先生が「大変や」って言われてましたので。　　　　　（d医師）

　診察室で面と向かってクレームを言われた，っていうのは今まで指折りもない位です。でも外で看護師さんとかには言ってる，っていうのはありますよ。まあそこまで言わないですけど，言ってることとかありますけどね。

　看護師さんにも「言うところがないんでしょうね」とか話をさせてもらっていたりとか，精神科の場合には患者さんでも家族さんでもそうなんですけれど，言っている内容自体には意味がないことって結構ありますので，言っていること自体を受けとめて欲しいっていうのがあるみたいですから，そういうところが僕らのいう「共感」だと思うんですけれども。「喋っている状態」自体，そこを受けとめてあげる，っていうのが大事なのかなって思います。

　家族さんは色々苦悩があるみたいで，患者さんもそうなんですけれども，先生と喧嘩をしてしまうと，こういう地域ですので，他に行く病院がないので，行き先がない分，本当に困り果ててしまって，「言えない」っていうのもあるんじゃないかと思うんです。遠慮されている例って結構あると思います。そういう形で，心療内科から紹介状なしで来る場合もありますね。「もう来たくない」っていう感じで。「あそこにはかかりたくない」っ

て感じで来ることがありますね。「じゃあ向こうの先生に色々相談した？」って聞いたら「そんなのできない」っていうこと，結構ありますから。

そうですね……そういうところは違うかと思いますね。本当に地域的にも病院が少ないですから，行き先がなくなるっていうのはきっと考えていると思いますから。だからどうしても言えない分，看護師さんに言ったりしているとか，ヘルパーさんに言ってるとか。　　　　　　　（e医師）

この内容を地域特性だけのものとして取り扱えるまでの根拠はないが，少なくとも，「他に行ける病院がないから」ということは，家族が遠慮する理由の1つとしては十分であると考えられる。また，大阪市立大学の医師に聞いた話との対比で，更にそれを実感している様子である。この内容は，三木教授が述べていた，「大阪と違って，自分勝手なことを言う人が少ない」という内容に近いものと考えられる。おそらく，大阪市立大学の医師は，「遠慮なく」もの言う家族のことを述べていたのであろう。また大阪は，認知症診療における，地域の実地医家の機能も，愛媛よりあるものと考えられる。このような背景があり，愛媛では，遠慮がちな態度の家族が多いのであろう。そしてe医師はさらに付け加えている。

松山まで行きますと内科も神経内科もありますので，意外と何も言わず何処かへサラッと行ってしまうことがあるんですけど，大学病院に居てると，そういう風に何処かへ行った，というのは少ないですね。ですから大学病院に来る方は他の地域とは，少し何か違うんだと思います。まあ，うちは紹介状がないと来れないようになっていますし，少し敷居の高さがあるんじゃないかと思いますね。そういう意味で，患者さんや家族さんにセレクトがかかっていると思うんです。例えば，同じように精神科で出していても，多分街中の病院と心療内科に行くのと大学病院に行くのとは皆違うと思っていらっしゃる可能性が高いですから，「こういう病院で診てもらいたい」って探すと同じ条件の病院がない，ってことにはなりますね。大学の大きい所は検査ができるんで，やはりそこは大きいと思います。

(e医師)

　このように，紹介制で検査設備の整った大学病院，と街中の病院や心療内科との，受けとめられ方の「違い」を推測している。同じ条件の医療機関が他にないことと，ある程度特別な検査などを求める患者が大学病院を受診するのではないか，という内容である。実際に，地域での診療と，大学病院での診療の双方を経験しているため，そこには強い実感が込められている。厚生労働省による「専門の医療機関での検査」勧奨の影響の可能性もある。この点は，ある程度設備などが整った病院が複数存在する大阪とは異なるであろう。
　また精神科では，比較的患者数が少ない可能性を筆者は想定していたことを述べたうえで，MCIを含めた軽症認知症の患者への対応について聞いたところ，次のように述べている。

　　ある程度，初期から中等度の方は来てますよ。大学だと，認知症疾患医療センターの方で振り分けをされるので，BPSDが出ている方が多いですが，外勤先だと，軽症の方も結構おられます。リスクファクターについては，大学病院に来られている方は，内科にも受診して頂くようにしていますね。で，外勤先では，内科の先生もおられますけれども，糖尿病とか高コレステロール血症とか，私が出来そうなものは，対応するようにしています。大学では専門領域を大切にしたいと思っています。　　　　（b医師）

　　アルツハイマーの方が一番多いんですけれども，MCIあるいはMCI以前の方が増えて来ている印象があります。その場合は，まず，本人に対応です。それから家族さんに「これでいいですね？」と確認しながらやる感じです。MCIの場合でですね，アルツハイマーの疑いがあると思ったら，早い段階で介入はしています。　　　　　　　　　　　　　　（c医師）

　　そのくらいの進行レベルの方でしたら，本人さんからの話も十分聞きます。かなり進行した人でしたら，本人さんが話すことも難しい場合もありますので，家族さんから聞くことになります。MCIから初期の認知症の方でしたら，本人さんと家族さんと，半々くらいで話を聞くことが多いと思

います。　　　　　　　　　　　　　　　　　　　　（d医師）

　田舎の方でも，ほとんどの方が別棟に住んでいるという状況ですので，大部分の方には介護保険を申請しましょうという話をさせて頂いております。結構初期であっても，しっかりされていても，デイサービスにはしっかりと行くように説明をさせて頂いています。　　　　（e医師）

　e医師の話の内容からは，「同居」がそれ程多くないことが示唆される。この点は，一世帯当たりの人数のデータと合致すると考えられる。また，軽症患者への対応からは，精神科の医師が，地域においては内科系のリスクファクターへの対応をしたり，状況によって「内科対応」に近いことをしていることが見い出せる。また本人への対応も含めて，それに近しい。

　これらの点は，地域特性ではなく，本節冒頭で上野教授が述べていた愛媛県で「医師が足りない」面が，精神科だけでなく，内科系医師にもあることを推察させる。このことを部分的に裏付けるように，c医師は，自身がアルツハイマー病ないしはLewy小体型認知症の患者に処方する際に考慮していることをふまえ，更に次のように述べている。

　　正直，アリセプト一択です。使いなれているというのもあるのと，他剤を使うメリットをあまり感じないということですね。それと，大部分の方は，大学でずっとフォローする訳ではありませんので，紹介元の開業医さんのところで採用されていないということ，つまり普及率という意味もあって。それと，紹介元は，必ずしも精神科や老年期の疾患ばかりを診ている医療機関ばかりではないので，田舎の場合。普通の内科の開業医さん以外に，あとは「整形外科」とか。そういうところで処方をお願いすることも多々あります。実際，心療内科，精神科，あるいは認知症を専門と謳っているところって少ないと思います。　　　　　　（c医師）

　高齢者人口が多いということは，市場が大きいということではないかと，筆者の考えを述べたところ，次のような見解を述べている。

市場が多過ぎるんだと思うんですね。そして山間部だったり島嶼部だったりするので,「足」の問題があるんじゃないかと思います。ものすごいニーズがあるところは, 1つの診療所でカバーできる数が少なくて, ペイ出来ないんじゃないかと思うんですね。範囲が広すぎるってことですね。散在し過ぎているのかもしれない。広域過ぎるというか。広域過ぎると往診専門だとか, 例えば認知症メインで, となった時に動けないですね……何て言うか, 地元のクリニックの先生, 本当に苦労されている方は苦労されている, という人が各地域に1人いるかいないか, ですね。中山地区にも1人往診して下さる先生がおられるんですけれども, 24時間365日, ほぼ無休, ですね……ホント, 善意と忍耐とでのみ成立してます。その方に負担が集中してるっていう状態なんですね。私, そこに派遣されているんです。

　大学から中山町に派遣して15年目くらいになるんで, 下地ができて来て, そこを飛ばして支援センターとかに電話入れてもらうと, ケアマネ（ケアマネージャー）とかが対応できるようにはなっているんで, まだ「マシ」と言えるかもしれないんですけれども, 同じ山間部でも1つ山を越えた久万高原町というところがあったりするんですけど, 全く手つかずなんですね。一応総合病院があるんですけど, 実数把握とか, 認知症患者数とか, どのくらい老老介護の家庭があるのかとか, 多分把握されているわけではないので, 自分が担当して知っているケアマネは知っているんでしょうけど, どこまで主治医と共有できているか, っていうのはあると思うんです。

　往診がアクセスしにくいってことは, 向こうから医療機関にアクセスしにくいってことで, 病院が近くにある遠くにあるとかいうよりも, 電話したら来てくれるケアマネのような人がいるほうがメリットがあると思うんですね。で,「何かあった時にどこに電話したらいいの？」と仰る方が多いので, 即時性のあるサービスというか, 救急体制がどれくらい担保されているのかという部分での安心感が欲しいのかなとは思いますけどね。

（C医師）

　この内容は, 必ずしも「人口10万人当たりの医師数」というような統計が意

味をなさないことを示す。前章で紹介した，「面積」の問題が背景にあるとも考えられる。そこには，アクセス可能性という要素に加え，地域性というものが加味されると思われる。ここでいう地域性とは，地域毎の年齢構成であったり，独居，同居の状況である。このような環境的要因によって，「在宅診療」や「デイサービス」が成立するか否かが示唆される。厚生労働省が掲げる地域包括システムばかりか，憲法に掲げられている，生活権さえ担保されているかという状況であると考えられる。

　次に，啓蒙や報道の影響について，診療時を通じて捉えた家族の変化を，それぞれ次のように述べている。

　　初診の時，田舎のほうの方だと「認知症ですか」とか「アルツハイマーですか」とか聞かれずに，「どうにかなりますか？」っていうような質問が多くて，「どうにかなりますか？」と言うよりも，「どうなりますか？」っていう質問が多くて。比較的街中の方で情報をたくさんお持ちの場合は，ご家族の口から「アルツハイマーでしょうか，Lewyでしょうか，それとも水頭症でしょうか？」というところまで出てくることがありますね。たまたまテレビがそういった番組をしていた後なんかですけれども。そういう時は，受診される方，ちょっと増えますね。　　　　　（c医師）

　　病名についてはインターネットとかテレビとかで見られたり，調べたりされて，言われることはあります。「アルツハイマー」と言われることが一番多いとは思います。家族の方に医療関係者がおられる場合でしたら，Lewy小体型認知症ですとか，血管性認知症とか言われることもありましたけど，一般にはアルツハイマーとか，あと「老人性認知症」とか，正確でない言葉で言われることもあります。「老人性認知症とアルツハイマーは違うんですか？」というような感じで。　　　　　　　　（d医師）

　　先日もNHKスペシャルで薬の特集があって，患者さんからこういう薬が……という話がありました。よく見てらっしゃいますね。他に，こういう病気じゃないか，って来られた場合がありますね。Lewyの特集の後でこれなんじゃないかって。アルツハイマーの方はそうでもないのですが。

早い段階から来られる方が増えていますね。　　　　　　　　（e医師）

　啓蒙や報道については，少し患者増につながっている他，やはり病気の推測などをする家族もいるようである。ただし，それも地域性があり，その一例が「どうなりますか？」という言葉に表れている。そういったやりとりの中で，早期受診することが増えている印象も有している。
　他に特筆すべき内容として，各医師はそれぞれ，次のように述べている。

　　ご高齢の方の人口が多くて，しかも平均余命が長くて，分散して住んでおられる状況に対しては，かかりつけの先生の認知症の診療のレベルアップとかをして頂けたらな，というのがあります。それが今回の認知症疾患治療センターのことで，地域に拠点病院を設定して，そこでは勉強会をするようになっています。あとまあ，もう1つの方法として，初期診断と治療を自転車操業的に大学で方針をつけて，後を地域でしてもらうように，ですね。拠点病院も，それなりに機能はしていると思うんです。皆さん「忙しくなった」って仰っているんで。　　　　　　　　　　　　　（b医師）

　　BPSDであったり，認知機能による行動っていうのは，もう割と心の準備が出来ておられるというか，例えば水路に落ちるとか想定されるわけですけど，当の本人さんも手続き記憶[42]とかで分かっておられることがあるので，本当に偶発的な事故以外は，あんまり事故にならなくて，近所の方もある程度なあなあで面倒見てくれるといった，地域の機能があったりする気もするので，そういう意味では在宅生活が必ずしも短いとも限らないですね。
　　一番問題になるのは徘徊ですよ。冬場の凍死，夏場の熱中症。圧倒的に夏場の熱中症が多いですけど，凍死はここ3年で1件だけありましたね。ただまあそれは，冷えて死んだのか，死んでから冷えたのかはハッキリしなかったんですけれどもね。夏場は熱中症が圧倒的に多いですね。この徘

〔注〕
42　例えば，「自転車の乗り方」のように，手順や手続きを介した長期記憶のこと。主として，人の技能面の記憶に多い。

徊に対する対応が分かったら，って思うんですけども。中山町でもずっと聞かれるんですけど，例えば夜間せん妄で徘徊するのと，昼間思い立って徘徊するのとって違ってくると思うんですよ。そういうことをしてもらうなら昼間にしてもらおう，夜は絶対寝てもらおうってことで，生活リズムを整えるでも，日中の活動性を上げるでも，それはどっちでもいいと思うんですけれども，田舎で山の中で行方不明になった時，何が大事かって，誰が最後にどこで見たってことになってくるので，見た人の情報が，「そういえば見た人がいるらしい」と後になって出ると勿体ないので，「あの人見てそう」とか，そういう人を探す側が把握できているかですよね。

　近所の目っていうのは最強の監視能力なので，認知症の人がどこに住んでいて，近所には誰さんの家があるというところまで把握出来てきているのが，中山町の強みかなっていうのがあるので，フル活用しましょうね，というのが今年の中山町の目標なんですよね。　　　　　　　　（c医師）

　外勤先は田舎なんで，80歳前後が多い気がします。90歳超えている人もまあまあ来られるんですよ，初診で。家族に連れられて来る，っていう。基本，お歳を取られてから発症してくる認知症の方は，進行が遅いんですよ。若いうちに発症された方が進行が早いので，80歳とか90歳とかになって認知症だ，例えばアルツハイマーだっていうんで，ドネペジルいきましょう，とっても効果がハッキリしないかもしれませんね。元々が進行が遅いんで。まあ使っても使わなくても，若い人に比べると大きな差がないかもしれませんね。あくまで私の印象なんですけれどもね。中にはもう歳なんで薬を飲ませたくないっていう家族の方もおられるんですよ。で，そういった方もフォローはずっとしているんですけれども，1年に1回くらい神経心理学的検査をするんですが，進行は緩やかだなって感じなんですよ。だから，ご高齢の方に薬をいってもいかなくても，あまり差はないのかなと思ったりすることはあります。ただ，家族の希望があれば出しますね。心臓とか喘息の問題がなければ。　　　　　　　　　　　（d医師）

　家族さんも薬で進行を防ぐと分かっている病気ですから，まあ……最初は非常に葛藤も強いですけどね，非常に。慣れてくると割と良く対応して

くれますね。本当はその葛藤にも対応したいんですけど，時間がないんですよね。外来の看護師さんが聞いてくれたりとか，メモ書きを残してくれていたりだとか，そういうケースは結構ありますね。

　家族さんのほうが目に見えて疲労してるなって時は，もっと介護サービス，介護保険を使いましょうって話をしたり，（介護度の）区分が低い場合には上げましょうって話をさせてもらっています。それには証拠がいっぱい必要なので，いっぱい集めます。検査（を追加）したりとか。まあ点数を書いて欲しいという自治体もありますので，自治体によっては長谷川式だとかMMSEの点数を書いてくれ，っていうのもあるみたいです。

　愛媛県はあまりないんですけれども，例えば長谷川式10点ですよ，とか書いたらですね，上げてくれたりだとかですね。（状況に応じて）BPSDが結構きついんですよ，だとか家族さんの状況が厳しいんですよ，ということをかなり書きます。割としっかり書くと，見てくれて上げてくれる例もありますよ。家族さんの状況を克明に書いただけで上がったっていうことは，僕が書いた例ではそこまでのものはないのですが，他の先生に聞いた話ではあるみたいですね。二人暮らしで御主人に身体障害があって，疾患も書くとちょっと重くつけてくれることってあるみたいですね。本来は（患者）御自身のこと，なんですけど，全体を見てちょっと上げてくれるってことはありますね。　　　　　　　　　　　　　　　　（e医師）

　内容は個々に分散しているが，b医師は，認知症疾患医療センターの機能について言及している。大学病院内だけでなく，大学病院を中心とした公式の診療網であり，それがある程度機能していることが確認できる。

　c医師は「地域」の機能に言及している。厚生労働省も地域包括診療を推進しているが，元からそこに存在した「ご近所の関係」，加えて地域の人口構成などの特性を医療機関ないしは行政が実数も含めて把握していること，がキーであることを述べている。加えて，地域の実地医家のレベルアップを望んでおり，この点は，老年内科の小原准教授と同じ捉え方である。

　d医師の，「超高齢」の認知症患者の診療実感は，今後しばらくは高齢者人口がさらに増えると予想されている状況においては，「病状の進行なのか自然

加齢か」という点での観察が求められる可能性を示唆する。それでいて，こういった年齢層の患者，もしくは認知症を心配する方は，受診してくるのである。老年内科の小原准教授も同様のことを述べており，「愛媛」という環境の特性であると捉えられる。このような患者に，地域の実地医家が対応することを，彼らは望んでいるのであろう。

　e医師が述べていることは，地域の中の「家庭」が介護の中心となることを厚生労働省が方針として示している状況の現在にあっては，家族の「限界」を捉えるうえでの貴重な示唆である。同時に，彼らが診療の対象としている患者の家族が，それぞれの「限界近く」まで，介護をしていることを示すものであると考えられる。

4-3　「意図せざる結果」の生起は，人々にどのように関わるのか

4-3-1　「意図せざる結果」としての「アルツハイマー病患者数」の検証

　まず，「アルツハイマー病患者数の増加に，「意図せざる結果」が含まれているのではないか」という疑問については，実証されたと捉えている。そして，発見事実からは，その生起過程は大まかに3種類に分けられる。

① MCIの患者への，コリンエステラーゼ阻害薬を処方するための，「アルツハイマー病」という診断。この生起過程は，患者・家族側からの要望の場合と，医師側の判断による場合とがある。
② 当初，「アルツハイマー病」と診断し，処方を行っていたが，後からLewy小体型認知症と判明する場合。この場合，コリンエステラーゼ阻害薬は，どちらの疾患にも効果があるので，統計に表れる診断病名を，わざわざ訂正しない可能性が高い。この生起過程は，治療上必要な「保険病名」と「実際の病名」の差異として捉えられる。
③ 当初より，Lewy小体型認知症と診断していたが，コリンエステラーゼ阻害薬を処方するための，「アルツハイマー病」という診断。この場合は，診断医が意図的に，「アルツハイマー病」という診断名をつけなければ，

保険適用とならなかった[43]。

　これらのうち，③は，法則定立的であると考えられる。コリンエステラーゼ阻害薬を処方するという，確固たる目的を有し，「アルツハイマー病」という診断病名を，医師がつけているのである。また，Lewy小体型認知症という診断が明らかな場合には，特有の症候などがあるため，エラーが少ないと考えられる[44]。この点は，F医師が明確に述べている。つまり，この生起過程については，背景の因果が明らかなため，法則定立の可能性があるといえる。

　次に，②は，単純にヒューマンエラーと片付けられない面を有する。それは，A医師も述べていたように，Lewy小体型認知症に特有とされる幻視は，アルツハイマー病でも，何割かの患者に認められるからである。また，幻視が初期では出現しない症例もあるである。更には，パーキンソン症状[45]も，初期は認められないことがある。つまり，早期受診の啓蒙に従い，患者・家族が早期に受診するほど，生起しやすい「意図せざる結果」であると考えられる。また，③には含まれない結果である。したがって，早期受診という厚生労働省の啓蒙の意図が，一般に浸透すればするほど，現状では生起しやすい結果である。その意味においては，法則定立的な側面があるが，患者・家族が早期受診をする（認知症としての）段階が不確定であるため，その点から，③の事例ほど，確固とした法則定立の状態とはいえないであろう。

　そして①については，早期受診などの厚生労働省の意図に従った患者・家族が受診をし，アルツハイマー病の病初期であることが疑わしい場合は特に，医師から患者・家族への，疫学や薬の有効性などの情報提供があり，そのうえで多くは家族が「治療」を選択していると考えられる。そのための「アルツハイマー病」という診断である。この生起過程は，早期受診の啓蒙に端を発して生起していると考えられ，その点はD医師の「認知症が進行してから来る症例が

〔注〕

43　2014年9月以降は，Lewy小体型認知症が，コリンエステラーゼ阻害薬の適応となった。このため以後の新規発症の場合の状況は少し異なると推測される。

44　ただし，他の認知症をきたす疾患の合併は問わない。

45　安静時の手の震え，小刻み歩行，動作緩慢などを指す。（参照：難病情報センターホームページhttp://www.nanbyou.or.jp/entry/169）

減った」という発言にも表れていると考えられる。啓蒙は，厚生労働省の意図の始まりであり，意図した結果への流れのなかでは上流にあたるため，そこからの過程は，多くのバリエーションを有すると思われる。このため，この点については，次節で考察を行う。

4-3-2　早期受診の啓蒙がもたらしたもの－MCI（軽度認知機能障害）－

　本稿の調査対象である，合計4診療科のいずれにおいても，「早期に」患者が受診するようになったことが述べられている。そして，この早期受診をする，主としてMCIの患者が，「意図せざる結果」として「アルツハイマー病」という診断となる群であると捉えられる。
　インタビュー内容を振り返り，その典型的な内容をみると，何らかの形で，MCIの話に至る。それらは，例えば以下のようになる。

> （自診療科の）ホームページに「気になる人」とか，書いてあることもあり，MCI前後のレベルの人が対象になることが多い。
> 　　　　　　　　　　　　　　　　　　　（大阪大学老年内科，A医師）

> アリセプトが出てしばらくしてから変わりましたね。「早期発見」とか言うようになって。　　　　　　　　（大阪大学精神科，D医師）

> MCIとかは，内科系の医師というか，かかりつけ医，実地医家の先生方が診ないとダメなんです。　　　　（愛媛大学老年内科，小原准教授）

> アルツハイマーの方が一番多いんですけれども，MCIあるいはMCI以前の方が増えて来ている印象があります。　　（愛媛大学精神科，C医師）

　ここで整理可能であることは，大阪大学では，老年内科は自診療科の方針の結果として，早期受診の患者が多くなっている。それに対して，精神科では，以前に比して病早期の状態で来院する患者が増えていることを述べている。すなわち，多くは，A医師の述べていた，認知症としての進行度による「棲み分け」があるものと推察される。ただ，老年内科については自診療科の方針があ

るとはいえ，早期受診の啓蒙の結果として，どちらの診療科にも，軽症の患者が増えているのである。

また，愛媛大学では，老年内科は，早期受診の啓蒙に加えて，地域の実地医家への早期受診が少ない，または実地医家があまり認知症診療を行わないことによる，影響を受けているものと考えられる。それに対して，精神科は，「MCIあるいは，それ以前の患者」が増えて来ているという印象を有しており，従前の精神科の患者層に，病早期に受診する患者が加わっていることが示唆される。そして，背景には小原准教授が述べていた，地域の実地医家の，認知症診療上の機能も加わっている可能性がある。

以上からは，大まかに地域による違いと，診療科による違いが，明確に捉えられる。

この点を，医療組織の視点から捉え，「患者」という市場への効率的な対応を考えてみる。そこで，野中（1974）で述べられている，組織と市場の適応関係が，専門診療科別に分けられた，大学病院の老年内科と精神科についても該当するものと考えられる。まず，医療組織が，理想的に機能している時の状態を図示すると次の**図表4-1**のようになる。この図は，個々の診療科の専門領域に該当する疾患と，受診する患者が有する疾患とが，適合した時の状態を示す。

ところが本書の調査から得た知見からは，従前までの個々の診療科が網羅す

〔図表4-1〕診療科（組織）と認知症患者（市場）の関係

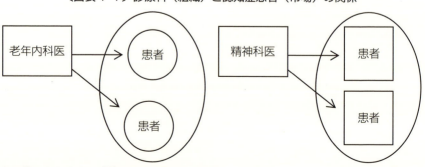

注：○は内科系患者，□は精神科系患者（図表4-2も同じ）
出所：筆者作成

第4章　地域・診療科の違いによる認知症診療のプロセス　189

る疾患群では完全に分かれていた患者が，認知症診療では一部重なり，更に「認知症」という患者が市場としても重なっており，次の**図表4-2**のように変化していることになる。この図は，個々の診療科の専門領域に該当する疾患と，受診する患者が有する疾患とが，一部不適合である状態を示す。

　この市場の重なりを招く，組織にとっての環境の要因のうち，特に愛媛において，医療組織側が強く認識していることが，「実地医家の初期認知症診療への取り組み不足」ということである。つまり，認知症診療における，初動の機能を大学病院が行わざるをえない状況となっている。その背景には，認知症が疑われる場合の，早期の専門医療機関への受診の勧奨も影響はあると思われる。これだけでは，組織と市場の関係が地域の医療状況や地理的要因によって変わるという「発見」に過ぎない。だが，この市場の重なりが愛媛では大きいと考えられる。そのために，愛媛大学の精神科は大阪大学の精神科よりも，MCI前

〔図表4-2〕実際の診療科（組織）と認知症患者（市場）の関係

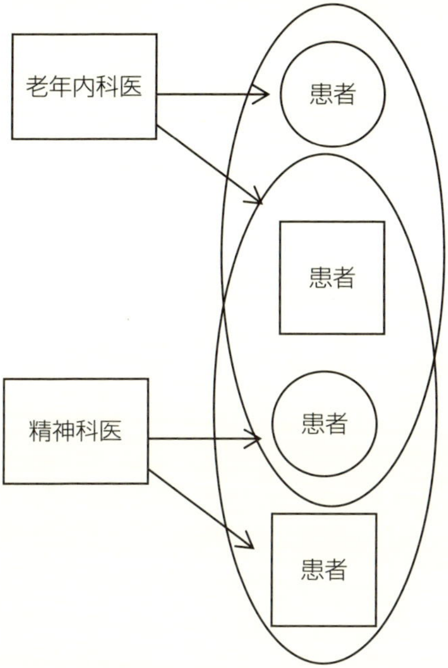

出所：筆者作成

後のレベルの患者への対応をせざるを得ない状態にある。つまり，「意図せざる結果」を生起「せざるをえない」状況が多いと推察される。

このように，両大学，両診療科における，早期受診の流れは，それぞれの特徴がある。そのなかで，次にMCI患者と，その家族への対応としては，今回の調査データからは，以下のような点から特徴を知ることが可能と思われる。

> MCIか初期認知症かさえ分からない，いわゆるコリンエステラーゼ阻害薬の適応ではない症例でも選択肢は2つですね。6か月後再診か，家族と相談の上で，Due to ADの可能性に対して投薬をするか，ですね。概ねそのどちらかですね。可能性を「否定出来ないことに対して」ですね。だから診断的治療という感じもありますね。それも家族に説明します。例えば高血圧の薬と違って，効果判定が難しいですし，それは診断的治療という意味でも難しいですよ，って言ってますね。でも阪大に来るような患者さんですから，「いいかもしれないことは全部してみたい」という感じなんですよね。
> （大阪大学老年内科，A医師）

> 「あなたはまだアルツハイマーじゃないですよ。まだ診断基準も当てはまっていません。でも色々な意味で老化は人より早いであろうと思います。うちの母親だったら薬飲ませます。」と言ったら9割以上の人が薬出して下さい，と言います。
> （大阪大学精神科，D医師）

> （MCI，あるいは更に早期の認知機能の低下が疑われる患者について）海外有名ジャーナルに出ていましたけど，「一応エビデンスを伝える，そのうえで治験への参加を促す」と，その論文には書かれていたんですけど，その代わりに，薬は試してもいいと思います。あくまで，そこは患者さん・家族さんに決めてもらいます。ただ他に何も手立てがないということではないので，そこも含めて決めてもらいます。
> （愛媛大学老年内科，小原准教授）

> MCIの場合は，まず，本人への対応です。それから家族さんに「これでいいですね？」と確認しながらやる感じです。MCIの場合ですね，アル

ツハイマーの疑いがあると思ったら，早い段階で介入はしています．
（愛媛大学精神科，c医師）

　大阪大学老年内科A医師，あるいは大阪大学精神科E医師が述べている，「この辺（北摂エリア）」の患者・家族という要因は，それぞれ医療にも「高み」を求める傾向があり，そのことが，大阪大学老年内科には，精神科よりも多くのMCIレベルの患者の診断を行う状況を，大阪大学精神科には高度な検査や治験が期待される状況を，それぞれ生んでいると考えられる．
　大阪大学は，A医師の述べているように，「良さそうなことは何でもしたい」と考える家族が多いのであろう．A医師もD医師も，「家族」にアプローチをして，投薬の決定をしている．その背景には，「できることは何でもしたい家族」が存在していると思われる．
　一方，愛媛大学では，小原准教授は，エビデンスを引用して，「治験の代わり」と位置付けての投薬としているが，最終的な決定は，患者・家族である．またc医師も，家族に確認しながらの早期介入を行っている．その背景には，医師達が語る，実地医家，医療機関へのアクセスといった問題があり，その問題をできる限り補おうとする姿勢が読み取れる．つまり愛媛大学に共通する背景は，「今できることのなかで，他の国内では受けることができる医療の代替案となる方策を示す」状況にある．
　そしてMCI患者の受診が増えるなかで，その家族と相対する様子を聞くと，違いが読み取れる．例えば，大阪大学で老年内科のB医師が述べている内容を再確認してみると，

　　（紹介元の医師が精神科医で）極端な例だと，アルツハイマー病だけでなく認知症そのものが「症候学」でもあるので，症候的なエビデンスから入るという観点から，患者さんの観察・診察ばかりして，家族の話をほとんど聞かない，という場合があったりだとか．まあ，僕ら内科医とは，全然違う面があって，それもまた勉強になるのですが，その違いの分だけ，家族さんは僕の外来の時にあれこれ話されるという印象もあります．
（大阪大学老年内科，B医師）

紹介元の医師も，個々の専門性や，時間に応じた対応をしている様子がうかがえる。いわば，その補完を，大学病院の老年内科が行っているということである。少なくとも，個々の医師の専門性が大きく毀損されている状況ではないことも推察可能である。このように地域の精神科医とも関わりがある。それに対して，愛媛大学では，c医師やe医師の弁を再確認すると，

　　少ないんですけど，「聞きたいんやけどな」ってここまで（ジェスチャーで喉元まで）出ておられる方は何人かおられて。
　　　　　　　　　　　　　　　　　　　　（愛媛大学精神科，c医師）

　　どうしても家族さんは色々苦悩があるみたいで，患者さんもそうなんですけれども，先生と喧嘩をしてしまうと，こういう地域ですので，他に行く病院がないので，行き先がない分，本当に困り果ててしまって，「言えない」っていうのもあるんじゃないかと思うんです。
　　　　　　　　　　　　　　　　　　　　（愛媛大学精神科，e医師）

患者・家族自体が，医療機関の少なさや，何か「おとなしい」気質からなのか，「物言わぬ」状態である面も推察できる。この点は，b医師が地域性を概観するなかで述べていた，「やさしい」人達という印象を受ける。さらに，先程のMCI患者への対応を含めると，個々の医師は自身の専門性からは少し逸脱した領域まで診療を広げる必要があることが理解可能である。この点は，b医師が「大学病院の診療では，専門性を大切にしたいと思います」と述べていたことが，如実な裏付けとなろう。また地域においても，c医師が述べていたように，「整形外科医」が認知症の診療を行っている状況も背景にある。また，地域の医療の中での「精神科医」は，大学病院からの派遣で賄っている状況がある[46]。

　以上から，重複する要素はそれぞれあるものと思われるが，各組織における，「意図せざる結果」の生起過程の特徴を概観すると，次のようになる。詳細は，

〔注〕
46　大阪大学精神科の医師の場合，派遣先では認知症以外の専門診療を，派遣先の要請に応じて行っているという。

次節で取り上げる。

① 大阪大学老年内科……「金に糸目をつけない」「新しいことで有効性がありそうなことは何でもしてみたい」家族の願いに応える。
② 大阪大学精神科……早期介入，時にLewy小体型認知症初期で判別困難。治験などの要望があり，医療者側もそれを意識している。
③ 愛媛大学老年内科……家族の願いの多くを斟酌しつつも，地域の実地医家が診療すべき負荷を負う。
④ 愛媛大学精神科……地域の医療の「分散性」と，実地医家の少なさ，負担を鑑みる。既に多くの介護負担のある家族，遠慮がちな家族の思いを汲む。

そして，大学病院という医療組織が，認知症診療を行うに際して，それを取り巻く実地医家と家族が，認知症診療に寄与する度合いを図示すると，**図表4-3**のようになる。

愛媛では，実地医家の機能が相対的に小さいこと，医療機関へのアクセスの問題があること，元から「やさしい」人々の気質が相まって，家族の負担が増えていることが推察される。実地医家の機能の多寡から述べれば，早期受診の患者が増えた場合，多くは，大阪大学では老年内科の負荷が増す。しかし，愛

〔図表4-3〕大学病院を取り巻く認知症診療に関する環境

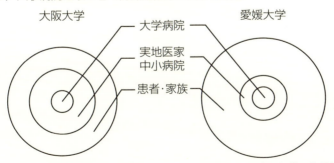

注：大学病院組織を同一規模と見なした時の状況，環境の規模・複雑性を反映させている。
出所：筆者作成

媛大学では，老年内科だけでなく，精神科の負荷も，大阪大学より増すものと推察される。

4-3-3 「意図せざる結果」の生起過程の組織ごとの違いについて

　大阪大学，愛媛大学の老年内科と精神科のそれぞれを単一の組織と見なした時の，組織ごとの「意図せざる結果の生起過程」の違いについて，ここでは整理する。

　大阪大学の老年内科は，認知症の診療のターゲットの1つをMCIに定めている。しかし，それだけでなく，大学病院内の「棲み分け」によって，MCI前後の状態の認知機能の患者が多くなっていると推察される。つまり，MCIから，初期の認知症の患者が多いイメージである。一方，A医師が述べていたように，大阪大学の老年内科では，認知症と診断された患者の7割がアルツハイマー病であるという。また，「初期の」アルツハイマー型と，MCIの間には，明確な線引きができる状態でないことは，認知症を「もやもやした」病気とA医師が表現していることに表れている。

　そこで，診療の場においては，MCIあるいは，初期の認知症患者を前にした状態を想定する。すると，

① 医師は患者を参照（診察）する
② 家族から「できることは何でもしたい」という要望を聞く
③ 自診療科におけるアルツハイマー病の診療経験が頭の隅にありつつも迷う

というような状況が想定できる。これらの一連の過程は順序は①から始まると思われるものの，②と③は診療の時々において順序は変化する。だが，多くの場合において，アルツハイマー病の診療経験を医師自身が念頭に置きつつ，②の要望を鑑み，「MCIが，アルツハイマー病によるものである可能性」を家族に示し，希望があれば処方を行うこととなる。

　次に大阪大学の精神科は，一般に「認知症」という疾患が広まるよりも以前から診療を行ってきた経緯がある。その中で，D医師が「以前みたいに，中等

度以降に進行した認知症の状態で初診になることがなくなった」と述べているように，患者・家族の早期受診が進んでいる。だが，このことは，同時に，大阪大学の精神科が，「中等度以降の」認知症患者の診療経験が，組織として豊富であることを示していると考えられる。平易な言葉で述べれば，「悪くなった」状態を，より深く熟知しているということである。

そこで，診療の場においては，MCIあるいは，初期の認知症患者を前にした状態を想定する。すると，

① 医師は患者を参照（診察）する
② 家族から患者の様子を聞く，その際に治験など「新しい治療」への要望がある
③ 自診療科におけるアルツハイマー病の診療経験が頭の隅にあり，未来を予見する
④ 患者・家族をセットで，認知症を進行「させにくい」家庭環境の創出を考える
⑤ 根本治療薬の治験などを日本で行えないことにジレンマを抱きつつ，処方の有用性があれば家族に説明し選択を促す

というような状況が想定できる。つまり，患者の状態と，その未来像を念頭に置き，診断と患者・家族の置かれた状況をみて，処方を説明し，家族がそれを選択していると推察される。そして，その家族の多くは，やや離れた地域で別居している場合が多いと思われる。また，医師の念頭に新しい検査・治療の方法があるものの，それらを使えない。それだけに，「代わりに」有用となる可能性のあるものを家族に提示しようという誘因があるものと推察される。

そして，愛媛大学の老年内科では，認知症もしくは疑いの場合の早期受診の機運が高まるなか，地域の実地医家が認知症診療に積極的とはいえない背景[47]もあり，MCIを含めた，認知機能が低下した患者・家族が受診をしている状況

〔注〕
47 実際には認知症診療や在宅診療を標榜した場合に，診療時間が際限なくなる状況が起こりえる地域があるようである。

と考えられる。

　そこで，診療の場においては，MCIあるいは，初期の認知症患者を前にした状態を想定する。すると，

① 医師は患者を参照（診察）する
② 家族は，不安と「何とかしてほしい」という態様を示す
③ MCIにおけるエビデンスは未確立であるが，「治験」の代わり，あるいは地域の実地医家の機能を補完するための，不安の抑制の一環として，MCI due to ADの可能性も考慮する

というような状況が想定できる。つまり，ここでは，家族の「不安」の軽減と，認知症あるいはその疑いの状態の「その後」の経過を実地医家に診てもらうための動機付けという意味での処方が起こりえると考えられる。基本的に大学病院で長期の経過観察ができない一方で，小原准教授，a医師が述べている「地域の実地医家の機能」を補うという意識が捉えられる。それは，患者・家族の「オロオロするような」不安を思ってのことである。

　最後に，愛媛大学の精神科では，認知症もしくは疑いの場合の早期受診の機運の影響で，以前よりも「軽症」な患者が受診をしている状況であると考えられる。加えて，地域における「精神科医不足」を補うために，認知症診療を多くしている状況である。つまり，認知症診療をするなかで，より患者・家族の居住する「地域」に近い位置で診療を行うことで，その「地域」で可能な介護やケアの状況などの情報も直接インプットしながらの診療となっていると思われる。

　そこで，診療の場においては，MCIあるいは，初期の認知症患者を前にした状態を想定すると，

① 医師は患者を参照（診察）する
② 家族から患者の様子を聞く
③ 医療機関が少ない地域の状態，老々介護，近所に家族が住んでいる状況などを含めて，家族の不安を抑えつつ，患者が介護上の不利益を被らない

ような「状況」の創出を考える
④ そのうえで，アルツハイマー病の兆候があれば家族に説明し選択を促す

というような状況が想定できる。特に，c医師が述べている「アルツハイマー病の疑いがあれば早期介入する」という言葉の背景には，疾患への早期介入の有用性だけでなく，③にあるような居住環境，介護状況などが強くイメージされていると考えられる。多少なりとも「地域」のことを，どの医師も同様に述べており，その背景には，地域における実地医家の状況まで含まれている。また，場合によっては，自身が派遣されている地域で，自ら「実地医家の代わり」をしていることも示されている。

また，平易にいえば，大阪は愛媛より「都会」である。都会であるだけで，実地医家の数は多く，その間の競争も強くなりえる。したがって，患者・家族は，その競争環境のなかで受診先の実地医家を選択し，それでも不足を感じれば，大阪大学を紹介受診することになると思われる。その場合に，患者本人あるいは家族が「自ら」受診しようという場合は多くが老年内科を受診し，実地医家によって紹介される場合は，長年の診療実績の周知状態から精神科を紹介されることにもなるのではないかと推察される。

一方，愛媛では，このような地域の実地医家同士の競争環境が，大阪ほどは強くないことが推察される。その分だけ，地域の実地医家が認知症を「診療」せずに，大学病院あるいは医師達の派遣先を紹介する例が多いことも考えられる。したがって，地域の実地医家が一見して「軽症」であれば老年内科を，精神症状が少しでもあれば精神科を紹介するような行動となることが推察される。また，大学病院への受診を希望する患者・家族と，地域の医療機関で治療を完結させたい患者・家族の態様の差は，「何らかの検査や治療に対する期待」と，「とりあえず薬が欲しい」というような違いとなって表れていることも推察される。ここからは，もし「とりあえず薬が欲しい」という患者・家族の希望に，ほぼ無条件で応える実地医家が存在する場合には，「アルツハイマー病」という病名がつく患者数が増えることも推定可能である。

4-4　医療組織の歴史が診療過程に影響する

　まず各教授には，大まかに大学の診療科として，認知症診療について考えていることを，自由に述べて頂いた．それでも，先に示したような違いがある．楽木教授は，老年内科の立ち位置を考えながら，その1つに認知症診療を位置付けている．つまり，「戦略の一環」とも捉えられる．

　武田教授は，認知症についての社会の認識の変化を中心に述べているが，それ自体が，大阪大学精神科，ひいては日本の認知症診療の歴史と重なる部分が多いと思われる．

　三木教授は，愛媛大学に老年内科を開設した当時を振り返りつつ，手探りでフィールドワークをしながら，住民の医療に対する考え方や求めているものを，他の診療科の教授に聞きつつ探索しながら体制を構築したことを述べている．つまり，大学と地域からの要請という色合いの濃さが表れている．

　上野教授は，自組織と県内の精神科医療との関連から精神科医が相対的に足りない状況を指摘している．その中での認知症診療は，専門を問わず取り組んでいることも述べている．更には大学における，認知症疾患医療センターと地域の認知症診療体制の構築についても述べている．そして，早くから組織として取り組んできた，認知症診療とフィールドワークも根拠に，今後の展望を語っている．

　現状で，これだけの，組織としての違いがあり，組織の歴史に立脚していると考えられる．

　そして，組織としての違いは，各教授の下で職務を遂行する医師達が，家族という，不可避な機会的要素に相対する過程の違いから読み取れる．

　大阪大学老年内科は戦略的に自診療科を発展させるための立ち位置を考えているため，認知症診療は専門外来（認知症診療のみの外来）の体制をとり，しかもA医師の弁によるとMCIをターゲットとしているという．さらにそれを「自然に」強固にすべく，非公式な同期の連携によって患者の棲み分けを達成している．記載したインタビューデータには示されていない部分からも，医師の自律性を重視している点が読み取れ，この点がインフォーマルな連携や診療

体制構築に寄与していると推察できる。

　大阪大学精神科は，長年にわたり，認知症診療をリードして行ってきている。そのため，D医師，E医師の話の内容から，診断などの面で他組織よりも，各医師が自身の専門に引き付けて捉えている面が読み取れる。機能的な専門分化が進んでいるとも言える。

　愛媛大学老年内科は，開設してからの年月が，今回の調査対象の中で最も浅く，教授退官直後ということもあり，組織の再構築を企図する時期である。また，歴史の短さのみならず，大学病院組織全体の都合から，老年内科と神経内科の要素を併せ持つ必要が生じていたことが読み取れ，今後の診療上，周囲の環境との適合性が求められるであろう。

　愛媛大学精神科は，開学以来の歴史に加え，認知症診療に関して先鞭をつけており，認知症疾患診療センターの開設にあたっても，a医師の話からも，イニシアチブをとっており，大学レベルでは，認知症診療の中心であると捉えられる。また，概略とはいえ，内容を上野教授が多くを把握されている点は，高齢者診療をめぐる環境もあり，自診療科が一体となって取り組まざるをえない環境の中にあることの証左と思われる。実際，部下の医師達は全員，地域からの要請に応えて，外勤先でも認知症診療を行っており，その点を筆者が問わずとも自然と言説の中に出て来ていた。その点は，愛媛大学老年内科にも共通である。

　また医師達の，MCIの患者への対応を通じて観察できることは，それぞれの診療過程における「思考」は異なるものの，治療・介護を続けなくてはならない状況で，個々の患者・家族の価値観もふまえたうえでの，最善の選択を考える姿勢である。この点は，藤本（2002）に示されている，Professionとしての自律的な姿勢であると考えられる。さらにいえば，自律性に根ざした利他的態様と考えられる。

　以上の，組織的な態様を背景とした，「意図せざる結果」の生起過程について，次章で検証をしたうえで，含意と「意図せざる結果」の収束の可能性について考えたい。

第5章 「意図せざる結果」を通して見える課題

5-1 「意図せざる結果」の論理的な生起過程とは

　本書で得られた結果から，認知症診療における，「意図せざる結果」の生起過程についての，理論的な含意を整理する。まず，今回インタビューした医師全員が，「正確な診断」を心がけていたことを述べておく。

　医師達が症候などから確証をもって，Lewy小体型認知症と診断した症例は，これまではコリンエステラーゼ阻害薬を処方するために，「アルツハイマー病」という病名をつけざるをえなかった。この点は，理論的には，薬剤の有効性という医学的事実に，制度が追いつかなかったことになる。つまり，Shackelton et al. (2009) の例とは異なり，薬剤の保険適用という制度化が，遅れたということになる。しかし，本書の元となった論文執筆中の2014年9月から，正式にドネペジルがLewy小体型認知症の適用となったことにより，今後は収束されるものと推測される。また，理論的にもDe Rond and Thietart (2007) にあるように，背景の因果関係が明確に捉えられ，本事例の場合は制度で補完可能である。そのため，意図した行為主体である厚生労働省が，収束可能な「意図せざる結果」であると捉えられる。また，Merton (1949) の定義によれば，逆機能とはいえない。むしろ，逆機能もまた機能である例といえる。

　次に，Lewy小体型認知症と鑑別困難な例，特に認知症初期の例は，コリン

エステラーゼ阻害薬を処方するための保険請求上の病名は「アルツハイマー病」である。この点は，ある程度，厚生労働省が「容易に捕捉できる」「意図せざる結果」であると考えられる。アルツハイマー病，Lewy小体型認知症，いずれの場合であっても，コリンエステラーゼ阻害薬の適用である。したがって，「アルツハイマー病」という病名には，どちらかが含まれていることは，捉えられるからである。ただし，認知症そのものの進行とともにLewy小体型認知症と判明しても，コリンエステラーゼ阻害薬を処方するための保険病名としては「アルツハイマー病」で継続処方が可能である。

したがって，「アルツハイマー病」として治療を行っているなかで，途中でLewy小体型認知症と判明する症例に関しては，厚生労働省は背景の因果は調査などにより捉えることは可能である。だが，「アルツハイマー病」という病名をつけたままで保険診療が可能であるため，補完の策を講じにくく，即効性のある収束のための策は打てない。改めて実態調査を行うとしても，調査対象とした医療組織に，正確にデータを把握して提出させるには費用がかかる。その費用と，「アルツハイマー病」として治療を続けることの費用との対比から考えて，意図した行為主体（厚生労働省）による収束は，現実的ではないと思われる。これも，先述のMertonの定義に従えば，潜在的機能である。

そして，どちらの疾患であっても「治療が有効」という点から，逆機能とはいい難い。それは，アルツハイマー病，Lewy小体型認知症のいずれもが，認知症として早期介入が有効であるという意味である。

「認知症への早期介入」という意図は，その意味においては，達成されているため機能的であるといえる。ただし，「正確な診断」という点と，その延長線上にある「患者数」というデータの正確性という点は担保されない。その正確性の低いデータは，次の段階では，「啓蒙」のためのデータに利用される。更に，早期介入の意図が重なると，MCI（軽度認知機能障害）の患者の受診時に，影響が予測される。その影響とは，不可避な機会的状況（家族）の，「加療希望」へとつながることである。

そして，MCIの患者に，アルツハイマー病の可能性，あるいは治験薬の代わりの選択肢の1つとして，コリンエステラーゼ阻害薬を処方する場合が指摘される。これが，本書における，「意図せざる結果」の生起過程のメインの分析

対象となる。

その生起過程は，次のように分類可能と考えられる。この分類は，①から④に向かって，ミクロな視点となっている。

① 地域の違い
② 家族の地域差
③ 診療科の違い
④ 医師が有する利他的性と制度的同型化の観点からの違い

そこで，以上の①から④の流れに従いながら，含意と収束への論理の導出を行う。

① 地域の違い

まず，地域と「組織」のかかわりから，組織の態様差を述べる。地域全体という範囲に対して，個々の医療組織は統制的な権限を有しない。そのため，この段階で生じる，「意図せざる結果」については，医療組織は収束の方策について，提言は可能であっても立案・実行は不可能である。そのため，組織の視点から提言可能と考えられる内容を述べる。

愛媛大学では，老年内科，精神科ともに，大学外の地域の医療機関からの要請によって，認知症診療を行っている。歴史的にみれば，老年内科は「社会の要請」で開設されて15年強となる。精神科は開学以来約40の歴史の中で，上野教授が述べていたように，地域の高齢者人口増加という環境に，比較的早い時期から対応をしている。加えて，愛媛大学精神科の場合，地域での調査そのものが，認知症診療の姿勢や体制に影響を与えていると思われる。

地域の違いとは，本書の分析対象の背景にあるマクロの環境である。その環境のなかでも特に，地域の実地医家（分析対象の背景にある地域の認知症診療の状況）と地理的要因に着目する。

愛媛では，c医師の言葉にもあったように，地域によっては認知症診療と付帯してくる在宅診療をすることが，当該地域の実地医家にとって，金銭的インセンティブとなる以上の大きな負担となることがある。そのため，地域で認知

症診療を行う医師の数が不足している可能性が示唆される。また，a医師や小原准教授の言葉からは，実地医家が認知症の初期診療にあまり積極的でない可能性が示唆され，その意味でも不足していると考えられる。その背景には，「面積」という要因があり，最終的には在宅診療が必要になる「患者」が地理的に分散しているために，実務上の困難がある可能性もある。少なくとも，このような状況があるがゆえに，愛媛大学では，大学病院にかかる「一般的な」認知症診療の負荷が大きいと思われる。また組織として大学病院から，地域に「出張」してまでの対応を余儀なくされていると考えられる。

それに対して，大阪では，地域の診療所あるいは中小病院が，初期認知症の診療における役割をある程度果たしていることが推定される。例えばA医師の話の中には，自ら地域の医師に依頼し紹介状を作成してもらい，大阪大学を受診した患者の話がある。また，B医師の話の中には，認知症診療に慣れている，地域の精神科医の話が出ている。またF医師の話の中には，自身の精神科診療の中で，逆紹介をしていないが「来なくなる」患者の話が出ていて，施設に入所することになる患者がいくらかいることを示唆している。つまり，認知症の患者が，「寝たきり」などの状態になる時などの介護面での移行など，受け皿の広さがあると考えられる。

これらの内容は，人口10万人当たりの医師数を把握しても理解できるものではない。また個々の医療組織からみても，地理的環境が大きく異なることが，病診連携体制をとるうえで，大きな障害になっていることは想像に難くない。

ここで，アメリカの医療制度が背景にあると仮定して，これらの事象を考察する。アメリカでは，老人と低所得者を除いては，皆保険制度は存在しない。つまり，一般の市民は，私的保険に加入することになる。加入先の保険会社は，複数の医療機関と契約し，個々の市民と契約した保険の内容に応じて，受診先をあてがう。医療機関は，保険会社から付与される金額の範囲で，対象となる市民の医療を行う。したがって，医療機関には，医療に経費をかけないことに対するインセンティブが生じる。したがって，組織の構成員たる医師には，そのような圧力がかかる。また，保険により受診先を規定された個々の市民は，受診先を変える場合には更に費用がかかるため，変更しないことにインセンティブが生じる。したがって，保険制度が，個々の医療組織にとっての，「診

療の対象となる人々」の大きな規定要因となる。このような保険制度の下では，Donabedian（1966, 1980）の，医療の質の評価法のように，地理的要因などの，マクロの環境を考慮する意味がなくなる場合もありえる。

　この考察から，医療の質の研究の理論（Donabedian, 1966, 1980）では欠けている「環境」を日本では，分析対象に入れることの有用性が指摘できる。したがって，厚生労働省の政策が有する意図に，医療組織にとっての環境という捉え方が含まれれば，少なくとも都道府県単位での対応は可能ではないかと思われる。そして，「環境」を分析に含めるコンティンジェンシー理論も，医療の質の研究の理論（Donabedian, 1966, 1980）も，法則定立を志向する理論である。そこに従えば，収束の方策が，ある程度「法則的に」理論化できることは期待できる。

　例えば，一般的な認知症の在宅診療[1]を「移動による業務」と捉える。現行の診療保険制度では，基本的に在宅診療の軒数に対して，インセンティブが付加される。したがって，拠点から近い範囲で複数の業務がこなせることが，実地医家（結果を出す行為主体）にとってのインセンティブとなる。逆に，あまりに移動距離が多ければ，実地医家にとっては「割に合わない」ことになる。したがって，この「移動距離」に対して，何らかのインセンティブを付加することが，「意図せざる結果」の収束の方策の一例となる。このような方策については，医療組織は提言は可能であるが，策定は不可能である。

　このことを，サービス専門組織（von Nordenflycht, 2010）の観点から捉えると，会計事務所や弁護士事務所の場合，書面のやりとりによって，組織と顧客の関係が保てる場合もあると考えられる。したがって，顧客と直接対面し業務を遂行する医療組織と比べると，地理的要因は少ない可能性がある。

　以上から，本稿の知見を基に収束を理論化するとすれば，意図する行為主体が立てた方針に従った業務（移動による業務）が，地域を問わず行き渡るためには，結果を出す行為主体（大学病院医師）の診療を継承する，地域の実地医家の移動距離に準じたインセンティブシステムを構築することが，補完策の1

〔注〕
1　在宅診療の目的の1つは，認知症のケアを地域・家庭に行き渡らせることにある。この点は，厚生労働省の意図の1つである。

つであると考えられる。このインセンティブが欠落した状態であれば、今回の調査対象のような医療組織に影響が及ぶということになる。仮に、大学病院や国公立病院を、地域の医療の「本社」と定義すれば、私立病院や診療所は、「支店」として位置づけられる。ただし、その位置づけは、猪飼（2010）が述べているように、機能分化ではなく、部分的に同一の機能を有する、規模による分化と捉えることが、日本の医療組織に適合する。

　企業組織にあてはめて考えれば、支社・分社を配置する際に、機能分化を行う場合と、規模に応じて両者に同じ機能を持たせる場合とが、環境に応じて変化すると考えられる。特に、企業内外との取引や連携の統制を考える場合、例えば、原料調達を目的とする支社を作る場合においても、製品販売の市場が支社の周辺に捉えられる場合には、他の機能を持たせることもあると思われる。したがって、この捉え方は、組織と市場の関係に援用の可能性が考えられる。医療組織に当てはめて考えれば、病院と診療所の間で機能分化を行う場合のキーの1つが「距離」ということになる。

　また、愛媛大学と大阪大学の比較から明らかになった、この「地域差」は、次の②以降の要素の「背景」となる。

② 家族の地域差

　「意図せざる結果」が生起する行為の過程は、どちらも、何らかの形で、医療組織が「家族」の立場を考慮する、あるいは思いを汲み取るがゆえに起きた結果であると捉えられる。

　大阪大学では、A医師の「金に糸目をつけない」や、E医師の「治験について質問されることがある」といった内容から、「その時点でできることは何でもしておきたい」ということを、大阪大学に求めている「家族」の態様が推察できる。つまり、顧客に寄り添う、不可避な機会的要素が、組織が可能とする「最大限」を要求している状態に近しい。

　それに対して愛媛大学では、三木教授の「大阪みたいに自分の都合でものを言う人は少ない」、小原准教授の「とにかく不安で仕方ない」という弁や、c医師の「喉元まで言葉が出かかっている」、さらに多く聞き取れた内容として、「通院に時間がかかる」といった点から、患者に寄り添う遠慮がちな「家族」

の態様が推察できる。そして，その態様を医師達が斟酌して対応している様子も理解可能である。つまり，その要求は，大阪大学に比して「最大限」とはいえない。

このような家族の地域差は，①であげた地理的要因を背景として，愛媛の家族にとっては「他に行く病院がない」（e医師）状況となっている可能性がある。また，他のサービス専門組織との違いは，業務遂行上，組織と顧客が直接対面する必要があることが，規定因の1つである。このことも，愛媛の家族の態様の背景にあるものと推察する。

以上からは，「家族」の態様に地域差があり，それぞれの状況を医師達が鑑みた結果，「アルツハイマー病」という診断に至った可能性が指摘可能である。どちらの府県でも家族の意向は強く，また最終的な投薬の判断は家族に委ねられている。因果は共通であるが，このように過程が異なっている。

まとめると，その過程は，大阪の家族はできることは何でもしたいという熱意，愛媛の家族は分からないから何とかして欲しい，何か言えば次に病院に来づらくなる，といった背景での考えが異なっていると捉えられる。

この状況で生起する，「意図せざる結果」は，Merton（1949）を参照すれば，潜在的機能であり，かつ表面的に「機能と逆機能が混在している状態」となる。大阪では，「アルツハイマーによるMCIの可能性に対して（A医師）」，愛媛では「（特に，医療機関へのアクセスが難しい地域の場合）アルツハイマーの疑いがあれば，早期に介入する（c医師）」という生起過程である。

現状の医学的エビデンスに従えば，MCIの2割は，アルツハイマー病に移行するという。つまり，MCIの症例の全てに介入すれば，2割が機能，8割は逆機能の可能性があることになる。ここでいう「機能」とは，厚生労働省の意図に対する「機能」，つまり「認知症の，早期での正確な診断と介入」である。

経営学一般における，経営組織と顧客の関係であれば，自組織にアクセスできなくなった場合は「顧客ではない」ことになる。つまり，市場（野中，1974）に含み入れられないことになる。このような状況のうち，一部は「情報」という媒介（例えば，インターネットの発達など）によって，市場化されることが理論的に導出可能である（野中，1974）。

しかし，「医療」の特異性として，医療者と顧客（患者）が，対面すること

が必要である。また，顧客が自組織にアクセスできなくなることは，組織にとっても顧客にとっても，「望ましくない」。特に顧客にとっては，健康にかかわる問題が生じる場合がある。その場合に，顧客の日常生活における行動範囲にある「地域の実地医家」に権限を委譲し，機能的な代替を行うことになる。

この機能的な代替を行う「地域の実地医家」が，愛媛では少ない。その背景には，①に示した地理的要因があり，「地域の実地医家」にとっては，競合する他の実地医家も少ないが，それ以上に実務の遂行が困難な場合もあるものと推察される。そこからは，「実地医家の先生が，初期の認知症を診ない」(小原准教授) という状況へと繋がることが推察される。

この点は，大阪では地理的要因が少ない。また，地域の実地医家の間に競合関係が生じている場合もあると考えられる。競合が多ければ，実地医家は，一定の学習・訓練の後に，レパートリー (診療可能な疾患) を増やすこともありえる。したがって顧客は，自由に，実地医家を選択する余地があるものと推察される。そして，この顧客の代理が，「不可避な機会的要素」である。家族にもまた仕事などがあり，常時一定の対応が困難な場合もあり，その意味においても「機会的」である。

このような「不可避な機会的要素」が発した，可能な限りの加療希望 (大阪)，通院を含めた先行きの不安 (愛媛) に対して，「アルツハイマー病の可能性」を示したうえで，加療の1つの手段として，組織側 (医師) が「処方」を提示し，多くの場合の意思決定を，不可避な機会的要素 (家族) が行っているのである。

医療組織側からみた場合，本来有する医学的知識に基づく権威を，父権的に行使する (パターナリズム (Freidson, 1970)) ことはせずに，顧客側に選択権を委譲していることになる。委譲できる背景は，金銭的インセンティブにかかわらないこともあるであろう。しかし，それ以上に，専門的知識に基づく権威を封印する背景に，自律的なProfession, とりわけ「利他性」が強く出ていると捉えられる。その自律性は，第2章で述べたように，これまでの多くの論稿で述べられているものとは理論的な背景が異なる。その背景の違いは主として，(医療者側の立場からみて) 医学的正当性や権威性の確保にかかわる社会的な労力の差であると考えられる。

そして，いずれの場合も，意図した行為主体である，厚生労働省が，こうした背景の因果を捉えきっているという確証はない。したがって，De Rond and Thietart（2007）が述べている，背景の因果の把握度という観点からは，厚生労働省が主体となる場合には，収束の可能性が低いと捉えられる。ここに，結果を出す行為主体である，医療組織が自律的に背景の因果を把握する意義が見い出される。それが一般市民への「正確な」情報提供に繋がることは言うまでもない。

また，MacKay and Chia（2013）の観点からは，医療組織が「手中にしている」，治療についてのイニシアチブを，密接した不可避な機会的要素（家族）に委ねている状態と捉えられる。ただし，大阪では不可避な機会的要素の求めに応じて，愛媛では不可避な機会的要素の窮状を鑑みて，という点で背景は異なる。

企業に例えれば，手中にある業務案件のなかで「成果」が明確でないものを，顧客と責任を折半して実行するような場面が想定できる。この場合，リスクの回避，あるいは市場の情報の獲得というインセンティブが組織にある。例えば，企業の商品開発者（企業内専門職）が，コンテクスト（不可避な機会的要素）を意識すれば，製品の市場における位置づけが変化する可能性はある。具体例としては，住宅リフォームの商品開発を高齢者を意識したものとすると，年老いた親が長年住む家のリフォームを，子供が踏み切る動因となることなどが，該当するであろう。

しかし，医療組織の業務が公的で，「現場で対応する意思決定者」である医師が有するProfessionは，企業の担当者が有する企業特殊性や現場責任とは異なる性質を呈すると考えられる。Professionには，コスモポリタンの要素があり，例えば医師の場合であれば，組織の長の命令よりも医学的正しさのほうを優先するというような面がある。企業においては，このような「組織を超越した正しさ」というものの定義が困難であり，対比的に捉えることは難しい。

しかし，専門職組織の捉え方をすれば，組織の成員が，より「環境」や「コンテクスト」を意識したProfessionとしての態様をとれば，その成果の市場における位置づけが変化する可能性が考えられる。von Nordenflycht（2010）で取り上げられている，弁護士，あるいはコンサルティングファームなどは，特

にその可能性が考えられる。例えば、企業の顧問弁護士であれば、「環境」や「コンテクスト」への意識は、顧客である企業にとってのCSRを強化する要因となる可能性がある。

このように考えると、本書における医療組織がもたらした結果は、現在の医療制度や認可薬剤の範囲での、「意図せざる結果」の収斂の状態にある。医療者は、決して医学的なエビデンスから大きく逸脱した行動・言動はとらず、常に「アルツハイマー病の可能性」を考慮・説明している。一方で、その説明の後の選択を「不可避な機会的要素（家族）」に委ねている。したがって、双方に非は認められないばかりか、現時点での「最適」な状態を導こうとしている。つまり、現段階における「収斂」の状態と捉えられる。

このような状態は、初期の認知症、あるいはMCIの段階における、アルツハイマー病の診断の困難さが背景にある。したがって、「意図せざる結果」の「収束」には時間がかかるが、個々の医療組織が、正確にデータを蓄積することが最善である。それは、高潔なガイドラインを制定した、中央集約型の臨床研究が、「意図せざる結果」を招く可能性があることが示唆されるからである（Califf, 2006）。つまり、MCIについての、中央集約型の臨床研究は、この視点からは推奨しがたい。したがって、個々の医療組織が「まず、自らの診療に役立てるために」、可能な限りの追跡データを自組織の「環境」を踏まえて蓄積し、個々の医療組織と関係がない第三者が集約し、最終的に全国化することが勧奨される[2]。それは、日本の医療組織といえども、研究成果として公表すること自体が、自身の権威向上（同業内、あるいは社会的な）となると考えて行動する場合がありえると推察されるからである[3]。その意味においては、追跡データは、その過程は非公開であることが望ましい可能性[4]がある。

また、企業の場合、その規模に応じて統治機構が異なる場合があると思われる。特に海外進出した場合、現地の企業体を分社化したり、別会社化したりす

〔注〕
2 情報収集をする医療組織に対し、何らかのインセンティブを付与するようなルールであったり、半ば強制的に行う中央集権型のデータ集積は適合しないと考えられる。
3 近年、報道などで問題視されている臨床研究は、このような背景があると推察される。
4 Califfの述べている中央集権型の研究は、高潔なガイドラインの下であらゆる過程を明らかにする前提を有している。

ることもあると思われる。そのような場合に，もし現地の支社が独自の統治機構を有する場合に，本国本社の意図が，現地支社の成果として結実する過程は，情報非対称となる場合もありえる。

やや飛躍するが，本書における「地域差」は，意図する行為主体と結果を出す行為主体が「実診療」という現場の情報の面での，非対称に由来する可能性がある。このように捉えると，企業の場合は，進出した地域ごとに「環境」が異なると思われる。そのような一面と，類似性が見い出せると考えられる。つまり，意図する行為主体から，結果が出る過程の因果が把握できない，という共通の要素の存在が示唆される。この点は，MacKay and Chia（2013）の主張を再現したこととなる。したがって，企業内全体での報告ではなく，個々の支社における「記録」の精緻な蓄積が，意味をなす可能性を本書は示唆する。

それは，支社に特異的なノウハウになるからではなく，全社的に「意図せざる結果」が認められた時に，生起過程の因果の把握と，その収束に役立つ可能性があるからである。

③ 診療科の違い

次に，診療科の専門性に着目する。老年内科と精神科の差は，何人かの医師も言及していたように，「身体科か症候科か」の違いにある。Professionとして専門的知識と，行使の仕方の違いである。実務的には，診療の導入を，身体所見からとするか，患者の訴える内容からとするか，の違いである。この点に関しては，大阪と愛媛の違いは認められなかった。また，個々の医師の診療は，愛媛でも大阪でも大きな違いはなく，それぞれに診療の権限が委譲されている。

ただし，大阪では大部分の医師が自身の専門性と診療の関わりにも言及しているのに対して，愛媛では，ほぼ全ての医師が，専門性に強く引き付けるよりは，地域における患者，診療の在り方を中心に語っている。ここにも，①で述べた地理的要因が背景にあるものと推察される。

この診療科の違いは，不可避な機会的要素（家族）を含めた，背景の因果の読み取り方の違いにつながっていると考えられる。

精神科は顧客（患者）が，不可避な機会的要素（家族）と常時寄り添っているかどうかにかかわらず，その関係性を保つことを前提に，顧客にとって良い

方向となるように，両者セットでのデザインを行う。不可避な機会的要素と顧客をセットと捉えた時の，取り巻く「環境整備」の手段の1つである。MCIにおける，処方はあくまでその一環である。これは，野中ほか（1978）で述べられている，環境を創造する行為に近しく，別の表現を用いるのであれば，医療組織からみたコンテクストの安定を図っていることになる。このコンテクストの安定が，顧客の安定（＝安定した療養生活）という成果へとつながると考えられる。本事例では，家族の「安心」が，家庭における介護環境の安定につながる，という捉え方である。

　老年内科は，顧客に対するアプローチを中心に取りつつ，不可避な機会的要素（家族）に目を向け，時に情報源，時に治療などを委譲する対象として捉えている面があると考えられる。すなわち，顧客のコントロールの一部を，不可避な機会的要素（家族）に委ねるということである。経営学一般のなかでは，「親子」が顧客である場合が，これらの状況に近しいと思われる。つまり，顧客と，顧客に寄り添い意思決定に影響を与える行為主体との間で，共通の意思を形成するように求めていると捉えられる。

　つまり，どちらの診療科も，不可避な機会的要素（家族）の意向に沿うのである。しかし，以降の診療のなかで，不可避な機会的要素（家族）と顧客（患者）を，一体化させた環境整備を行うのか，双方の相互行為のなかで理解し合いながら体制を作り上げるように向けるのか，という大きな違いがある。したがって，「意図せざる結果」を生起させるまでの，思考の過程が異なるものと考えられる。具体的には，精神科は，認知症患者を抱える家庭の，環境を整備し，病状の進行を穏やかにするための手段としての処方と捉えられる。それに対して，老年内科は，本人の病状進行を遅らせることを，まず念頭に置いている傾向がある。

　企業と顧客の関係に例えると，精神科の態様は，2世帯住宅のデザインの考え方に類似している。2世代の夫婦の，日常生活上の接触の度合いや，その関係などによって，間取りを変えたり，時に別棟にしたりすることもある。

　一方，老年内科の態様は，親子で洋服の購入を行う場面と類似している。特に子供が，学生の場合で親が支払いをする場合，洋服の選択については，時に親の意向が強く反映される場合がある。そして，これらの状況を分析して，企

業側は対応する。つまり，その場において，自社の製品やサービスのなかから推薦を行うことである。MacKay and Chia（2013）が述べている，結果が生起する背景因果を把握しながら，対応することとなる。つまり，理論的には，収束させやすいと予測される。ただし，収束まで要する時間は未知である。

　この収束のさせやすさの背景は，本書の内容でもみられる。例えば，診断困難な症例を，特殊な検査の可能な病院に紹介する（E医師）という態様が，それにあたる。より医学的に「正確」と考えられる方策へと，患者を向けることである。そのためには，特殊な検査や，治験が可能である施設が，自験例を蓄積し公表していくことが，「意図せざる結果」の収束につながることとなる。そして，こういった収束への動きは，前出の「アミロイドPET検査（嶋田,2012)」のように，既に事例として認められる。

　また，特に精神科の場合，顧客（患者）と不可避な機会的要素（家族）の関係性を保つことを前提に，顧客にとって良い方向となるように，両者セットでの，未来の医療・介護のデザインを行う。そのために，「地域の違い」を受けやすいといえる。この「地域の違い」は，①で指摘した地理的要因，②の指摘の背景にある「家族の同居の状況」や「家庭内における人間関係」である。「環境」を考慮し，診療科の比較を行うことで，これらの点はある程度明らかとなる。

　これらのことをアメリカの医療で想定すると，個々の診療科が有する，医学的知識には大きな違いは存在しない。だが，保険制度の違いと，病院組織の成立の流れの違いがある。

　保険制度は，使用できる医療資源が限定されることで，医療者が，患者・家族の関係性を尊重しにくくする可能性がある。つまり，医療者側の選択範囲を狭くする可能性がある。更に日本と異なり，保険による契約の範囲内でなければ，すぐに他の医療機関を紹介することは困難である。また，保険契約により，診療所の専門医が，病院での診療をどの程度含み入れられるかが決定される（ただし，診療所と病院の連携の円滑さは，必ずしも悪いとは限らず，契約の掛金によっては，より高度である可能性もある）。

　また，アメリカの病院組織がケア組織由来ということであるため，日本と異なり，介護の要素が，病院に含み入れられている可能性がある。その面での，

病院の「外来における」選択肢が多い可能性がある。だが，それはあくまでケア（対症的処置）であって，診断・治療ではない。

④ 医師が有する利他性と制度的同型化の観点から

本書は，医療組織の視点からの議論を志向している。そして，本書における医療組織の要素である，日本の医師は，「医師」の専門職としてのProfessionとしての自律性を背景とした利他性と，医学的エビデンスや診療ガイドラインといった制度的要素との狭間で職務を遂行している。そこで，Profession（藤本，2002）としての，利他性と制度的同型化（DiMaggio and Powell, 1983）に基づいた分類を考えてみる。

第2章で述べたように，これまでの日本の医師のProfessionに関する論稿で取り扱われてきた自律性の定義と，本書における定義は，Professionとしての成立背景の違いから，先行研究とは異なると考えられる。したがって，自律性を基盤とした，医師の態様もまた，これまでの論稿とは捉え方が，異なるものとなる。

また，制度的同型化についても同様である。制度的同型化とは，同型の状態ではなく，同型の状態への動因が働いている状態と捉えられる。つまり，何らかの制度，あるいは制度的要素によって，同型の状態への動因が働く状態である。

アメリカのProfessionは，「古典的なProfession，医師としての公共性や利他性」と，「医療システム下でのProfession，つまりメディケアなどの主として保険システムの下での，医師としての金銭的，地位的インセンティブ」の，大きく2つの要素から成る（Stevens, 2001）。加えて，免許制（資格制）の機能，専門教育機関で専門的知識を教育される点，倫理綱紀やガバナンスが，専門職集団の社会的信用の看板であると同時に，「自律性」を社会に認めさせる方策である（Freidson, 1970）。

対して，日本の医師の職業集団の形成は，資格形成のためとはいえない。それは，社会的地位を国家が規定し，規定されたうえでの職業集団と考えられるからである。したがって，アメリカのように，医師が自らの社会的地位や職業的権威を獲得するために行う活動の背景に存在する「自律性」の存在は，日本

では大きいとはいえない。強いて言及すれば，同業内での権威獲得のための動きが存在し，その権威が社会的権威とリンクする状況が想定可能である。

繰り返しになるが，権益のみならず，医学的正当性や社会的地位を確保するために活動する「アメリカの医師の自律性」は，ある程度の社会的地位が法と政策で規定されたうえで，医学的正当性や社会性を追求できる「日本の医師の自律性」とは，その背景と構成要素が異なることになる。

以上のような観点から，本書における日本の医師について，Professionの特徴を，自律性を基盤とした「利他性」，そして医学的エビデンスや診療ガイドラインへの「制度的同型化」に見い出せる[5]。このことから，利他性と医学的エビデンス，特に診療ガイドラインなどの医学的知見への依拠の枠組みでの分析を行う。この両者は対立するものではなく，自律性を背景に，併存している状況と捉えられる。

先行研究における，医療における「意図せざる結果」の研究を概観すると，多くの論稿の結果がコスト（Shackelton et al., 2009），または治療患者数（Werner et al., 2005）といった，数的要素なだけに，結果が一見して「明確に違う」と判別可能である。これらは，Donabedianの述べている「医療の質」の範疇に入るものである。また，これらの研究は「環境」や「コンテクスト」への配慮が，ほぼなされていない。そのため，医療にかかるコストや，治療患者数という要素が，医療組織の要素（例えば，医師の選択する治療法など）と関連付けされる。したがって，そこには医師のガイドラインなどへの依拠と，Professionとしての検査や治療の選択までしか，含まれていないと考えられる。

本書では，ガイドラインや海外の医学的知見などに依拠している状態は，インタビューにおける，「初診時に行う検査」やMCIの患者への対応の際の内容に表れている。

医学的エビデンスや診療ガイドラインなどによる制度的同型化と，家族の置かれている環境・状況に合わせて意思を汲むような利他性の2つの強弱の差異から捉えると，今回の調査における，「意図せざる結果」の生起は，**図表5-1**

〔注〕
5　業種内あるいは組織内の規約などよりも，自律的に医学的エビデンスへ依拠しやすい状況が想定される。

〔図表5-1〕診断過程にみる，制度的同型化と利他性の重なりの強さと「意図せざる結果」

		制度的同型化	
		強	弱
利他性	強	正確な診断	意図せざる結果②
	弱	意図せざる結果①	誤診

出所：筆者作成

のように分類されると考えられる。

「意図せざる結果」①は，医学的エビデンスや診療ガイドラインに，より強く従ったために起きる，ある種の「エラー」であり，アメリカの種々の医学領域の研究が実証している（Shackelton et al., 2009）。「意図せざる結果」②は，医学的エビデンスや臨床ガイドラインを意識しつつも，患者・家族への利他性が主となり生起するもので，ここが本書の着目点である。

②の生起過程には，愛媛と大阪で差異が認められ，その主たる要素は，①で指摘した「地域の実地医家の機能」と，②で指摘した「家族の態様」の違いである。愛媛の家族のほうが，患者の介護に，より多くの時間を割いているものと推察される。また，地域の実地医家の機能が個々の患者の医療全体に占める割合が，愛媛のほうが低いと推察される。つまり主として，家族の負荷を少しでも軽減する，地域の実地医家の機能を少しでも埋めるために，医師の「利他性」が発現するのが愛媛である。これら2つの状況が，大阪ではやや緩和されているために，家族の希望に直接対応する，あるいは医療者側からエビデンスに基づいた病状説明を行ったうえで，家族に選択をしてもらうことが，より多くの事例で可能となるものと推察される。さらに，どちらが先かは分別できないが，家族の希望と，医師の学術的探究心がつながっている面がある[6]。

制度的同型化の「制度」，つまり医学的エビデンスや診療ガイドラインの正確性を向上すれば，「意図せざる結果」①は減少する。その場合には，必然的に②も減少するが，疾患への早期受診・早期介入の戦略がある限りは，特に②は，「ゼロ」にはなりえないと考えられる。それは，「早期」であるがゆえの，

〔注〕
6 例えば，治験のことなど。このような探究心も，Professionの要素である。

第5章 「意図せざる結果」を通して見える課題　217

病型判別の困難さに依ることが，医療者側の理由としてあげられる。そして，早期介入の「効果」を啓蒙された，不可避な機会的要素である，多くの家族は「治療」を望むと考えられるからである。

　以上から，「意図せざる結果」の生起過程と，その収束についてまとめる。
　本書の分析対象は，意図した結果と「意図せざる結果」が，一見「同じ」，つまり患者数として，同じ「アルツハイマー病」に含まれる。この点は先行研究のなかでは珍しいと思われる。それだけに，本書で意図した行為者（厚生労働省）には，「同じ」結果として取り扱われている可能性がある。
　そして，意図する行為主体と，結果を生起する行為主体が異なる点は，本書の研究対象の特徴でもある。特定の組織の外部で意図が生起し，結果を特定の組織が生起する場合を想定する。外部の行為主体が「意図」の背景に想定している因果を，結果を生起させる特定の組織が，再現する場合と，そうでない場合とがあると考えられる。
　前者は，意図する行為主体が，背景の因果を把握できる状況であり，収束の策は，法則定立的に講じやすいと考えられる。
　それに対して，後者の場合，結果を出す特定の組織に特有の，「何らかの過程」を経ることになる。よって，その過程を，意図した行為主体がコントロールすることは，法則的な視点からは困難であると思われる。それは組織に特有の要素と，組織を取り巻く環境が「何らかの過程」に影響するからである。特に，収束の策を講じるには，結果が生起する背景の因果に対してのアプローチが必要であると推察される。このため，「意図せざる結果」の生起過程の背景の因果を，意図した行為主体が「把握できてない」可能性もあるものと考えられる。したがって，収束のための含意は，結果を出す行為主体の内部的視点によるものが望ましいと考えられる（石井，2006；De Rond and Thietart, 2007）。
　本書の調査内容に立ち返れば，実際は，顧客と不可避な機会的要素，診療科の特性，そして「環境」からの要望などからの影響は，それぞれの医療組織で異なっている。そのために，「意図せざる結果」の生起過程の背景の因果も，また異なると思われる。これらの観点は，従来の医療の質の評価法では，網羅できていない。また環境・コンテクストの大きな違いは，愛媛のほうが，地理

的要因が背景にあり，地域の実地医家の機能が相対的に低いことが挙げられる。また同居率のデータからは推察できないが，愛媛のほうが，家族が患者の介護にかける時間が多いであろうと推察される。

これらの背景に着目し，愛媛を「地域」のモデル，大阪を「都市部」のモデルと見なし，環境・コンテクストへの利他的配慮，診療ガイドラインなど医学的エビデンスへの制度的同型化の度合いを，認知症診療の場面で順位付けをすると，次の**図表5-2**のようになるものと考えられる。

地域モデルにおいては，地理的環境と実地医家の状態が反映される。これらは，通院の利便や日常の介護に直接関係する。その負の部分に配慮する分だけ，都市部モデルよりも，利他的配慮は高まると考えられる。老年内科と精神科の差は，身体科か症候科かという違いではなく，介護面における肉体的・心理的負荷の度合いによるものである。精神科にかかる患者のほうが，認知症としての重症度は大きく，家族への負荷が大きいと考えられる。その分だけ，利他的配慮も大きくなると考えられる。

認知症が初期，あるいはMCIの段階であるほど，医療的にも，介護的にも展望が立てやすいという事実がある。この点はA医師も言及しており，軽症である分だけ，医学的エビデンスの選択の幅が広い，つまり同型化させる制度選択の幅が広いと考えられる。調査の範囲では，地域モデルのほうが，また精神科のほうが，受診する認知症患者の病状が進行している，もしくは高齢であることが推察される。したがって，地域モデル，かつ精神科のほうが，医学的エビデンスが適応可能な範囲が少ないと考えられる。そして，この背景には，都市部モデルにおける「不可避な機会的要素」が，医学的エビデンスに基づいた可能な範囲を超える加療（例えば，治験など）を求めることも，地域モデルとの

〔図表5-2〕地域・都市部における両診療科の態様について

| | 愛媛（地域モデル） | | 大阪（都市部モデル） | |
	老年内科	精神科	老年内科	精神科
環境・コンテクストへの利他的配慮	2	1	4	3
制度的同型化	3	4	1	2

差をもたらしていると考えられる。

　以上のように整理を行い，仮に利他的配慮と制度的同型化を点数化するとすれば，各診療科ごとの総計が，ほぼ同じイメージとなる。このことは，利他的配慮と制度的同型化が対立するものではなく，同じ「自律性」を背景に発露されていることを支持する内容と考えられる。つまり，本書における，利他的配慮と，医学的エビデンスや診療ガイドラインへの依拠の度合いである制度的同型化は，医師が環境や病状に配慮しながら，「自律性を使い分けている」要素であると捉えられる。

　このことに従い，医師の患者・家族に対する態様を2つに分けると，「委譲（Devolution）」，「推奨（Recommendation）」と，表現することが可能である。どちらも，医学的知識を基盤としており，前者は医学的な確定診断が困難な場合に，患者の病状，患者・家族の置かれている環境，家族の意向を合わせて考慮したうえで，考えられる治療などの選択肢を示し，主として家族に選ばせることである。後者は，確定診断がつく，あるいは特定の疾患の疑いが濃厚と考えられる場合に，治療などの選択肢を順位づけながら，勧めることである。

　このように，認知症診療においては，今回の調査で観察される「自律性」は，医師が何らかの要素を社会と交換した結果として得ているものではない。

　本書における専門職組織の行為者は，顧客ならびに「不可避な機会的要素」対して，地域ごと，専門領域ごとに，アプローチをしている。そこには，自律性を背景とした，利他的配慮と，制度的同型化が認められる。利他的態様は，地域モデルで，更に精神科の認知症診療において強い傾向が認められる。また制度的同型化は，都市部モデルで，更に老年内科の認知症診療において強い傾向が認められる。そして，「意図せざる結果」は，主としてこの利他的配慮から生じる割合が大きいと考えられる。

　意図せざるの生起の動因となる，利他的配慮は，制度的同型化と対立するのではなく，制度的に同型化させ切れない症例に対して，示されることが多いと推察される。医師が制度的に同型化させ切れない，つまり既存の医学的エビデンスでは，医療者側から推薦できる方針が立てにくい場合に，主として家族に，いくらかの方針案のなかから選択する権限を，「利他的に」委譲することとなる。

したがって，収束のための方策は，医師が「利他的配慮」をしなくても良い状況を，考察・導出することが必要となる。それは，「正確な診断」が条件となる。

本書においては，地理的要因，地域の実地医家の相対的な機能，家族（不可避な機会的要素），そしてMCIにおける病型分類の困難さが，利他的配慮を行う背景にある。

地理的要因は，不動のマクロ要因であるため，収束のためにはマクロからのアプローチが必要と考えられるが，そのための判断材料は医療組織から提言可能である。本書の内容だと，地域における愛媛大学精神科による認知症の実態調査はその1つである。愛媛大学では，老年内科も同様の活動を行っている。また，大学病院の診療科が起点となって，地域ごとの実態把握を促すようなリーダーシップを発揮することも，収束のための有効策である可能性がある。この点は，大阪大学老年内科が試みを開始しているといえる。

また愛媛大学精神科のように，認知症疾患医療センターの中核として，地域の実地医家への診療面での啓蒙を行うことは，地域の実地医家の相対的な機能の向上につながると考えられる[7]。実地医家の機能向上は，家族の啓蒙へとつながる可能性がある。そのようになれば，MCIの段階で，地域の実地医家が「経過観察」をしながら，より正確な診断へと導ける可能性がある。なぜなら，日常的に患者診察を行う機能を，大学病院は有していない[8]からである。

また，理論的一般化を試みる場合に，サービス専門組織として捉えた場合，①顧客との対面が必須，②不可避な機会的要素が常時存在する，という点で，条件が限定される。また，「意図せざる結果」として，本書で観察された要素は，機能と逆機能を含む。ただし，全てを機能へと向ける過程であると捉えられる。そのため，現在の組織の「能力」では解消できない逆機能を，顧客および不可避な機会的要素との間で，無効化しているといえる。主として，「意図せざる結果」に包摂される，逆機能の収束のための，緩やかな過程が，「アルツハイマー病」としての処方，「経過観察」である。前者は，一部が機能的で

〔注〕
7　大阪の大学病院では，大阪市立大学医学部がこの中核となっている。
8　大学病院が原則的に予約制であることを指している。

ある。また，逆機能の無効化は，組織側と不可避な機会的要素との間の相互作用によって成立している。したがって，表面上は「逆機能」として観察することは不可能である。急進的な収束には，背景に科学的知識と，それに起因する技術を要するため，イノベーションが必要である[9]。それらにかかわる所作も，一部観察されている。

　現在の医学的エビデンスの下では，以上のような含意が導かれる。しかし，診断あるいは治療に関して，先端的な研究を行っている，大阪大学精神科のような組織が，何らかのイノベーションを生起させる時，MCIにおける病型分類の困難さが克服され，本書で着目した「意図せざる結果」は，一気に収束される可能性があることを最後に記しておく。

5-2　医療実務への提言

① 地域の違い

　地域の比較から生まれた含意の1つは，前項でも述べたとおり，Donabedianの医療の質研究に欠けている，「環境」への意識である。ただし，医療組織は，それ自体が，地域という環境に含まれている。このため，医療組織を構成する人々は，本研究のインタビュー対象の医師達のように，「環境」に対しての意識はあるものと考えられる。

　Donabedianの研究の背景には，アメリカの医療制度や保険制度があるものと思われ，そこへの適用を考えて理論化されている可能性がある。このため「環境」を考慮しなければ，日本の医療の状況には適合しない可能性があるという指摘が可能である。

　また，認知症診療において，地域の違いから生まれる「意図せざる結果」の収束のためのデータは，実務的な観点からは，「地域ごと」に症例の追跡調査を行い，事後に第三者の手で，全国レベルで統合することが望ましいと考えられる。統合を前提とした大規模な臨床研究には，「意図せざる結果」を生じさせる可能性があるから（Califf, 2006）である。したがって，あくまで日常診療

〔注〕
9　正確な診断に寄与する何らかの新規技術などがこれにあたる。

の症例の追跡データを蓄積し，まず自組織でフィードバックしていくほうが，「意図せざる結果」を生起しにくいと考える。また，個々の地域における追跡研究は，個々の患者の背景にある環境を反映したものになる可能性があり，その面でも好ましいと考えられる。

本書における「環境」の要素として，主として地域の比較のなかから，地域の実地医家の機能と地理的要因に着目することとする。

まず地域の実地医家の認知症診療における機能が，愛媛のほうが相対的に低いことが示唆される。前節で，愛媛において，機能の低さを補うための啓蒙活動（認知症疾患医療センターなどを通じたもの）が，機能面での解決，ひいては「意図せざる結果」の収束に，理論的に有効であることを述べた。だが，実務的には，そこまで単純化できるとは言い難い。ここで，調査対象の医療組織である「大学病院」と，地域の実地医家としての「診療所」の関係を，猪飼（2010）を参考に，両者の専門性の重なりの度合いと，機能分化の大きさという観点から推察する。

専門性の重なり具合とは，特定の疾患に対して，大学病院の特定の診療科と，診療所の専門性が，どの程度重なっているかを表す。また機能分化の強い（進んだ）状態とは，MCIや初期の認知症を診療所が担当し，中等度以降あるいは診断の難しい症例を大学病院が担当することを意味する。

専門性の重なりが強く，機能分化も強い場合には，患者は的確に診断・治療される確率が高くなり，「意図せざる結果」の収束につながると思われる。また専門性の重なりが弱く，機能分化も弱い場合には，患者の診療上の連携が行えず，機能的に分散した状態となる。「意図せざる結果」の生起についても不明瞭である。このような状況は，個々の組織の診療能力向上が優先されよう。

では専門性の重なりが弱く，機能分化が強い場合はどのようになるか。特定の疾患への専門性の強い組織が，診断と治療における主導権を取ることになる。大学病院が専門性の主導権を取る場合には，診療所は「専門外であっても」それに追随して，患者を診る努力をすることとなる。この例は，愛媛大学の医師が述べている，紹介先の「整形外科」の実地医家の例が該当すると思われる。では逆の場合はどうであろうか。診療所が有する一定の専門性と，患者の疾患が適合し，大学病院側が外れる場合である。この点は大阪大学の医師が述べて

いるように，アプローチの仕方が異なる場合には，患者診療が停滞することもありえる。あるいは，診療所のコスト優先の医療となる場合も推察される。

前者の場合，不可避な機会的要素である「家族」にも負担となり，その負担軽減も医療組織の課題となる。後者の場合，自身の専門性に引き付けた「診断」を下す可能性が高まる。したがって，前者は「患者・家族の負担を軽減する」観点から，後者は状況によっては「医師の専門性への偏向，あるいは金銭的インセンティブ」の観点から，「意図せざる結果」を生起させる可能性が生じる。つまり両極（医師にとっての利他と利己）の状況が生起しえると考えられる。

前者の状況は愛媛に，後者の状況は大阪に，多く存在するものと推察される。啓蒙活動の効果は，大学病院が専門性の主導権を掌握している限りは効果があるものと思われるが，地域の実地医家が掌握している限りは，かなり減弱すると考えざるをえない（**図表5-3の②**）。

また専門性の重なりが強く，機能分化が弱い場合はどうなるか。それは，日本の医療がフリーアクセスであるため，特定の地域内で，大学病院と診療所が競合関係となる可能性がある。この状況は大阪にはあるものと推察される。この場合は，機能分化ではなく，一部の医療が診療所で完結する可能性があり，正確な診断の下では機能的である。しかし，競合のなかで，医療組織が「患者を繋ぎ止める」ことのインセンティブ[10]が働く場合には，「意図せざる結果」を生起しえる（**図表5-3の①**）。

〔図表5-3〕地域の医療組織の機能分化と専門性の重なりの関係

		機能分化	
		強	弱
専門領域の重なり	強	収束	①
	弱	②	分散

〔注〕
10 大学病院であれば臨床研究の対象として，診療所であれば慢性疾患の通院者としての状態などが考えられる。

また，**図表5-3**の「分散」は，医療そのものが充足していない状況を含む。そのような地域の有する「環境特性」に対して，愛媛大学精神科のc医師の述べている，「救急の医療とかではなく，ケアマネージャーが電話で応対するなどの，即時的なサービスが求められている」という内容が，含意として該当する。まず「介護者の不安を解消する」ことが求められていると推察される。これまでの病診連携や，病院とケア，診療所とケアの協働という枠を超えて，「地域」を包括的に捉える視点に立つことにより，生まれる視点と思われる。そして，その内容には，直接的な医療とは異なる要素が表れていることから，機能分化の考え方を超えて，医療組織の新たな形態の萌芽があると思われる。地域包括的な医療における組織の協働の形態（田中，2013）へ向かう変化であると捉えることが可能である。またそれは今後，Jay（2013）の述べている，ハイブリッド組織として発展素地の可能性もある。

　このような，自然発生的に変化する組織と，意図的に組織に変革をもたらす場合の差異については，本書のデータから知見は得難い。しかし，現行の医療組織が包括的な組織の一員へと変革する場合に，意図的な変革よりも，自然発生的な変化のほうが，変化の過程で生じる因果を，内部者が把握しやすい可能性があると考えられる。また，変革の意図に依拠し過ぎた場合にも，「意図せざる結果」が生起する可能性はある。つまり，自然発生的な変化は，「意図せざる結果」を生起させにくくする可能性があることになる。

　また，機能分化が考えられない状況，つまり認知症診療を行う実地医家が少ない場合には，啓蒙活動により認知症診療を可能とする実地医家の数を増やすことを企図することがまず重要である。この点は，既に取り組みが始まっていると捉えられる。加えて，地域ごとのインセンティブのあり方を，地域の実態調査を元に，経営学者が加わり，構築した案を提示するような実践も必要であると考えられる。その一案が，在宅診療時の移動距離に応じたインセンティブである[11]。

② 家族の地域差

　「意図せざる結果」の生起の過程には，家族の地域差による違いが理論的に認められた。しかし，実務の観点からは，どのように捉えられるであろうか。

理論的には，意図する行為主体である厚生労働省が収束のための策を，個別にとることは困難と思われる。一方で，医療組織は，患者，家族と直接対峙しており，背後の因果を把握しやすいため，独自にこの「意図せざる結果」を収束する策は考えやすいと思われる。そして，収束の策は，既にできつつあるとデータからは捉えられる。実務的に，家族の考え方の「背景」を今回のインタビュー対象の医師，医療組織はある程度把握している。その時点で，家族の意向に沿うかたちで，「意図せざる結果」を収束させる前段階に到達していると捉えられる。

　大阪大学ではE医師が，家族の意向に沿って，ある患者を大阪市立大学に紹介し，アミロイドPET検査をし，現時点の医学的エビデンスのなかで「正確に」診断をした例を紹介している。このような行動自体が，「意図せざる結果」を収束する態様の1つ，と捉えられる。こういった特殊な検査や，その設備面において，大阪という地域は複数の大学病院があり恵まれた面がある。そして家族も，そのような特殊な検査や治験などを目的にしているようにも捉えられる。

　一方，愛媛大学では，やや遠慮がちな家族の意向を汲み取った医師が，現時点で可能な医療を提示している。しかし，そこには地域の実地医家や設備面での不足があり，大阪と同じ状況ではない。また，e医師が述べているように，家族も「他に病院がない」という意識を持っている可能性が高い。しかも，患者数の多さに加え，通院距離の問題や地域の実地医家の認知症診療の状況もあり，短い日数間隔での経過観察も行いにくい。また，この状況で，小原准教授は，MCIの場合には，「治験代わりの」内服治療を選択肢の1つとして提示している。これらの状況は，現段階における収斂の状態である。

　もし，マクロの視点からアプローチをするのであれば，このような過程には，

〔注〕
11　診療報酬の規定には，移動距離に応じた内容として，「保険医療機関の所在地と患家の所在地との距離が16キロメートルを超えた場合，又は海路による往診を行った場合で，特殊の事情があったときの往診料は，別に厚生労働大臣が定めるところにより算定する。」とあるが，それだけではインセンティブとして効果がないと考えられる。また，「往診に要した交通費は，患家の負担とする。」とあり，患者・家族側からも，在宅診療を依頼しにくい状況であると推察される。この，交通費の負担を減じる必要があると考えられる。
（参照：http://www.mhlw.go.jp/bunya/iryouhoken/iryouhoken15/dl/2-8.pdf）

「意図せざる結果」が生起する要素があるため，厚生労働省が，MCIの場合にも，コリンエステラーゼ阻害薬を保険適用とするように，各病院の患者追跡データを最終的ににに集約のうえで，大学病院長会議などから働きかけることも選択肢の1つと考えられる。ただし，その場合，「アルツハイマー病によるMCI」という診療保険病名の設定と，実地医家の協力体制は必須である。そのようにすることで，「アルツハイマー病」ばかりが増えるという，決して医学的に正確ではない状況が，ある程度回避可能である[12]。

つまり，理論的に中央集約型の臨床研究による症例蓄積は「意図せざる結果」を招く可能性があるため，まずMCIの患者を把握し，診療情報から追跡を可能とするための手段である。また，実践を公式化する際に，一部の臨床研究のように，研究者としての医師や施設の権威性が獲得されるような，インセンティブが生じないことが望ましいと考えられるからでもある。そして，コリンエステラーゼ阻害薬を処方された患者は，副作用[13]にも注意しながら経過を診る必要があるため，その全てを大学病院で継続することは困難である。そこに，地域の実地医家の機能が必要となる。地域の実地医家と大学病院との間には，先述の機能分化と専門性の重なりの問題が存在する。

加えて，地域と都市部での，検査インフラの格差を是正する動因となるような，医学的エビデンスが必要となろう。その一例は，アミロイドPETであるが，根本治療薬などについても，使用するためには厚生労働省への継続的な働きかけは必要である。

また近年，患者の家族への医療機関の対応のことも時に議論となる。その議論に対しても，家族の地域差を考慮した対応が考慮されてよいと考えられる。この点は，主として，医学教育に反映されるべきものと考えられる。患者・家族の態様には，大きな地域差が存在するため，卒前の座学などによるのではなく，A医師やa医師が述べているように，実務経験を増やすような策を講じるべきである。その意味においては，現在の臨床研修制度は，最低でも内容を見

〔注〕

12　一方で，MCIの段階でのコリンエステラーゼ阻害薬の処方が，一層多くなることも予想される。

13　腹部症状や，症例により性格変化が起きるようにみえることがある。

直すことが望まれる[14]。

　以上から，家族の地域差による「意図せざる結果」の生起は，過程のバリエーションの多彩さだけでなく，収束の策のための前提がマクロな要素となりがちである。根本的には，提供する医療の内容が同程度であり，家族への対応を地域ごとに特性を捉えて行う必要がある。医療の内容は，検査設備などのインフラの違いによる部分があり，個々の医療組織からは，それぞれの組織で投資に必要な要素を選択するための「情報」を蓄積する必要があると思われる。

　家族への対応については，**図表 5 - 3**（223頁）を参照すると，まず，専門性の重なりが大きく機能分化がなされていない場合，複数の医療機関を患者・家族が受診する場合に，課題が生じえる可能性がある。それは，個々の医療機関で，説明の仕方が異なる場合などに起こりえる。このような状況の場合，疾患の特定の状況に対する情報共有を進める，機能分化を進める，などの所作が望まれる。機能分化が大きく，専門性の重なりが小さい場合には，疾患に応じた専門性を有するほうの医療機関への受診を相互に勧奨することが望まれる。そして，機能分化が小さく，専門性の重なりも小さい場合，ここには医療機関そのものが少ない場合も含まれると考えられるが，ケアマネジャーなどによる「即時的なサービス」が望まれるものと考えられる。

③　診療科の違い

　実務面での，老年内科と精神科の一番の違いは，「身体科」と「症候科」の違い[15]である。これらの思考の過程の違いは前項で指摘した。分業を前提とする場合，この違いを埋める必要はない。だが実際の診療面では，共通の状態の患者を診療する場合がある。

　そこで，当面の初期研修における，内科と精神科の必須化などを考えることは可能である。ただし，それだけで，MCIの段階の患者を「意図せざる結果」に導かないようになるとは考えられない。それには，前項で述べたような，設

〔注〕
14　労働時間の極端な遵守が起きる場合に，研修医に受け持たせる患者数を，初めから制限する可能性がある。また実際に，そのような例を筆者は何度か目にしている。
15　先述の身体論や症候論などの注釈を参照。

備面や処方上の診療保険病名問題の解消が必要である。

そのこととは別に,患者・家族を「一体化させる」ことによって,過度に家族の,"Pivot"な意向が反映されることを回避できる可能性はあると思われる。この「一体化させる」ということは,大阪大学のD医師の言葉に強く表れている。しかし,老年内科でも,「必ず家族に付き添ってもらう」というところから始まり,認知症診療に習熟するにつれて,「絶対に患者に言ってはならないことを家族に説明する」,「患者への日常的な接し方を家族に説明する」というように,「一体化させる」という行為に近づいている。したがって,実務的には,大阪大学のA医師や,愛媛大学のa医師のように,早い段階から,多くの症例を診て訓練し,習熟することに尽きると考えられる。愛媛大学老年内科の小原准教授が述べている,「老年内科で認知症診療をする場合に,少し精神科の素養を身につけてからが望ましい」という内容にも,同様の実践的示唆がある。この点からも,②で述べた,臨床研修制度は,何らかの改定,もしくは個々の研修指定病院の立地に応じて制度の運用権限を大きく委譲することが,必要であると考える。

④ 医師が有する利他性と制度的同型化の観点から

本書では,Professionとしての日本の医師が有する「自律性」の背景が,これまでの多くの議論とは異なることを指摘した。そのうえで,本稿の調査対象の医師のProfessionとしての着眼点を「利他性」と「制度的同型化」とした。また,これらの要素の背景に「自律性」があるという捉え方をしている。

医学教育あるいは指導医教育における,Professionに関する教育を行う場合の背景が,海外からの借用の色合いが強い。この点は,単に混じるのではなく論理的に述べるべきであると考えられる(野村(2010);大生(2011a,2011b))。

現在の医学教育,とりわけ医学部の卒前・卒後の2年ずつの教育は,かなり画一化されている。卒前2年は,以前より病院実習などの期間に充てられていたが,その内容の画一化が図られている。卒後2年は,2004年より,新臨床研修制度の下で,多少の個人希望は含まれるが,複数の診療科のローテーションが実質的に義務付けられている[16]。

そのなかで,医学教育学会や日本医師会が,Professionの涵養を訴えている

状況が一方である。つまり，Professionとしての態様が足りない，という主張である[17]。この主張を背景に「制度的同型化」を捉えれば，社会的正当性を得るために，倫理綱紀や診療ガイドラインなどによって診療を行う，あるいは学会などの同業のなかで位置付けられる自身の専門性に強く依拠した診療を行う，というニュアンスである。これらの点は，「自律性」を獲得できる状況の違いが背景にあり，本書が捉えた，医師の状況には適合しない。

また，本書のインタビューに応じて下さった，特に愛媛大学の若手医師の態様にふれた範囲では，そのような実感は受けない。そのこともふまえ，改めて述べると，法に定められた医師免許制度と，その基盤となる大学教育は強い社会的認知を得ている。そのことを基盤として，日本の医師のProfessionは成立している。つまり，欧米に比して制度的に保護され，社会的にある程度の承認を得ているという前提の下に，自律性を有しやすいと考えられる。したがって，同型化する制度的要素が，医学的エビデンスと保険制度に関連したものに集約されやすいと考えられる。特にアメリカのように，社会的正当性獲得のための行動（免許や専門医資格の更新制度，医療組織に所属する際の競争など）が多く必要な状態ではなく，保険制度によって行使できる医療資源が大きく限定されることも少ないと考えられることが背景にある[18]。

愛媛大学の老年内科のa医師や，精神科のe医師は様々な省察を行っているが，若いうちに，多くの患者に触れている経験が彼らを成長させていると，筆者には捉えられる。またa医師もそのように述べている。診療経験のことは，大阪大学のA医師やD医師も述べている。それは，現在の研修制度の枠に収まらない経験であると推測される。現在の研修制度は，受け持ち患者数の目安を設定するような状況も生じており[19]，それだけに従えば，経験の範囲は一定の

〔注〕

16　制度が定める2年間の研修を終えなければ，保険医登録ができない。つまり，保険適用となる処方や治療ができないことになるため，日本の医療制度の下では，「実質的義務付け」と捉えられる。
17　環境についての配慮がない他に，医療制度の経時的な成り立ちなどを整理せずに，海外からProfessionの様々な要素を，取り入れるように捉えられる動きもある。（参照例：http://jsme.umin.ac.jp/）
18　医療が市場化されている側面が大きい分だけ，アメリカのほうが治験の数などは多い。
19　第5章脚注14参照

枠になる。しかし彼らは，時に教授の外来の患者を診て，更に地域での調査や医療を通じて，現在に至っていると思われる。

　また，日本は「ドラッグ・ラグ」，つまり海外各国で治験が行われている，あるいは使用承認が下りている薬剤が，なかなか使えないという状況が指摘されている。

　この点ともかかわることとして，大阪大学の医師は，多くが治験薬や新規の検査法などについて言及している。例えば，アメリカで治験が行われている，アルツハイマー病の根治薬の治験が，もし日本でできれば，単に治療薬としての選択可能性だけでなく，根本治療薬が全く効かない患者を「アルツハイマー病ではない」と，捉えることも可能となるのである。日常，普通に診療を行っているなかでも，このような思考を忘れない医師達の態様もまた，自律的なProfessionとしての態様であると捉えられる。

　日本のProfessionの成立背景を見直したうえで，その涵養過程を「マニュアル化しない」ことが，今後，認知症のみならず，あらゆる臨床診療を発展させると考えられる。それは，本研究における「環境」に適合した結果として生起する「収斂」の状態は，自律的なProfessionによる，「委譲」と「推奨」のバランスによって成立しているからである。また，医療者，患者・家族が，それぞれの相互作用を円滑に進めるための，要素の1つと考えられるからである。

　まとめると，「意図せざる結果」の実務的な収束に必要なことは，最終的には，正確な診断である。そのために，現状の医療体制でできることは，患者の「経過観察」の間隔を短くすることである。しかし，そのためには，地域の実地医家の力は必須である。また，個々の患者が診断に至るまでは，年単位の時間がかかる場合がある。現状は，収束には未達の，ある収斂の状態として捉えられる。

　また，その背景にある，医師のProfessionは，あえて変化させる必要がないものと考えられる。それは，患者への利他性と医療知識・技術を，患者の有する背景（環境，家族構成，家族の意向）バランスで使い分けており，現段階で収斂の状態をもたらしているからである[20]。そのことは，大阪大学のA医師の「今まで，患者・家族に，後から文句を言われたことがない」という言葉にも表れていると考えられる。つまり，医学が疾患を100％コントロールできない

部分を，医師のProfessionとしての自律性を背景とした「利他性」と「制度的同型化」のバランスによって，埋めていると捉えられる。その態様が，「委譲」と「推奨」に他ならない。

近未来においては，診療保険点数の改定と，インフラ整備の必要性を，医療組織が主体的に理論化していく所作も必要と考えられる。その場合に，個々の医療組織が，経営学の知見を多く活用することが，その理論化の一助となるであろう。

しかし以上の過程には，多くの時間と労力が必要である。したがって究極的には，確定診断法の確立，あるいは根本治療薬の実用化といった，イノベーションを要する医療技術の確立が望まれる。本研究の視点からは，インフラなどの先行投資や治験の導入の活発化が望まれる。そして，これらのイノベーションは，「意図せざる結果」の収束に要する時間を早めるものである。

5-3　本書を通して見える「認知症診療」の今後の課題

本書では，「意図せざる結果」の生起過程に着目した検討を行った。その視点には，コンティンジェンシー理論の視点を援用した。結論として，「意図せざる結果」の生起過程の中に，法則定立的な結果と，法則非定立な結果が存在することが指摘できる。また，コンティンジェンシー理論の延長線上にある，意思決定者の論理を援用すれば，ある程度，「意図せざる結果」を収束させる論理も導ける。

「意図せざる結果」の論理的な生起過程には，複数の因果が存在することを示した。その因果が「ある程度」修正可能であろうと述べたのは，法則定立的な場合と異なり，発見した因果には，またその背景が存在し，背景は社会的要素だけでなく，自然的要素も存在する可能性があるからである。本書での，自然的要素は面積や距離といった内容である。

〔注〕──────
20　患者・家族，あるいは医療者のうち，いずれかが極端な医療上の不利益を被らないことをもって，本書での各段階における「収斂の状態」と定義する。収斂の状態は，医療を更に良い段階へと進めるうえで，「抵抗」がない状態であると捉えられる。

そのような事項は，人間のレギュレーションが完全に効くことがないように思われる。例えば，火山噴火を抑止できないように。更に，この因果の背景もまた，筆者が人為的に捉えたものである。換言すれば，背景という範囲に，視点を定めてしまっているため，そこから連続的に導かれる因果は，永遠に観察者が定めた背景の範囲を出ないものである。この点は，研究の限界の前提となる。

また援用した，コンティンジェンシー理論は，第2章で述べたように，法則定立的に，成果を志向した理論である。したがって，成果を機能とした時の逆機能は，法則定立的な分析可能性があることも考えられる。しかし，実際の成果として，どういった変数を使用するか，それ自体判断が困難な面があることを指摘できる。例えば企業であれば，売上高営業利益率なのか，フリーキャッシュフローなのか，それぞれ計算の過程も異なるため，そこに反映される変数もまた異なるということである。この部分の分析者の恣意性が，企業組織における，気まぐれな意思決定者（Child, 1972）によるものになる，と考えられる。

そこは，行為の過程を追うような記述分析を行えば，ある程度は，本書のように明らかにできると思われる。しかし，その記述分析の個々の要素もまた，観察者の視界の範囲のものであり，その範囲もまた，気まぐれな意思決定者（Child, 1972）によるものと，本質的には変わらない可能性がある。いずれの場合にも，研究の限界がある。

そして，ケース比較法，さらに個々のケースについては記述法を採用した。これにより，「アルツハイマー病」患者の増加という，「意図せざる結果」の生起過程はいくらか明らかになった。しかし，複数の組織の分析で仮説を強化したに過ぎず，その「仮説の強化」の証明が，医師の認知の範囲までが限度となっている。つまり，同じ状況に身を置く，患者・家族，あるいは他の医療職から，同様に捉えられるとは限らない。そこは，研究の限界であるとともに，実務的に注意を要する点である。

特に注意を要する点は，「意図せざる結果」の生起過程に着眼したために，「組織の過程のアウトプット側」からの理論的含意が中心であるのに対して，個々の診断・治療が「収斂」の状態であると判断されるために「組織の過程のインプット側」からの実務的含意が中心となっていることである。この内容は，

第5章 「意図せざる結果」を通して見える課題　233

医療組織を中心に捉えた場合に，来院した患者は診療することが原則であるため，「意図せざる結果」の生起過程は「診療」の場面が中心となることが背景にある。そして，実務的に，「意図せざる結果の収束」を考えた場合には，個々の医師の診療上の行動を統制する，飛躍した場合にProfessionから逸脱させる[21]ということは不可能であるため，診療行為が開始される手前，すなわち患者が大学病院に来る手前の段階が，考察の焦点となっている。このことが，「理論と実務は違う」という捉えられ方をされる可能性があり，注意を要する点であると同時に，本研究が未達の領域が存在する可能性を示している。

　また本書は，公的組織にかかわる，社会保障としての医療を軸にした検討である。したがって，ここで検討され発見された事実のなかで，「医療」にかかわる地域差は，社会保障として解消されるべきものであるという前提に立っている。この論理の前提そのものが，決して日本では一定でなく，例えば実際に一部の若手自治体議員のなかに，医療費が高過ぎると声高らかな者もいる。そのような視点の人達とは，相対する内容である。その捉え方の差異の解消なくして，このような研究を実践へと移行させることは難しい。

　やや広範囲を扱ったため，マクロ政策的な視点からの実務への提言も記したが，本来は，個々の地域に還元すべき，「アクションリサーチ」のプランを練ることが大きな課題となる。そしてDonabedianに代表される，医療の質を分析する視点では，結果の生起過程に見落としが生じる可能性があることを，医療の他分野でも示すことが，本書を通じて生まれた最大の課題である。

〔注〕
21　例えば診断・治療を完全にマニュアル化する，組織にとっての利潤追求的な姿勢を強要するといった内容が該当する。

謝　辞

　本書を執筆するにあたり，平野光俊先生（神戸大学）をはじめ多くの方々のお世話になった。平野光俊先生には，私が神戸大学大学院で過ごした5年間，研究の進め方ばかりでなく，研究を通じた社会への貢献や，社会人が研究をする意義など，言葉では言い尽くせないほどの多くのことをご指導いただいた。そのために，ゼミだけでなく，先生の貴重なお時間を多く割いてくださったことには感謝してもし尽くせない。

　また金井壽宏先生（神戸大学）には，思考過程を論文を通じて人に伝えることの難しさと大切さを，松尾貴己先生（神戸大学）には，医師が経営学研究をする意味や自分にしか書けないことの大切さをご指導いただき，今も折に触れて温かい言葉をかけていただいている。

　小泉大輔先生（大阪国際大学），余合淳先生（名古屋市立大学），小林英夫先生（多摩大学），林祥平先生（明治学院大学），岸野早希先生（流通科学大学），内田恭彦先生（山口大学）からは，平野ゼミでの議論からだけでなく，私的に様々な示唆をいただいた。また，博士後期課程で共に学んだ青木慶先生（大阪女学院大学），池田浩氏（朝日放送），栗原道明氏（アイ・エム・エス・ジャパン），澤井恭子氏（トーマツ），林薫氏（阪神電鉄）からは，現在も様々なかたちで刺激をいただいている。そして医学部卒業後よりお世話になった荻原俊男先生（森之宮医療大学），高橋伯夫先生（前関西医科大学）からご指導いただいたように，リサーチマインドをもって実務を遂行する姿勢がなければ，ここまで辿り着くことはなかったと思う。これらの方々に心より感謝したい。

　また私の職場である大阪産業大学スポーツ健康学部の方々にも感謝申し上げたい。研究活動に対する理解と，身に余る支援を与えてくださる環境があったからこそ，本書の出版が可能となった。

　本書で扱った調査は，時間を多く割く必要があり，楽木宏実先生（大阪大学医学部老年総合内科学），武田雅敏先生（大阪大学医学部精神神経科学），三木哲郎先生（前愛媛大学医学部老年医学），上野修一先生（愛媛大学医学部精神

神経科学）をはじめ，多くの大学医局の先生方のお世話になった。改めて感謝するとともに，インタビューにご協力いただいた先生方の医療に対する真摯な考えが本書を通じて多くの人々に伝わることを祈りたい。

　本書の出版にあたっては，中央経済社の納見伸之氏に大変お世話になった。出版への手順を的確にお教えいただいただけでなく，草稿へのご助言，出版校正を通じて多大なるご援助をいただいた。

　最後に，家族に感謝したい。専門職課程から足掛け5年，土曜日は必ず家を空け，妻と娘たちには寂しい思いもさせたと思う。またこれまで私の教育に惜しみなく資本を投下してくれた両親にも感謝したい。せめてもの恩返しになればと考えている。

　これら多くの方々の支援にもかかわらず，本書に誤謬があるとすれば，それは全て私の責任である。

　本書の出版においては，大阪産業大学学会からの出版助成を受けた。

横井　豊彦

参考文献

足代訓史(2009)「<意図せざる結果>を乗り越えての事業発展:マリンネット株式会社のケース」『早稲田商学研究科紀要』Vol.69, 85-100頁.

足代訓史(2011)「経営学における「意図せざる結果」-沼上(2000)以降の到達点-」『Informatics』第4巻, 2号, 17-29頁.

Armstrong, J. (2011) "Unintended Consequences - The Cost of Preventing Preterm Birth after FDA Approval of a Branded version of 17OHP," *The New England Journal of Medicine*, Vol.364, No.18, pp.1689-1691.

Barnard, C. I. (1938) *The Function of the Executive*, Harvard University Press. (山本安次郎訳『新訳　経営者の役割』ダイヤモンド社, 1968年.)

Battilana, J. and Casciaro, T. (2012) "Change Agents, Networks, and Institutions: A Contingency Theory of Organizational Change," *Academy of Management Journal*, Vol.55, No.2, pp.1-41.

Binder, S. (2002) "Injuries among older adults: the challenge of optimizing safety and minimizing unintended consequences," *Injury Prevention*, 8 (Supple. IV), pp. iv2-iv4.

Blau, P. M., Heydebrand, W. V. and Stauffer, R. E. (1966) "The Structure of Small Bureaucracies," *American Sociological Review*, Vol.31, No.2, pp. 179-191.

Burns, T. E. and Stalker, G. M. (1961) *The Management of Innovation*, London, Tavistock.

Califf, R. M. (2006) "Clinical Trials Bureaucracy: Unintended Consequences of Well-Intentioned Policy," *Clinical Trials*, Vol.3, pp.496-502.

Child, J. (1972) "Organizational Structure, Environment and Performance: The Role of Strategic Choice," *Sociology*, Vol.6, No.1, pp.2-22.

Cruess, S. R., Johnston, S. and Cruess, R. L. (2002) "Professionalism for medicine: opportunities and Obligations," *Med J Aust*, No.177, pp.208-211.

Davis, M. M. (1916) "What The Campaign Against Venereal Disease Demands of Hospitals and Dispensaries," *The American Journal of Public Health*, Vol. 6, No. 4, pp. 346-354.

Davis, M. M. (1918) "Group Medicine," *The American Journal of Public Health*, Vol.9, No.5, pp.358-362.

De Rond, M. and Thietart, R. A.（2007）"Choice, Chance, and Inevitability in Strategy," *Strategic Management Journal*, Vol.28, No.5, pp.535-551.

DiMaggio, P. J. and Powell, W. W.（1983）"The Iron Cage Revisited: Collective Rationality and Institutional Isomorphismin Organizational Fields," *American Sociological Review*, Vol.48, No.2, pp.147-160.

Donabedian, A.（1966）"Evaluating the Quality of Medical Care," *Milbank Memorial Fund Quarterly*, Vol.44, No.3, Part2, pp.166-206.

Donabedian, A.（1980）*Explorations in Quality Assessment and Monitoring, Volume 1. The Definition of Quality and Approaches to Its Assessment*, The Foundation of American College of Healthcare Executives.（東尚弘訳『医療の質の定義と評価方法』認定NPO法人健康医療評価研究機構, 2007年.）

Dugan, E., Trachtenberg, F. and Hall, H. A.（2005）"Development of Abbreviated Measures to Assess Patient Trust in a Physician, a Health Insurer, and the Medical Profession," *BMC Health Services Research*, Vol.5, No.64, pp.1-7.

Etzioni, A.（1976）*Social Problems*, Prentice-Hall.（石村善助・和田安弘訳『社会問題』至誠堂, 1983年.）

Freidson, E.（1970）*Professional Dominance: The Social Structure of Medical Care*, Atherton Press, Inc.（新藤雄三・宝月誠訳『医療と専門家支配』恒星社厚生閣, 2008年）

藤本昌代（2002）「『プラスのプロフェッション』と組織の関係」『同志社社会学研究』第6号, 11-25頁.

深田裕司, 松尾浩正, 森辰吾, 塩見博喜, 岡本昭彦（2013）「意図せざる結果を生かす間接経営戦略の事例研究」『龍谷ビジネスレビュー』第14号, 55-72頁.

深山誠也（2013）「高齢者介護組織のマネジメント：社会福祉法人の競争戦略と組織特性に関する実証研究」『地域経済経営ネットワーク研究センター年報』第2号, 91-125頁.

深山誠也（2014）「高齢者介護組織の制度, 価値基準, 活動, 資源の動態的分析：社会福祉法人北海長正会の事例研究」『經濟學研究』第64巻第1号, 25-89頁.

福井次矢（2014）『Quality Indicator 2014: [医療の質]を測り改善する』インターメディカ.

福永肇（2014）『日本病院史』ピラールプレス.

古田成志（2012）「組織変革のメカニズム－コンテクスト研究, プロセス研究, コンテント研究の観点から－」『早稲田大学商学研究科紀要』Vol.75, 13-31頁.

Galbraith, J. R. and Nathanson, D. A.（1978）*Strategy Implementation : The Role of*

Structure and Process. Saint Paul, Minn. : West Publishing Co; reprint, London: Pickering and Chatto, 2008.（岸田民樹訳『経営戦略と組織デザイン』白桃書房, 1989年.）

Gouldner, A. W.（1957, 1958）"Cosmopolitans and locals: Toward an Analysis of Latent Social Roles," *Administrative Science Quarterly*, Vol.2,（1957）No.3, pp. 281-306,（1958）No.4, pp. 444 - 480.

Gracer, B. G. and Strauss, A. L.（1967）*The Discovery of Grounded Theory*, Aldine Publishing Company.（後藤隆, 大出春江, 水野節夫訳『データ対話型理論の発見〜調査からいかに理論をうみだすか〜』新曜社, 1996年.）

Greenwood, R and Miller, D（2010）"Tackling design a new: Getting Back to The Heart of Organizational Theory," *Academy of Management Perspective*, Nov, pp.78-88.

Hall, R.H.（1968）"Professionalization and Bureaucratization," *American Sociological Review*, Vol.33, No.1, pp. 92-104.

林謙治（2012）「合成の誤謬とは」『公衆衛生』Vol.76, No.5, p. 354.

日野健太（2006）「リーダーシップのコンティンジェンシー理論におけるフォロワーの再考」『駒大経営研究』, 第38巻1・2号, 19-60頁.

猪飼周平（2001）「明治期日本における開業医集団の成立：専門医と一般医の身分分離構造を欠く日本的医師集団の源流」『大原社会問題研究所雑誌』No.511, 31-57頁.

猪飼周平（2010）『病院の世紀の理論』有斐閣.

井上秀一（2014）「医療機関のマネジメントコントロールシステムにおけるミドルの役割─ある中規模病院を対象とした事例研究─」『日本医療経営学会誌』Vol.8, No.1, 29-36頁.

石井淳蔵（2006）「競争的価値創発プロセス概念とケース記述の手法　競争プロセス, デザイン, そして身体性」, 神戸大学大学院経営学研究科ディスカッションペーパー．

伊丹敬之（1986）『マネジメントコントロールの理論』, 岩波書店

岩崎弥生（1998）「精神病患者の家族の情動的負担と対処方法」『千葉大学看護学部紀要』, vol.20, 29-40頁.

Jay, J.（2013）"Navigating Paradox as a Mechanism of Change and Innovation in Hybrid Organizations," *Academy of Management Journal*, Vol.56, No.1, pp.137-159.

Johnson, M. D., Morgeson, F. P., Ilgen, E. R., Meyer, C. J., and Lloyd, J. W.（2006）

"Multiple Professional Identities: Examining Differences in Identification across Work-Related Targets," *Journal of Applied Psychology*, Vol.91, No.2, pp..498-506.

加護野忠男（1980）『経営組織の環境適応』白桃書房.

Kleinman, A. (2010) "Four Social Theories for Global Health," *The Lancet*, Vol.375, No.9725, pp.1518-1519.

神﨑恒一（2012）「アルツハイマー病の臨床診断（特集 アルツハイマー病の診断治療）」『日本老年医学会雑誌』49(4), pp.419-424.

小山泰代（2012）「女性から見た家族介護の実態と介護負担」『人口問題研究』第68巻第1号, 54-69頁.

Kudo, Y., Sato, T., Hosoi, K., Miki, T., Watanabe, M., Kido, S. and Aizawa, Y. (2006) "Association between Intention to Stay on the Job and Job Satisfaction among Japanese Nurses in Small and Medium-sized Private Hospitals," *Journal of Occup Health*, Vol.48, pp.504-513.

Langley, A., Smallman, C., Tsoukas, H., and Van De Van, A. H. (2013) "Process Studies of Change in Organization and Management: Unveiling Temporality, Activity, and Flow," *Academy of Management Journal*, Vol.56, No.1, pp.1-13.

Lawrence, P. R. and Lorsch, J. W. (1967) *Organization and Environment: Managing Differenciation and Integration*, Boston: Harvard Business School, Division of Research.（吉田博訳『組織の条件適応理論』産業能率短期大学出版部, 1977年。）

MacKay, R. and Chia, R. (2013) "Choice, Chance and Unintended Consequences in Strategic Change: A Process Understanding of The Rise and Fall of Northco Automotive," *Academy of Management Journal*, Vol.58, No.1, pp.206-230.

March, J. G.,and Simon, H. A. (1958) *Organizations*, New York; John Wiley & Sons.（土屋守章訳『オーガニゼーションズ』ダイヤモンド社, 1977年。）

松尾睦（2010）「救急医の熟達と経験学習」神戸大学大学院経営学研究科ディスカッションペーパー.

McCracken, G. (1986) "Culture and Consumption: A Theoretical Account of the Structure and Movement of the Cultural Meaning of Consumer Goods", *Journal of Consumer Research*, 13 Jun. pp.71-84.

McDonald, R and Roland, M. (2009) "Pay for Performance in Primary Care in England and California: Comparison of Unintended Consequences," *Annals of Family Medicine*, Vol.7, No.2, pp.121-127.

Mechanic, D. (1975) "Ideology, Medical Technology, Health Care Organization in Modern Nations," *The American Journal of Public Health*, Vol.65, No.3, pp.241-

247.

Mechanic, D.（2000）"Managed care and the imperative for a new professional ethic," *Health Affairs*, Vol.19, No.5, pp.100-111.

Merton, R. K.（1936）"The Unanticipated Consequences of Purposive Social Action," *American Sociological Review*, Vol.1, No.6, pp.894-904.

Merton, R. K.（1949）*Social Theory and Social Structure*, The Free Press.（森東吾，森好夫，金沢実，中島竜太郎共訳『社会理論と社会構造』みすず書房，1961年.）

水越康介（2010）「意図せざる結果を作り出す意図についての考察」『Open Journal of Marketing』2010-5, 1 - 8 頁.

中嶋哲夫, 松繁寿和, 梅崎修（2004）「賃金と査定にみられる成果主義導入の効果－企業内マイクロデータによる分析」『日本経済研究』No.48, 18-33頁.

根来龍之（2008）「因果連鎖と意図せざる結果－因果連鎖の網の目構造論－」早稲田大学IT戦略研究所ワーキングペーパーシリーズ　No.24.

根来龍之・足代訓史（2009）「意図せざる結果の原因と類型」『早稲田国際経営研究』No.40, 113-123頁.

野村英樹（2010）「プロフェッションによる教育と自律のあり方」『日本内科学会雑誌』第99巻第 5 号, 1116-1121頁.

野中郁次郎（1974）『組織と市場』千倉書房.

野中郁次郎, 加護野忠男, 小松陽一, 奥村昭博, 坂下昭宣（1978）『組織現象の理論と測定』千倉書房.

沼上幹（1997）間接経営戦略－経営学における意図せざる結果の研究, 産研アカデミック・フォーラム, 15-24頁.

沼上幹（1999 a）「経営学における意図せざる結果の探究（21世紀の企業経営）」『經營學論集』69, 173-178頁.

沼上幹（1999 b）『液晶ディスプレイの技術革新史』白桃書房.

沼上幹（2000）『行為の経営学－経営学における意図せざる結果の探求』白桃書房.

大生定義（2011 a）「医学教育とプロフェッショナリズム」『日医大医会誌』第 7 巻第 3 号, 124-128頁.

大生定義（2011 b）「プロフェッショナリズム総論」『京府医大誌』第120巻第 6 号, 395-402頁.

大石尚史, 野田康信, 権田秀雄, 谷川吉政, 高木健三, 鈴木隆二郎, 谷口博之, 近藤康博, 生田順也, 荒木信泰（1997）「肺癌告知・治療に対する患者・家族・医療従事者の認識の相違」『肺癌』第37巻第 6 号, 877-886頁.

Oliver, C.（1991）"Strategic Responses to Institutional Processes," *Academy of*

Management Review, Vol.16, No.1, pp.145-179.

大月博司（2005）「組織の適応，進化，変革」『早稲田商学』第404号，1-25頁.

Richards, M. and Brayne, C. (2010) "What Do We Mean By Alzheimer's Disease?," *British Medical Journal*, Vol.341, pp.865-867.

崔学林（2002）「経営組織の環境適応と競争戦略論－分権の展望と研究課題－」『現代社会文化研究』No.23, 165-182頁.

坂下昭宣（2004）「エスノグラフィー・ケーススタディ・サーベイリサーチ」『国民経済雑誌』第190巻第2号, 19-30頁.

Scott, W. R. (1965) "Reactions to Supervision in a Heteronomous Professional Organization," *Administrative Science Quarterly*, Vol.10, No.1, pp. 65-81.

Scott, W. R. (1982) "Managing Professional Work: Three Models of Control for Health Organizations," *Health Service Research*, Vol.17, No.3, pp.213-240.

Scott, W. R. (1995) *Institution and Organizations*, Sage Publications, Inc.（河野昭三・板橋慶明訳『制度と組織』税務経理協会，1998年.）

Scott, W. R., Ruef, M., Mendel, P. and Caronna, C. A. (2000) *Institutional Change and healthcare Organizations: Transformation of a Healthcare Field*, University of Chicago Press.

Shackelton, R. J., Marceau, L. D., Link, C. L. and McKinlay, J. B. (2009) "The Intended and Unintened Consequences of Clinical Guidelines," *Journal of Evaluation Clinical Practice*, Vol.15, No.6, pp.1035-1042.

嶋田裕之（2012）「高齢者タウオパチー（嗜銀顆粒性認知症，神経原線維変化型）の臨床」『日本老年医学会誌』第49巻, 281-283頁.

Stevens, R. A. (2001) "Public Roles for the Medical Profession in the United States: Beyond Theories of Decline and Fall," *The Milbank Quarterly*, Vol.79, No.3, pp. 327-353.

Strom, B. L., Shinnar, R., Aberra, F., Bilker, W., Henness, S., Leonard, E. and Pifer, E. (2010) "Unintended Effects of a Computerized Physician Order Entry Nearly Hard-Stop Alert to Prevent a Drug Interaction," *Arch Intern Med*, Vol.170, No.17, pp.1578-1583.

杉政孝（1973）『病院の組織と人間関係』医学書院.

杉浦圭子，伊藤美樹子，三上洋（2007）「家族介護者における在宅認知症高齢者の問題行動由来の介護負担の特性」『日本老年医学会雑誌』第44巻第6号, 717-725頁.

高城和義（2011）「マートン文書の「知の社会史」上の意義」『帝京社会学』第24号, 61-78頁.

田中滋（2013）「ヘルスケアにおける連携」の社会的位置づけ−政策論の観点から−」『医療と社会』285-295頁.

田尾雅夫（1995）『ヒューマン・サービスの組織』法律文化社, 第5章「プロフェッショナリズム」73-93頁.

Tisnado, D. M., Adams, J. L., Liu, H., Damberg, C. L., Hu, A., Chen, W. P. and Kahn, K. L.（2007）"Does Concordance Between Data Sources Vary by Medical Organization Type?", *The American Journal of Managed Care*, Vol.13, No.6, pp.289-296.

鳥羽研二（2007）「認知症高齢者の早期発見　臨床的観点から」『日本老年医学会誌』第44巻, 305-307頁.

融(とおる)道男, 小見山 実, 大久保 善朗, 中根 允文, 岡崎 祐士（2005）『ICD-10 精神および行動の障害―臨床記述と診断ガイドライン』医学書院.

Tumulty, P. A.（1973）*The Effective Clinician: His Methods and Approaches to Diagnosis and Care*, W. B. Saunders Company.（日野原重明・塚本玲三訳『よき臨床医をめざして』医学書院, 1987年.）

上野千鶴子（2008）「家族の臨界−ケアの分配公正をめぐって−」『家族社会学』第20巻第1号, 28-37頁.

海野道郎・長谷川計二（1989）「『意図せざる結果』素描」『理論と方法』Vol.4, No.1, 5 -19頁.

占部都美（1980）「コンティンジェンシー理論の再吟味」『国民経済雑誌』第141巻3号, 1 -22頁.

von Nordenflycht, A.（2010）"What is a Professional Service Firm? Toward a Theory and Taxonomy of Knowledge-Intensive Firms," *Academy of Management Review*, Vol.35, No.1, pp.157-174.

Werner, R. M., Asch, D. A. and Polsky, D.（2005）"Racial Profiling: The Unintended Consequences of Coronary Artery Bypass Graft Report Cards," *Circulation*, No.111, pp.1257-1263.

Weber, M.（1921-1922）*Essays in Sociology*, Trubner & Co.（阿閉吉男・脇圭平訳『官僚制』恒星社厚生閣, 1987年.）

Woodward, J.(1965). *Industrial organization: Theory and practice*. London, UK: Oxford University Press.（矢島鈞次・中村寿雄訳『新しい企業組織: 原点回帰の経営学』日本能率協会, 1970年.）

山岸俊男（1989）「社会的ジレンマ解決の意図せざる結果」『理論と方法』Vol.4, No.1, 21-37頁.

山本泰司（2011）「軽度認知障害（MCI）に関する最近の話題」『日本精神神経学会誌』113巻第 6 号, 584-592頁.

山下智佳（2011）「日本における医師の自律性概念に関する一考察」『informatics』第 4 巻第 2 号, 5 -16頁.

八代充史（2013）「組織フィールドの変化と日本的雇用制度 − 『戦略人事論』,『外資が変える日本的経営』,『雇用システムの多様化と国際的収斂』を通じて」『三田商学研究』第56巻第 2 号, 23-28頁.

Yin, R. K.（2002）*Case Study Research, 2/e*, Sage Publications, Inc.（『新装版ケース・スタディの方法 [第 2 版]』千倉書房, 2011年.）

米倉誠一郎（2002）『現代経営学講座 2　企業の発展』八千代出版, 153-257頁.

Zinn, J. S. and Mor, V.（1998）"Organizational structure and the delivery of primary care to older Americans," *Health Service research*, Vol.33, No.2, Part2, pp. 354-380.

巻末資料

〔資料1〕 患者調査の概要

　平成11年以降，患者調査では，世界保健機関の「国際疾病，傷害および死因統計分類（ICD）」に基づき分類がなされている。また調査対象医療機関数は，総数約1万3,500施設，うち病院が約6,500施設（そのうち外来も含めた調査は約3,300施設），一般診療所が5,800施設，一般歯科診療所が約1,200施設となっている。対象となる患者数は病院では入院・外来約200万人強，退院約100万人，一般診療所では入院約28万人，外来約1万人，歯科診療所は外来約1万3,000人である。

（調査の期日）
調査各年の10月の3日間（火曜日〜木曜日）のうち医療施設ごとに指定した1日とした。なお，診療所については，平成17年から休診の多い木曜日を除外し，火曜日，水曜日，金曜日とした。また，退院患者については，調査各年の9月1日〜30日までの1か月間とした。

（調査の方法）
医療施設の管理者が記入する方式によった。

（調査の系統）
厚生労働省→各都道府県→保健所→医療機関　の流れが基本である。（一部特区は除く）

※平成23年の調査では，東日本大震災の影響により，宮城県の石巻医療圏（石巻市，東松島市，女川町），気仙沼医療圏（気仙沼市，南三陸町）及び福島県の医療施設については調査を実施していない。

〔資料2〕 統合的コンティンジェンシー理論の主要命題について

A　環境
1. 環境はマクロ環境，タスク環境，組織間関係，創造環境のレベルで概念化できる。
2. 環境は組織全体のレベルだけでなく，その下位システムの部分環境としても概念化できる
    2a. 組織全体の環境不確実性が高いほど，部分環境間の不確実性の差が大きくなる。

3. 環境不確実性への対処が組織の有効性を決定する基本的要因である。
4. 環境の異質化ないし不安定化は環境不確実性を高める。その影響は不安定化のほうがより大きいようである。
    4a. 環境の異質化ないし不安定化は組織の情報負荷を増大させる。
    4b. 異質性とは情報処理に関連する要素の数と要素間の相互関連性の低さである。
    4c. 不安定性とは情報処理に関連する要素についての員が知識の欠如と要素変動の時間幅の短さである。
5. 環境の異質化ないし不安定化に対しては，組織の情報処理構造を分化させるほうがより機能的である。
    5a. 環境の異質化と情報処理構造の分化は正の関係をもつ。
    5b. 環境の不安定化と情報処理構造の分化は正負双方の関係をもちうる。
    5c. 環境の不安定化に対しては，組織内に水平的情報伝達経路を構築することのほうがより機能的である。
6. 環境不確実性の増大につれて，不確実性削減に必要な情報は組織のより下位レベルに蓄積される傾向がある。
    6a. 環境不確実性の増大に対しては，組織のより下位レベルでの不確実性削減を行うほうがより機能的である。
7. 組織間関係のマネジメントは組織の不確実性削減に貢献する。
    7a. 組織間環境とは焦点組織の必要資源にかかわる他組織との交換関係のネットワークである。

B コンテクスト

1. 組織が採用する中核技術は組織の情報負荷を規定する。
    1a. 技術が生みだす例外と組織の情報負荷は正の関係をもつ。
    1b. 技術が生みだす例外の分析可能性と組織の情報負荷は負の関係をもつ。
2. 規模の増大は組織の複雑性を高め，情報負荷を増大させる。
3. 規模の増大は組織の分化を促進するが，分化率（分化の増大）規模の増大とともに逓減する。
4. 組織の目標・戦略は環境およびタスクに規定される。
    4a. 組織の目標・戦略は組織のパワー構造に規定される。
    4b. 組織のパワー構造は環境およびタスクに規定される。
    4c. 組織の部分システム間の環境およびタスクの差は，部分システム間の目標・戦略の差異を生みだす。

C 組織構造
1. 組織に課せられる情報負荷と組織内の情報分布は有効な組織構造を規定する。
2. 不確実性の低い環境・タスクに直面する組織は公式化・集積化が高く，複雑性の低い官僚制的（機械的）構造をとり，不確実性の高い環境・タスクに直面する組織は公式化・集積化が低く，複雑性の高い非官僚的（有機的）構造をとるほうがより機能的である。
    2a. 公式化とは規則，手続が明確に規定され，その遵守が強調されることである。
    2b. 複雑性とは組織における分業の進展とその職務内容の高度化である。
    2c. 部分環境・タスク間の不確実性の差が大きいほど，組織の部分システム間の構造の差異がより大きくなる。
3. 組織構造は革新過程に影響をおよぼす。
    3a. 有機的構造は革新の提案を促進する。
    3b. 官僚制的構造は革新の実施を促進する。
    3c. 組織構造を革新過程にあわせて時間的・空間的に差別化している組織ほど革新率が高い。
4. 規模の増大は公式化と分権化を促進する。
5. 組織内の分業の進展は分業単位間の志向（目標，時間，対人関係志向）の差異を生みだす。

D 組織過程
1. 識別，展開，選別という意思決定過程は不満足ないし外的刺激によって喚起され，組織内情報処理をつうじて伝搬する。
2. 意思決定の探索活動は満足代案の発見に関心があり，例外的ケースの場合のみ最適代案にかかわる。
3. 意思決定戦略の有効性は選好の明確性の程度と因果関係の確実性の程度に依存している。
4. 組織内の個人，集団は，環境・タスクが要請するパワー・ベースの操作をつうじて自己の目的実現をはかる。
5. 環境・タスクが生みだす不確実性の削減に必要な情報処理を行いうる個人，集団にパワーが与えられる組織ほどより機能的である。
6. コンフリクトが組織にとって機能的であるかどうかはコンフリクトの量とコンフリクト・マネジメントの方法に依存している。
    6a. 組織有効性はコンフリクト量の逆U字関数である。
    6b. 問題解決型のコンフリクト・マネジメントを採用する組織ほど機能的である。

7. 参加型もしくは専制型のリーダーシップの有効性は，環境・タスクの要請する情報処理の特性に依存する。
    7a. 情報処理負荷のより大きい状況下では，参加型のリーダーシップがより有効になる傾向がある。
8. 有効なリーダーシップは環境・タスクの要請するタスク志向ならびに人間関係志向行動の行使に依存する。
    8a. 環境・タスクの確実性と不確実性の高い両極の状況下では，タスク志向型リーダーシップがより有効的になるようである。
    8b. 環境・タスクの不確実性が中等度の状況下では，人間関係志向リーダーシップがより有効的になるようである。
9. 組織レベルの環境不確実性が高まるにつれ，制度的リーダーシップの比重が高まる。
10. 環境・タスク不確実性が高い状況下では，規制・計画による調整よりも，相互調節的調整を採用する組織のほうがより機能的である。
11. 環境・タスク不確実性が高い状況下では，規制・サンクショニングによるコントロールよりも，頻繁なコミュニケーションによる社会的コントロールを採用する組織のほうがより機能的である。
12. 部分システム間の構造の差異が大きい場合にかぎって，より精巧な統合装置を採用する組織ほどより機能的である。
    12a. 統合装置は，規則，階層，計画，仲介者，統合者，統合部門の順でより精巧になる。
13. 環境不確実性削減の程度は組織の境界連結活動の程度に比例する。

E 個人属性
1. 組織の成員の満足・モチベーションは，環境・タスクの課する情報負荷と成員の情報処理能力に依存する。
    1a. 複雑性統合能力やあいまい性許容度の高い成員は，高い情報負荷，複雑な情報処理活動，情報フィードバックから満足をうる。
2. 組織成員の満足・モチベーションに対する組織構造の影響は，成員のパーソナリティに依存する。
    2a. 複雑性統合能力やあいまい性許容度の高い成員にとっては，組織構造の非官僚制化と満足・モチベーションは正の関係をもつ。
    2b. 複雑性統合能力やあいまい性許容度の低い成員にとっては，組織構造の官僚制化と満足・モチベーションは正の関係をもつ。

3. 満足要因はモチベーションを増大させるが，衛生要因はモチベーションを減少させない。
   3a. 満足要因とは認められること，仕事自体，責任，進歩の機会などである。
   3b. 衛生要因とは政策，監督，個人間関係，作業条件，給与などである。
4. 努力と成果，成果と報酬の関係が確実化されていると認知された組織ほど，成員のモチベーションは高くなる。この2つの関係のうち，努力-成果関係のほうがより強い影響をおよぼすようである。
   4a. 内在的報酬のほうが外在的報酬よりもモチベーションに強い影響をおよぼすようである。

V 統合命題
1. 環境，コンテクスト，組織構造，個人属性，組織過程間に，マルチ・レベルの適合関係を生みだしている組織ほどより機能的である。
   1a. マルチ・レベルの適合アンバランスが生じたとき，組織はまず過程を調整して適合バランスを維持しようとする。
   1b. マルチ・レベルの適合アンバランスが一定の許容範囲を超えたときには，組織は環境，コンテクスト，構造，個人属性，過程を全体として変動させて新しい適合関係を作りだそうとする。
   1c. 成員の地位志向，組織内政治は，新しい適合関係の創出を阻害する方向に作用する。
   1d. 組織エリートの革新的リーダーシップは，新しい適合関係の創出を促進する方向に作用する。

〔資料3〕 PET・SPECT検査（脳血流シンチ）について

ポジトロン断層法（PET: Positron Emission Tomography）

単一光子放射断層撮影（SPECT: *Single Photon* Emission Computed Tomography）

PET・SPECT検査について

　SPECTとは，シングル・フォト・エミッションCTの略語で，体内に注入したRI（放射性同位元素）の分布状況を断層画面で見る検査のことである。体内から放出される放射線の分布を画像化する際，体の周りを回転させて断層画面を作成できる。SPECTは，従来のCTでは表わせなかった血流量や代謝機能の情報が得られるため，とくに脳血管障害や心疾患の診断に有用である。

一方，PETはポジトロン・エミッション・トモグラフィーの略語で，ポジトロンCTともいわれる核医学診断装置のことである。その原理は，陽電子（ポジトロン）放出アイソトープというものを体内に注入すると，体内の陰電子と結合して消滅放射線（γ線）を発生する性質を利用して，それを検出器で測定し，コンピュータで処理して断層画像化する。アミロイドPETは，アイソトープにPIBと呼ばれる物質を結合させており，このPIBが脳内のアミロイドと結合するため，脳内のアミロイドが増加するとされる，アルツハイマー病の診断に有用ではないかという説が有力である。大阪市大の嶋田准教授のグループも，この検査を用いた画像解析を行っている。

脳の断面の血流状態がよくわかり，血液が流れていない虚血領域が確認可能となる。また，PETではほかの画像診断では見つからない小さながんの発見も可能である。これにより，初期の脳梗塞やその他の脳血管障害，一過性脳虚血発作，完全回復性脳卒中，てんかん，アルツハイマー病，パーキンソン病，脳腫瘍などが診断でき，治療方針の決定の参考となる。

〔資料4〕 MMSE（ミニメンタルステート検査）について

MMSE（Mini-Mental State Examination）
① 口頭で「今日は何日ですか」「今年は何年ですか」「今の季節は何ですか」「今日は何曜日ですか」「今日は何月ですか」質問する。（時間の見当識）
② 「ここは何県ですか」「ここは何市ですか」「ここはどこですか」「ここは何階ですか」「ここは何地方ですか」の質問をします。（場所の見当識）
③ 3つの言葉を言い，その後，被験者に繰り返し言ってもらう。（即時想起）
④ 100から順に7を繰り返し引いてもらう（5回）。（計算）
⑤ ③で提示した3つの言葉を再度言ってもらう。（遅延再生）
⑥ 時計を見せながら「これは何ですか？」，鉛筆を見せながら「これは何ですか？」と聞く。（物品呼称）
⑦ 次の文章を反復させる。「みんなで力を合わせて綱を引きます」（文の復唱）
⑧ 何も書いていない紙を渡し，「右手にこの紙を持ってください」「それを半分に折りたたんでください」「それを私にください」と一度に指をして，その通りにしてもらう。（口頭指示）
⑨ 「目を閉じてください」と書いたものを見せて，指示に従わせる。（書字指示）
⑩ 何も書かれていない紙を渡して，「何か文章を書いてください」と指示をする。（自発書字）
⑪ 重なった2個の五角形を見せて，それを模写させる。（図形模写）

> 上記の質問1問を1点として総計し，MMSEの総合得点とする。
>   27～30点…正常値
>   22～26点…軽度認知障害の疑いがある
>   21点以下…認知症などの認知障害がある可能性が高い
> と判定され，健常者が21点以下を取ることはきわめて稀とされ，認知症のカットオフ値が23，24点である。

〔資料5〕 HDS-Rについて

HDS-R: Development of the Revised version of Hasegawa's Dementia Scale

改訂長谷川式簡易知能評価スケール（HDS-R）

① お歳はいくつですか？（2年までの誤差は正解，年齢））
② 今日は何年何月何日ですか？ 何曜日ですか？（日時，年月日，曜日が正解でそれぞれ1点ずつ）
③ 私たちがいまいるところはどこですか？（場所の見当識，自発的にでれば2点，5秒おいて家ですか？ 病院ですか？ 施設ですか？ のなかから正しい選択をすれば1点）
④ これから言う3つの言葉を言ってみてください。あとでまた聞きますのでよく覚えておいてください。（言葉の即時記銘，以下の系列のいずれか1つで，採用した系列に○印をつけておく）
　　1： a）桜 b）猫 c）電車
　　2： a）梅 b）犬 c）自動車
⑤ 100から7を順番に引いてください。（計算，100－7は？，それからまた7を引くと？ と質問する。最初の答えが不正解の場合，打ち切る）
⑥ 私がこれから言う数字を逆から言ってください。（数字の逆唱，6-8-2，3-5-2-9を逆に言ってもらう，3桁逆唱に失敗したら，打ち切る）
⑦ 先ほど覚えてもらった言葉をもう一度言ってみてください。（言葉の遅延再生。自発的に回答があれば各2点，もし回答がない場合以下のヒントを与え正解であれば1点）
　　a）植物 b）動物 c）乗り物
⑧ これから5つの品物を見せます。それを隠しますので何があったか言ってください。
　（物品記銘，時計，鍵，タバコ，ペン，硬貨など必ず相互に無関係なもの）

⑨ 知っている野菜の名前をできるだけ多く言ってください。
　（言語の流暢性，答えた野菜の名前を右欄に記入する。途中で詰まり，約10秒間待っても出ない場合にはそこで打ち切る）

0～5＝0点，6＝1点，7＝2点，8＝3点，9＝4点，10＝5点

30点満点で，20点以下のとき，認知症の可能性が高いと判断される。
認知症の重症度別の平均点：非認知症：24.3点／軽度認知症：19.1点／中等度認知症：15.4点／やや高度認知症：10.7点／高度認知症：4.0点

〔資料6〕　FASTについて

FAST（Functional Assessment Staging）
1　正　　常：痴呆なし。亜分類なし
2　年齢相応：時に物忘れあるが社会生活上問題ない。亜分類なし
3　境界状態：仕事や客の接待できない，買物や家事は可能。亜分類なし
4　軽症痴呆：家事などできないが，身の回りのことはできる。亜分類なし
5　中等痴呆：身の回りのことに介助必要，家庭内で行動制限不要。亜分類なし
6　高度痴呆：常に身の回りの介助と居室内に行動制限が必要。
　A：生地・昔の仕事・家族の名前を言える。
　B：上記について一部言える。
　C：自分の名前しか言えず。
7　重度痴呆：自分が誰か分からない。
　A：挨拶や呼名に良く返事し，相づちや表情変化あり。
　　　発話するが言語崩壊（Jargon的）
　B：挨拶や呼名に"ハイ"など返事するが表情変化乏しい。
　C：呼名にほとんど反応しない。経口摂取可能。
　D：呼名に全く反応しない。経口摂取不能。

〔資料7〕　レーヴン検査について

レーヴン色彩マトリックス検査
標準図案の欠如部に合致するものを6つの選択図案の中から1つだけ被検者に選ばせる検査。
言語を介さずに答えられる検査で，被検者に負担をかけることなく推理能力（知的

能力）を測定できる。
文化背景に影響されない。実施がきわめて簡単かつ短時間ですみ，採点および結果の評価にわずらわしい分析などを必要としないため，スクリーニング・テストとして最適。失語症および痴呆の検査として，世界中で広く利用されている。

〔資料8〕 リバーミード検査について

リバーミード行動記憶検査

単語を覚える等の机上の検査ではなく，日常生活をシミュレーションし，記憶を使う場面を想定して検査。
同等の難易度が確認された4種の並行検査が用意され，練習効果を排除し記憶障害を継続的に評価。
薬物治療をはじめとする治療行為やリハビリテーションによる記憶機能の改善の評価，あるいは記憶障害の進行の評価への適応が期待できる。
検査所要時間は約30分。年齢群ごとに cat off 値が設定されている。

■著者紹介

横井　豊彦（よこい　とよひこ）

大阪産業大学スポーツ健康学部教授
日本内科学会認定総合内科専門医，日本スポーツ協会認定スポーツドクター
担当科目はスポーツ医学（内科系），公衆衛生学，労働衛生学
東京生まれ。
関西医科大学医学部卒業後，大阪大学医学部附属病院，大阪厚生年金病院（現JCHO大阪病院）勤務を経て，大阪大学大学院医学系研究科修了，博士（医学）。その後，関西医科大学臨床検査医学講座（現臨床病理学講座）での勤務の傍ら，神戸大学大学院経営学研究科専門職課程，同博士後期課程修了，博士（経営学）。その後，大阪市立大学商学部・大学院経営学研究科での併任勤務を経て現職。

医療現場の「意図せざる結果」はなぜ生まれるか

2019年3月30日　第1版第1刷発行

著　者　横　井　豊　彦
発行者　山　本　　　継
発行所　㈱中央経済社
発売元　㈱中央経済グループ
　　　　パブリッシング

〒101-0051　東京都千代田区神田神保町1-31-2
電　話　03 (3293) 3371（編集代表）
　　　　03 (3293) 3381（営業代表）
http://www.chuokeizai.co.jp/
製　版／三英グラフィック・アーツ㈱
印　刷／三英印刷㈱
製　本／誠　製　本㈱

© 2019
Printed in Japan

＊頁の「欠落」や「順序違い」などがありましたらお取り替えいたしますので発売元までご送付ください。（送料小社負担）
ISBN978-4-502-29831-8　C3034

JCOPY〈出版者著作権管理機構委託出版物〉本書を無断で複写複製（コピー）することは，著作権法上の例外を除き，禁じられています。本書をコピーされる場合は事前に出版者著作権管理機構（JCOPY）の許諾を受けてください。
JCOPY〈http://www.jcopy.or.jp　eメール：info@jcopy.or.jp　電話：03-3513-6969〉

ベーシック＋プラス
Basic Plus

Let's START!

学びにプラス！
成長にプラス！
ベーシック＋で
はじめよう！

いま新しい時代を切り開く基礎力と応用力を兼ね備えた人材が求められています。

このシリーズは，各学問分野の基本的な知識や標準的な考え方を学ぶことにプラスして，一人ひとりが主体的に思考し，行動できるような「学び」をサポートしています。

ベーシック＋専用HP

教員向けサポートも充実！

中央経済社